U0541496

汉译世界学术名著丛书

廷 臣 论

〔意〕巴尔达萨尔·卡斯蒂廖内 著

李玉成 译

刘儒庭 校

商务印书馆
The Commercial Press

Baldassar Castiglione
IL LIBRO DEL CORTEGIANO
本书根据 Garzanti 出版社 2007 年意大利文版译出

汉译世界学术名著丛书
出 版 说 明

我馆历来重视移译世界各国学术名著。从20世纪50年代起,更致力于翻译出版马克思主义诞生以前的古典学术著作,同时适当介绍当代具有定评的各派代表作品。我们确信只有用人类创造的全部知识财富来丰富自己的头脑,才能够建成现代化的社会主义社会。这些书籍所蕴藏的思想财富和学术价值,为学人所熟悉,毋需赘述。这些译本过去以单行本印行,难见系统,汇编为丛书,才能相得益彰,蔚为大观,既便于研读查考,又利于文化积累。为此,我们从1981年着手分辑刊行,至2023年已先后分二十一辑印行名著950种。现继续编印第二十二辑,到2024年出版至1000种。今后在积累单本著作的基础上仍将陆续以名著版印行。希望海内外读书界、著译界给我们批评、建议,帮助我们把这套丛书出得更好。

商务印书馆编辑部
2023年11月

目　录

致尊敬的、杰出的维塞乌主教唐·米歇尔·德席尔瓦阁下 ……… 1

第一卷 ………………………………………… 9
第二卷 ………………………………………… 95
第三卷 ………………………………………… 213
第四卷 ………………………………………… 301
索引 …………………………………………… 384

译后记 ………………………………………… 411

致尊敬的、杰出的维塞乌主教唐·米歇尔·德席尔瓦①阁下

1

我和其他骑士曾经为之效力的乌尔比诺公爵,圭多·巴尔多·迪蒙泰费尔特罗②先生去世后,我留下来为他的继承人和国家的继任者弗朗切斯科·玛利亚·德拉罗维雷③服务。圭多公爵的德行历历在目,那些年在乌尔比诺宫廷里,与那些优秀人士相伴时的温馨仍在我心中。我正是在这种回忆的激励下,写《廷臣论》这本书的。我没有用多少日子便写成了初稿,希望将来再慢慢改正其中的错误,以完成心中的夙愿。但多年来幸运对我的眷顾,使我忙于处理其他事务,没有时间完成这件使我微弱的良知

---

① 米歇尔·德席尔瓦(Michel De Silva),葡萄牙驻教廷大使,1541年保罗三世任命他为红衣主教,1556年在罗马去世。(本书注释以阿拉伯数字为序者系原书编者注,以星号为序者系译者注。——译者)

② 圭多·巴尔多·迪蒙泰费尔特罗(Guidobaldo di Montefeltro,1472—1508),十岁时继承他父亲费德里科二世(Federico II)的爵位成为公爵,十四岁时同伊丽莎白·贡扎加(Elisabetta Gonzaga)结婚。

③ 弗朗切斯科·玛利亚·罗维雷(Francesco Maria Rovere,1490—1538),圭多·巴尔多的侄子,1504年过继给巴尔多,后继承公爵爵位。

4 感到满意的事情。后来我到了西班牙,我在意大利时得知,我过去曾把书稿借给佩斯卡拉的侯爵夫人维托里娅·德拉科隆纳[①],她违背自己的承诺,抄写了大部分书稿,我不由得感到不安,担心她这么做会带来很多不便。我充分相信那位夫人的明智和良知,就像对待某种神圣的事物一样,总是对她的德行表示景仰,深信听从她的盼咐就可以避免可能造成的损害。但最近我获悉,那不勒斯许多人手中都有这部分抄稿,那都是一些爱好新奇的人,我担心他们会把它拿去印刷。由于害怕出现这种危险,我决定尽快重新校阅书中匆忙写成的那一部分,然后设法付样。我想即使让我修改得不太好的书同读者见面,总比其他人流传的错误版本要好。这样,做出这个决定之后,我便开始重新校阅。很快,从第一页的标题开始就引起了我的警觉,产生了并非是淡淡的忧伤,而这种忧伤随着往下阅读,变得更加浓重。使我想起参加燕谈的

5 人大多数已经去世:除了本书最后一卷的序言中提到的那些人外,阿方索·阿廖斯托[②]先生本人也去世了,本书就是题献给他的。他是一位和蔼可亲的、谨慎的青年,举止优雅,胜任廷臣的一切工作。朱利亚诺·德·美第奇[③]公爵也去世了,他的善良和谦恭,值得永远为世人称道。波尔蒂科圣玛利亚教堂的那位红衣主教贝尔

---

① 维托里娅·德拉科隆纳(Vittoria della Colonna, 1492—1547),16世纪的著名女诗人,佩斯卡拉的侯爵夫人。

② 阿方索·阿廖斯托(Alfonso Ariosto, 1475—1525),卢多维科的亲戚,卡斯蒂廖内的挚友,在卡斯蒂廖内心中,他是完美廷臣的典型,所以起初全书都是献给他的。从1528年的阿尔迪纳铅字版后,只有第一卷题献给他。

③ 朱利亚诺·德·美第奇(Giuliano de' Medici, 1479—1516),豪华者洛伦佐的小儿子,内穆尔公爵。

致尊敬的、杰出的维塞乌主教唐·米歇尔·德席尔瓦阁下

纳多①阁下，具有锐敏的、令人钦佩的聪慧，凡认识他的人都非常喜欢他，但他也去世了。奥塔维亚诺·弗雷戈索②先生也死了，他是我们时代极罕见的大度、虔诚、善良、聪明、谨慎、谦恭的人，一位真正值得称赞的、光荣的和德行高尚的良友，即便他的敌人也不得不经常赞美他。他一直所承受的不幸足以令人相信，无论过去还是现在，命运总是与德行作对③。书中所提到的其他许多人④，似乎自然允诺给他们更长生命，但也都死了。讲述这些时，令我欲哭无泪的是，公爵夫人⑤也死了。如果说我的许多朋友和君主的去世令我痛心——因为他们的去世让我此生觉得惆怅和孤独，那么应该说，公爵夫人的去世令我更感悲痛，因为她比其他人更重要，更值得我感谢。这些人已经去世，加上我在短时间内写的这本书可能被印刷、出版的危险因素，我要尽快整理我对如此卓越的夫人和其他人的回忆，实现我心中的夙愿。因为除了朱利亚诺公爵和波尔蒂科圣玛利亚教堂的红衣主教之外，你们既没有已过世的公爵夫人，也没有其他人的生前材料。因此我尽力而为，在他们死后寄给您这本书，作为乌尔比诺宫廷的一幅肖像画，但此

---

① 贝尔纳多·多维兹·达比别纳（Bernardo Dovizi da Bibbiena, 1470—1520），喜剧《卡兰德里亚》（Calandria）的作者，卡斯蒂廖内曾为其作序。
② 奥塔维亚诺·弗雷戈索（Ottaviano Fregoso），热那亚贵族。
③ 道德和命运之间是否存在对立关系是16世纪上半叶广泛讨论的议题。
④ 其他逝者中还有切萨雷·贡扎加（Cesare Gonzaga）、加斯帕罗·帕拉维奇诺(Gasparo Pallavicino)、温琴佐·卡尔梅塔（Vincenzio Calmeta）、卢多维科·皮奥（Ludovico Pio）、乔瓦尼·克里斯托福罗·罗马诺（Giovanni Cristoforo Romano）、罗贝托·达巴里（Roberto da Bari）。
⑤ 指当时以美德和美貌闻名的伊丽莎白·贡扎加夫人（Elisabetta Gonzaga, 1471—1526）。

画并非出自拉斐尔或米开朗琪罗之手，而是出自一个无名画家之手，他只能勾勒出主要的线条，不会用美丽的色彩来描绘真实，或用透视艺术去显示本来不存在的东西。我尽量通过理智来表明书中所提到的那些人的特征和素质，但我并未表达甚至提及公爵夫人的德行，这不仅由于我的文笔难以描摹，就是我的智力也难以想象；如果我因此以及其他内容受到指责（我知道书中此种情况不少），我将在不违背真实的情况下进行弥补。

2

有些人喜欢责难，不值得责难的事他们也照样指斥，有人就指责我为何不仿效薄伽丘，指责我没有按托斯卡纳地区的讲话习惯写作。因此我不得不说，薄伽丘虽然是那个时代的聪明人之一，他的著作有的部分写得很精彩，很有艺术性。但是，如果他凭自己的感觉和天赋去写——这样写时当然也要反复琢磨，不断打磨——肯定比勤奋但吃力地写作，显得更有知识、更有分寸。因此，他的支持者们也说，在他的作品中也有许多判断失误，给他增光的东西他不以为然，而毫无价值的东西他却很重视。因此，如果我摹仿他的方式去写，在得到赞扬的同时，也难逃对薄伽丘的那种指责。我认为他的功劳很大，他的错误也不小，因为他相信他的做法是对的，而我现在则认为，我要那样做可能是错的。如果我摹仿了现在许多人欣赏但他不那么看重的风格，那么在我看来，通过这种摹仿，会表明我对被摹仿人的判断并不一致。我认为，这样做不合适。在这样的迟疑不决让我停步不前的同时，另外还有题材这一因素，这一因素也使我不能摹仿他，因为他没有写过任何类似于《廷臣论》这种题材的作品。在语言方面，我认为，也不应该摹仿，因为良好的语言的力量和真正的规则在于使用过程之中，而不在于其他方面。使用不符合讲话习惯的词语总归是一种弊端。因此，让我使用许多薄伽丘使用的词语显然不合适，在他的时代，人们经常使用那些词语，但现在甚至连托斯卡纳人都不再使用了。我也不想勉强自己适应今天的托斯卡纳人的语言习惯，因为不同国家之间的交流可以使一些习惯几乎像商品一样在各国之间流传，新词语更是如此。在这一过程中，因各地习惯不同，它们或被接受或遭拒绝，因而或持续流传或销声匿迹。此点除了可从古人那里得到印证以外，在薄伽丘的著作中也清晰可见。他的著作中有很多法语、西班牙语、普罗旺斯语和其他一些也许连托斯卡纳人自己也不懂的词语，如果有人把这些词语全部删除，薄伽丘的书将变成一本薄薄的小书。按照我的看法，意大利其他重要城市都有明智聪慧的人物和雄辩家，他们处理国家大事和文学、军事、各种贸易等事务时的用语习惯不应完全忽视，这些地方说话交流时使用的那些词语也不应忽视。我认为，写作时可以合理地使用那些本身就发音优美高雅、大家都认为精辟、语义明确的词语，尽管这些词语不是托斯卡纳语，甚至并非源自意大利语。除了这种习惯外，托斯卡纳地区的许多词语明显都来自拉丁语，但在使用过程中又改变了原来的含义。而这些词语在伦巴第和意大利的其他地方却仍保留原义，没有任何改变，并且人人都在使用，贵族们接受它们，认为是好词语，平民们在理解上也没有困难。因此，如果我在写作时使用了一些这样的词语，而且我更多地使用了我的家乡保持纯正含义的词语，而不是其他地方改变了原义的走样的词语，我认为我这样做并无不妥。我也觉得很多人的一种说法不妥，他们说，俗语越不像拉丁语就越优美。我还不能理解，为什么某种讲话习惯理应比别的讲话习惯更有权威。如果说托斯卡纳的习惯可以使那些失去原义和丧失表现力的拉丁语词变得更优雅，让所有人都把残缺的词语当好的词语使用（不能认为它们不好），那么，伦巴第或其他任何地方为什么不可以认为使用纯正、完整、保持原义、没有丝毫走样的拉丁语词语是可以容忍的呢？这实际上是不顾讲话习惯而想去创造新词语或保留老词语，这样做轻率而傲慢，这样做是故意违抗习惯的力量，摧毁甚至活生生埋葬了那些多少世纪以来流传的词语，以习惯这一盾牌对抗时间的褒奖。意大利遭受的战争和祸患使语言、建筑、服饰、风俗发生了变化，而那些词语却保留了它们的尊严和光彩，因此，如果我在写作时不想使用连托斯卡纳人也不再使用的薄伽丘的词语，不想遵循他们的规则，在我看来是情有可原的。因此，在这本书的题材和语言方面，由于不同语言可以互有补益，我想可以摹仿那些受人景仰的作者，比如薄伽丘。但我并不认为，摹仿这样一个人有错：我宁愿讲伦巴第语因而被认为是一个伦巴第人，而不愿讲托斯卡纳语却不被认为是一个托斯卡纳人；这样不至于像特奥弗拉斯托那样，他刻意讲雅典语反被一个普通老太太认为他不是雅典人[1]。关于这一点，本书第一卷已讲了很多。为了平息所有可能的争论，我向指责我的人坦言，我不懂他们那

---

[1] 参阅西塞罗（Cicerone），《布鲁图斯》（*Brutus*），XLVI，172，昆体良（Quintiliano），《雄辩术原理》（*Institutiones Oratoriae*），VIII，I，2。

晦涩难懂的托斯卡纳语。我要说，我用我自己的语言写作，我怎么说就怎么写；我写给那些与我讲同一种语言的人。因此我认为，我并没有伤害任何人，因为我不能禁止别人用他自己的语言说话和写作，也不能强迫别人听或读他自己不喜欢的东西。因此，如果他们不想读我的《廷臣论》，我并不在乎他们的羞辱。

3

有人说，要找到我所想要塑造的廷臣这样的完人十分困难，几乎不可能找到，描写这样的人完全多余，因为教人去学那些不可能学会的东西是徒费口舌。对于这些人，我的回答是，我很高兴同柏拉图、色诺芬和马尔库斯·图利乌斯·西塞罗一起犯错，而不去理会理性和观念方面的论争，正如这些人所说的，引起论争的包括完美共和国、完美国王、完美演说家的观念[①]，接下来就是完美廷臣观念。如果我的文笔不能塑造出完美廷臣的形象，廷臣们却可以轻松地实现我在书中为他们设立的目的和目标，我一边写也就是一边在给他们提供建议。如果他们还不能达到我试图表述的完美，他们终究是最接近于这种完美了。这正如许多弓箭手射箭一样，他们都射中鹄的，那个最接近靶心的人自然比其他人更优秀。还有人说，我是在塑造我自己。我深信，我这个正在做廷臣的人具备从事这一活动的所有条件。我还是想对这些人说，我并不否认我想学会廷臣应该知道的所有知识。我认为，如果一个

[①] 参阅柏拉图的《理想国》(*Repubblica*)，色诺芬《居鲁士的教育》(*Ciropedia*) 和西塞罗《论演说家》(*De oratore*)。

人对书中所谈的东西不甚了解的话，不管其学识多么渊博，他是不可能把这些东西写出来的。但我也有自知之明，我并不妄言我知道我想知道的一切。

因此，对于这些指责，也许还有其他许多指责，要进行辩护的话，如今我的做法就是，让舆论来评判吧。因为在很多情况下，对于一种习惯，人们还没有完全了解时却已经凭着本能嗅到了它的某些好的和不好的味道，用不着再找别的理由，有的人就喜欢，就爱，有的人就拒绝，就讨厌。因此，如果从总体来看人们喜欢这本书，把它当作一本好书，我相信它就会生存下去；如果人们不喜欢它，把它当作一本坏书，那么我就相信，不久它就会被人们遗忘。如果批评我的人们对这种共同的评价还不满意，那么他们至少应该满足于时间的评判。时间最终会发现任何事物的隐蔽的缺陷，因为时间是真理之父，是无情的法官[1]，终究会对作品作出正确的生死判决。

巴尔达萨尔·卡斯蒂廖内

---

[1] "时间是真理的父亲和人的行为的公正法官"是古代的谚语，参阅盖利乌斯（Aulo Gellio）的著作《阿提卡之夜》（*Noctes Atticae*），XII, XI, 7。

第一卷

第一卷

致阿方索·阿廖斯托阁下

1

亲爱的阿方索阁下,在非常困难的一件事上二选一使我长时间犹豫不决:是拒绝您多次坚持要我去做的那件事呢,还是同意去做。因为一方面,我觉得拒绝这件非常值得赞赏的事实在太难,而且这是在拒绝一位我十分尊敬、我也感到对我关爱有加的人;另一方面,我对要从事的这件事不甚了解,可能会有始无终。我觉得,让一个人尊重正确的指责并非易事。最后,经过反复考虑,我还是决定试一试。因为关爱会使我更加勤奋,使我强烈地希望完成这一使命,像在其他好多事情上一样,关爱通常可以提高人的技艺。

在我看来,您要我写对于生活在各君主宫廷中的贵人来说,廷臣最恰当的气质应该是怎样的,有了这样的气质,廷臣就能够并善于在任何合理的事务上完美效力,从中表现出优雅,并得到他人的赞赏。总之,一个堪称完美的廷臣应该走的道路是什么样的,他不应欠缺什么。考虑到这样的要求,我想说,如果我认为您的不太客气的责备与其他人的不太明智的责备相比,还不那样严重的话，我想逃避这样的辛苦。信奉基督教的宫廷众多，习俗各不相同，在这样的情况下遴选出最完美的气质以及宫廷生活的佼佼者，所有知道这多么困难的人不会不指责我太冒失，因为习俗常常使我们对待同一事物的爱憎发生变化，例如某些习惯、衣着、仪式、方法有时曾被认为是高尚的，后来却认为是卑劣的，相反，原认为卑劣的反而成了高尚的。然而，可以清楚地看到，习惯比理智更能将新事物引入我们的生活，更能清除旧事物。不过，谁要企图确认新事物是完美的，他常常会铸成错谬。因此，我知道在您建议我写的这一题材上有这样那样的好多困难，所以我要多少表示一点歉意，我要让它们证明，这一错误——如果可以说是错误的话——应该由您和我共同分担，如果有人指责我的话，也应该与您一起分担，因为您的责任不轻，是您在掂量之后让我接受这副我力不胜任的重担的。

现在就开始谈论这一话题吧。如果可能，我们设想一位廷臣，某位君主也适合于他来效力，即使那是一个小国的君主，但这位君主可以称为明君。在这部书中我们不遵循预先确定的明确程序或规则，更多的情况是，将通常应该运用的某些东西写出来。另外，像很多古人那样，也要提到人们喜欢的回忆录，引用一些言论，这些言论在那些在这一议题上可称为卓越者的人中间流传。虽然我没有亲自参加聚会和座谈，但我完成出使英国的使命归国后不久，一位值得信任的人向我通告了会议的情况。我将尽我的记忆之所能，准确地逐点回忆，把我们认为在这方面值得给予最高赞扬、对任何事都好谋善断的人所说的一切写出来。不要离题太远，为了在我们要谈的话题上有条不紊地达到目的，就让我们来谈谈理智取得成功的原因吧。

2

大家都知道，在亚平宁山脚下，差不多在意大利中部面向亚得里亚海的地方，有一座名为乌尔比诺的小城。它虽然位于群山之间，并不像我们在其他地方看到的那样让人感到惬意，但这座小城经常天空湛蓝，城市周围土地肥沃，树上果实累累。因此，这里不仅空气有益于健康，而且物产丰富，百业兴旺，人们生活舒适。但在使人感到极为幸福的诸因素中，我认为有一个因素是最主要的，即长期以来这里都是最优秀的君主执政。[①]而且在意大利普遍陷入战争灾难时，这里却一段时间没有君主。[②]不用追溯久远，我们在当前也可以找到关于这一点的很好的实例，比如人们对费德里科[③]公爵时期的自豪的回忆。在他主政时期，这里曾是意大利的灯塔，还有许多健在的证人，可以证明他的明智、人道、正义、宽宏大度、坚强意志和军事才能。可以证明他的军事才能的主要证据包括，他多次大获全胜，占领了难以占领的地方，军

---

① 这里指蒙泰费尔特罗和德拉罗维雷，前者作为君主到1508年，后者继任君主。
② 瓦伦蒂诺入侵罗马涅期间，从1502年6月到1503年8月，圭多·巴尔多临时离开公国。
③ 费德里科·达蒙泰费尔特罗二世（Federico II da Montefeltro, 1422—1482），圭多·巴尔多的父亲。

事出击出其不意,多次以少胜多,击溃人数众多且极有战斗力的军队,他在战斗中从未打过败仗。因此,我们没有理由不把他与很多古代名人相提并论。他有很多值得称赞的事业,其中之一就是,他在乌尔比诺的山头建了一座宫殿,很多人认为,这是整个意大利最美的一座宫殿[①],而且更令人赞叹的是,他建的不是一座宫殿,而是一座像宫殿一样的城市。在装饰上除了通常用的那些东西——比如银杯、用昂贵的金丝、绸缎和其他类似材料制造的挂毯等装饰的房间——之外,还有大量古代大理石和青铜雕像、珍贵的绘画、各种乐器,凡是想要的一样不缺,只要不是极为稀有、极为卓绝的。他还花巨资收集了大量珍贵和稀缺的希腊语、拉丁语和希伯来语书籍,并用金、银加以装饰。我觉得,这正是他的这座宏伟宫殿之所以荣耀的主要原因。

3

根据文件记载,这位公爵已经65岁,活了65年之后公爵带着荣光弃世而去。当时他的儿子刚10岁,并且没有母亲,这就是他身后留下的君主圭多·巴尔多。作为国君,他看来好像继承了父亲的所有美德,很快即以其高雅的气质开始显示出自己大有前途,甚至使人们觉得对一个人抱有这么大的希望简直不可思议。所以人们认为,费德里科公爵一生功业彪炳,其中最大的一件是他生

[①] 这座著名的宫殿由拉乌拉纳(Laurana)设计,于1465年开始施工建设。

了这样一个儿子。但是，命运之神嫉妒德行，竭力与这个刚刚光荣地起步的人作对，圭多公爵还不到20岁便得了脚痛风。剧烈的疼痛越来越严重，不久之后他的四肢受到影响，既不能站立也不能走动。就这样，一位世界上最好最有抱负的人在正当青春年华之际身体变形，成了残疾人。但命运之神并不满足于此，而是在圭多的每一项活动中都同他作对，使他很少能做成自己想做的事。虽然他的考虑已经十分周密，意志极为坚定，事情已经起步，无论在手段还是其他大小事务上似乎都已万无一失，但最后总是结果不佳。他遇到的很多各色灾难可以证明这一点。他总是以坚强的意志忍受这些灾难，他的德行从未在命运面前认输低头，与此相反，他总是用勇敢的心去战胜不幸。他在病中像个健康人，在逆境中像个幸运的人，他活得有自尊，得到所有人的尊重。尽管他身体有病，在为尊敬的那不勒斯国王阿方索[1]，和小斐迪南[2]效力时，在为教皇亚历山大六世[3]以及威尼斯和佛罗伦萨的君主们效力时，他都出色地完成了军事使命。儒略二世[4]当选教皇后，他还被任命为教廷军队最高指挥官。在此期间，他按照自己习惯的风格，仍然把关注自己的家乡置于首位，他要使自己的家乡拥有最高贵和

---

[1] 阿拉贡的阿方索二世（1448—1495）从1494年任那不勒斯国王。
[2] 即阿拉贡的斐迪南二世（Ferrando II d'Aragona, 1469—1496），从1495年起任那不勒斯国王。
[3] 罗德里戈·波吉亚（Rodrigo Borgia, 1431—1503）自1492年起任教皇，更名为亚历山大六世。
[4] 即朱利亚诺·德莱罗维雷（Giuliano delle Rovere, 1443—1513），自1503年起任教皇，更名为儒略二世（Giulio II）。

最有价值的人，他同他们保持非常亲密的关系，同他们共享交谈的愉快。由于他和蔼可亲，知识渊博，加上既懂拉丁文又会希腊文，交谈时他给别人带来的欢愉并不亚于他从对方得到的欢愉。在他的高尚心灵的激励下，尽管他不能像传统做法那样亲自参加骑兵训练，观看别人的训练还是给他带来极大的乐趣。他发表评论，根据每个人的情况或表示赞扬或纠正其错误，清清楚楚地表明他的有关评价。因此，在马上比武、长枪对刺、骑术和使用各种兵器方面，在节日庆典、游戏、音乐活动中，总之在贵族骑士应该参与的所有活动中，每个人都极尽所能展示自己的技能，展示值得这位高贵的同伴评论一番的技能。

4

在这座宫廷，每天的白天分段进行身体和心灵方面的体面和令人愉悦的训练。但是，由于公爵一直患病，每天晚饭后很早他就上床就寝了，晚饭后的时间通常就由公爵夫人伊丽莎白·贡扎加支配，经常参加活动的人当中还有埃米莉娅·皮娅[①]夫人，正如您所知道的，她睿智英明，判断准确，所以可以成为大家的老师，每个人都可以从她身上获取知识，增长才干。因此，这里听到的是美妙的议论和坦诚的妙语，每人的脸上都显露出高兴的微笑，

[①] 埃米莉娅·皮娅（Emilia Pia）夫人，是1500年去世的圭多·巴尔多的兄弟安东尼奥·达蒙泰费尔特罗的妻子，她是公爵夫人伊丽莎白的知心朋友，她是对话中的一位重要人物，因为她的话常常在讨论中起引导作用。

有时那座房子真的成了欢乐之家。我不相信在任何别的地方还有可能找到这里的那种温暖，这是一伙亲密伙伴共同探讨时产生的温暖。因此，我们每个人能为我前面提到的这位君主效劳都感到荣幸。公爵夫人主持我们的探讨，我们所有人都非常开心，好像她是一根链条，把大家亲密地聚在一起，有时兄弟之间的和谐和挚爱也比不上这里彼此间的关系。女人之间同样如此，同她们相处诚实正派，无拘无束。每个人都可以随意讲话，想坐哪里就坐哪里，想同谁开玩笑就同谁开玩笑，想向谁笑就向谁笑。但对公爵夫人的意愿大家都十分尊重，恣肆受到严格约束。但也没有人把极力让她高兴当作最大的乐事，把让她不高兴当作罪过。因此，这里最正直的习惯是人与人之间极为随意自在，玩笑和笑闹都很有分寸，除去充满智慧的玩笑之外就是她的优雅与端庄。公爵夫人的言谈举止和一颦一笑都显得那么得体，那么高尚，没有见过她的人简直难以想象，这使她被认为是人们所见过的一位最伟大的女性。因此，所有在场的人对此都牢记在心，觉得她的气质和形象十分得体，所以每个人都努力摹仿她的风度，都从这位有如此美德的夫人的出现中学到良好的行为准则。

　　我不想在这里更多叙述她的优良品质，这不是我现在要谈的话题，她的优良品德早已尽人皆知，更何况要表现这些品德我的语言或笔力都力不胜任。她还有一些藏而不露的优秀品德，她作为具有如此难得德行的令人仰慕的人，命运总是给她设置许多困境并用不幸来刺激她[①]，以使这些品德得以显现，以证明在这位罕

---

　　① 命运对伊丽莎白藏而不露的品德也进行考验，将这些品德呈现在大家面前。

见美丽妇女的柔弱胸膛里有一颗多么明智和坚强的心。她的所有这些品德在一些严格要求自己的男人中也极为少见。①

5

好,不讲这一点了,我现在想说一个惯例:晚餐后宫里所有出身高贵的人都聚集到公爵夫人身边。在这里,除了经常组织一些令人高兴的节庆活动、听音乐和跳舞之外,有时还提出有意思的议题进行探讨,有时开展由某人作裁判的集体游戏。在这些活动中,参加者以喻象的方式常常会发现周围人最喜欢的想法。有时也会就不同的议题展开辩论,或对某人说些幽默的话,或就一句格言讲述一个家庭或一位骑士应该具备的美德。②正如我在前面讲到的,在这座宫廷里,非常高兴地参加这类活动的富有才华的人比比皆是,如您所知,其中包括:杰出的奥塔维亚诺·弗雷戈索先生,他的兄弟费德里科③大主教阁下,豪华者朱利亚诺·德·美第奇,彼得罗·本博④老爷,切萨雷·贡扎

---

① 这一章歌颂了公爵夫人的美德,也就定下了卡斯蒂廖内要描写的理想宫廷的基调,他用了一系列的名词(和形容词):纯洁、真诚、贞节、和谐、自由、谦逊、优雅、崇高,用以说明廷臣理想的文化场景。

② 结合格言讲述一个家庭或一个骑士的美德,这是16世纪的典型做法,可参阅保罗·乔维奥(Paolo Giovio)的论文 *Ragionamento sopra le imprese* (1560)。

③ 费德里科·弗雷戈索(Federico Fregoso),萨莱诺的大主教,红衣主教,奥塔维亚诺的兄弟,卡斯蒂廖内的朋友,正是他提出讨论完美廷臣的议题。

④ 彼得罗·本博(Pietro Bembo, 1470—1547),威尼斯的文化名人,1506—1512年在乌尔比诺。

加①老爷,卢多维科·达卡诺萨②伯爵,加斯帕罗·帕拉维奇诺③侯爵,卢多维科·皮奥④先生,莫雷洛·达奥托纳⑤先生,彼得罗·达那波利⑥,罗贝托·达巴里⑦老爷,还有许多其他贵族骑士,以及一些平时并不固定居住在这里的人,他们也参加了大部分谈话。例如贝尔纳多·比别纳、乌尼科·阿雷蒂诺⑧、约阿尼·克里斯托福罗·罗马诺⑨、彼得罗·蒙特⑩、特尔潘德罗⑪和尼科洛·弗里焦⑫老爷等。这些人大都是诗人、音乐家和各种令人喜欢的人,他们是各行各业在意大利所能找到的佼佼者,他们都汇聚到了这里。

---

① 切萨雷·贡扎加(Cesare Gonzaga,1475—1512),卡斯蒂廖内的表兄弟,属于曼托瓦市贡扎加家族非长子的一支。

② 卢多维科·达卡诺萨伯爵(Ludovico da Canossa,1476—1532),维罗纳人,卡斯蒂廖内的亲戚,特里卡里科的主教,先后任教皇利奥十世和弗朗切斯科一世的大使。

③ 加斯帕罗·帕拉维奇诺(Gasparo Pallavicino,1486—1511),科尔特马焦雷的侯爵,卡斯蒂廖内的朋友,在对谈中是一个讨厌女人的人。

④ 卢多维科·皮奥(Ludovico Pio),埃米莉娅夫人的兄弟,军人,在1512年参加教皇儒略二世的军队对法国人作战时受伤去世。

⑤ 莫雷洛·达奥托纳(Morello da Ortona),乌尔比诺宫廷中的老年骑士,也许属于里恰尔迪(Ricchiardi)家族或里扎尔迪(Rizzardi)家族。

⑥ 彼得罗·达那波利(Pietro da Napoli),教皇儒略二世宫廷中的绅士,后来可能转到乌尔比诺公爵府,参加了这一宫廷的对谈。

⑦ 罗贝托·达巴里(Roberto da Bari),宫廷绅士,卡斯蒂廖内的朋友。

⑧ 贝尔纳多·阿科尔蒂(Bernardo Accolti,1458—1535),别名乌尼科·阿雷蒂诺(l'Unico Aretino)。

⑨ 约阿尼·克里斯托福罗·罗马诺(Ioanni Cristoforo Romano,1465?—1512),雕塑家、音乐家和诗人。

⑩ 彼得罗·蒙特(Pietro Monte),乌尔比诺宫廷的军事教官。

⑪ 特尔潘德罗(Terpandro)是安东·玛利亚(Anton Maria)的艺名,他以擅长唱歌和演奏齐特拉琴闻名。

⑫ 尼科洛·弗里焦(Nicolò Frisio),意大利化的德国人,儒略二世教皇宫廷里的廷臣和大使,1510年成为加尔都西会修士。他在对谈中也持讨厌女人的态度。

6

教皇儒略二世也亲自参加过。在法国人的帮助下，博洛尼亚1506年重归教廷统辖，教皇从那里返回罗马时途经乌尔比诺。这座城市以极大的荣耀和意大利任何其他高贵城市都不曾有过的豪华排场接待了他。教皇和他所有的红衣主教和廷臣对此都非常满意。其中的一些人被这一班人之间的亲切气氛所吸引，在教皇及其廷臣离开后，继续在乌尔比诺逗留了好多天。在那段时间，不仅继续进行那些节庆活动和通常的娱乐，而且每个人都努力增添一些新东西，在活动中各显神通，几乎每天晚上大家都在翘首企盼。游戏过程是这样的：公爵夫人来到之后，大家立即坐下来围成一个圆圈，有时是各人自己挑选喜欢的位置，有时则按公爵夫人的安排落座。但坐的时候，只要有女人出席，就要男女相间，一位男性挨着一位女性。但几乎总是男性人数多于女性。然后开始听候公爵夫人的安排，在多数情况下，她总是让埃米莉娅夫人来主持活动。就这样，在教皇走后的第二天，到了聚会时刻，在通常聚会的地点，经过这班人一番兴高采烈的议论之后，公爵夫人发话说，仍由埃米莉娅夫人来主持活动。埃米莉娅夫人在略作推辞之后说："我的夫人，由于您喜欢让我来开始今晚的游戏，我不能不理智地听从您的盼咐。我想建议做一个游戏，我认为，这个游戏应该较少受指责，也不太费力。每一个人按照自己的意愿推荐一个不曾做过的游戏，然后选出一个在我们这批人中最适合做这个游戏的人。"她说时目光转向加斯帕罗·帕拉维奇诺先生，要他发言。他立即答道："夫人，还是您先说出您的为好。"埃米莉娅夫人说："我已说过了，您，公爵夫人，还是您让他来服从命令吧。"这时公爵夫人微笑着说："对您，大家都应该服从。我尽我的地主之谊，向您让渡我的权力。"

7

"这也是一件大事，"加斯帕罗先生答道，"女士们总是应该免除这样的辛劳，不过，弄明白其间的原因无论如何还是应该的。但我不想成为一开始就不服从命令的人，所以这一点留待以后再说吧。现在，我就来说说我的想法。"他接着说："按照我的看法，我们的心灵如同对待其他事情一样，在爱的问题上判断也很不一样。因此常常会出现这样的情况，一个人特别喜爱的东西另一个觉得特别可恨。但尽管如此，各人都会有自己最喜爱的东西，彼此相安无事。因此常常会发生这样的事情：有情人的强烈情感往往会使他产生错判，他认为他爱的那个人是世上唯一具有各种美德且没有任何缺点的人。但由于人性的缘故，如此完美的人不可能存在，世上也找不到没有任何缺点的人，所以不能说有情人不会受骗，情人在他爱的人面前不会变成瞎子。我想提议今晚做这样的游戏：每个人都说一说，他爱的人应该具有哪些美德；由于人无完人，那么哪些缺点可以容忍，以便确定谁能找到最值得赞赏、最有价值的美德，哪些缺点可以原谅，为的是让人们不至于爱上损友，而是爱上应该爱的人。"加斯帕罗先生这样说的时候，埃米莉娅夫人示意科斯坦扎·弗雷戈莎①夫人，示意她接着发言，因为她靠得最近，并且已经表示有话要说。这时公爵夫人却插话说："因为埃米莉娅夫人不想费力去找游戏，加之有些女士也有权享受轻松，今晚就不必辛苦了，反正在座的男士很多，不会出现游戏中断的风险。""那好，就这么办吧。"埃米莉娅夫人答道。她示意科斯坦扎夫人沉默，并转身朝向坐在旁边的切萨雷·贡扎加老爷，让他说话。于是他开始说：

8

"谁要是想勤奋地反复观察我们的所有行为，他总会发现其中有许多缺点，之所以如此是因为，在这一方面如同在其他各种事情上一样，自然使某人在某一事物上具有理智之光，又会让另外一个人在另外的事物上具有理智之光。因此就会发生这样的情况：一个人知道另一个人不知道的事；而对另一个人知道的事，却又显得无知。每个人都很容易了解同伴的错误，而不知道他自己的错误。②所有人都觉得自己很聪明，好像我们更智慧而不是更疯狂。由此观之，我们可以发现，这个宫廷里的好些人开始时认为他们非常聪明，但随着时间的推移，却发现他们很疯狂。这种情况不是由于别的，而是由于我们的勤勉。这正如普利亚地区讲到对塔

---

① 科斯坦扎·弗雷戈莎（Costanza Fregosa），奥塔维亚诺和费德里科的姐妹，皮亚琴察人马尔坎托尼奥·兰迪（Marcantonio Landi）的妻子。
② 参阅贺拉斯（Orazio）的《讽刺诗》（*Satire*），I, III, 24—28；以及费德罗（Fedro）改写的《伊索寓言》（*Fabulae Aesopianae*），IV, X。

兰图拉毒蜘蛛咬伤的人进行治疗时所说的那样，人们用各种各样的乐器演奏，发出各种各样的声音，进行各种各样的努力，只要这种毒液还在作怪。这样不懈努力时，其中会有某种声音能与患者共鸣，当他听到这种声音时立刻会动起来，身体摇来晃去，通过这种摇晃病就治愈了。因此，当我们感觉到某种模模糊糊的疯狂想法时，尽管它很细微，却在以不同的方式刺激我们，让我们相信它，最后使我们明白该向哪个方向努力，于是我们就感觉到了那种毒液，我们就摇晃起来，逐渐变成完美的公开疯狂，这样就产生了疯狂的诗人、疯狂的音乐家、疯狂的爱情狂、疯狂的舞蹈家、疯狂的哑剧人、疯狂的骑术师、疯狂的击剑师，每个人都按照自己的天资成了各色各样的行家。于是，正如你们所知道的，就出现了令人震惊的业绩。我可以肯定地说，我们每个人身上都有某些疯狂的种子，一旦让它萌发，它的增殖几乎是无限的。因此，我提议我们今晚的游戏就讨论这个议题，每人都可以讲一讲：我公开讲讲我的疯狂，我认为我这是哪种疯狂，是因为什么，根据每天从我身上迸发出的疯狂火星看看其出路是什么。按照我们的游戏规则，每个人都这样讲一讲，都要努力根据自己的某些具体真实的证据发表意见。这样我们每个人就可以从我们的游戏中获益，了解我们的缺点是什么，就可以更清楚地关注这些缺点。我们当中如果有人觉得自己已相当疯狂，已无可救药，我们将给他提供帮助。另外，正如马里亚诺修士的理论所认为的，我们挽救了一个灵魂，这是不小的收益。"对于这个游戏，大家都大笑不止，一些人控制不住自己，有的说："我是思想的疯子。"有的说："我是观察的疯子。"还有的说："我已经是谈情说爱的疯子了。"

如此等等。

9

这时，塞拉菲诺修士笑着说："这样讲下去，话就太长了；如果你们想玩得好，那就让每个人说说自己的见解。例如，几乎所有的女人都害怕老鼠而喜欢蛇，大家将会看到，每个人都会就此做出明确解答，只有我除外，我是通过一个特殊的渠道才知道这个秘密的。"他就要开始讲他的故事时，埃米莉娅夫人却要他保持沉默，并且越过旁边的一位夫人，示意按顺序轮到讲话的乌尼科·阿雷蒂诺。于是，阿雷蒂诺无需另外的提示便开口说道："我希望成为权威的法官，掌握各种各样的刑具，要从坏人口中拷问出真相来。之所以这样做，是为了揭露一个忘恩负义的女人的欺骗行为，她虽然有天使般的眼睛，却有一副蛇蝎心肠，促膝谈心时，她总是口是心非，虚情假意。她的所作所为可以揭穿她的心肠，即便在利比亚的沙漠里，也很难找到这样的毒蛇。她越是想要显出她的血管里流动的是人血，她说的话就越是虚假。她不仅声音优美，会甜言蜜语，而且有真正美人鱼般迷人的眼睛、笑声、面容和举止。可是，像我所希望的那样，动用铁链或烈火去寻求真相，是不合法的，所以我想通过如下游戏来揭露真相：每个人都讲一讲，你认为公爵夫人额前装饰的那个字母 S① 是什么意

---

① S指一个蝎形（scorpione）饰品，挂在公爵夫人额前，拉斐尔为她画的一幅肖像就是这样，这幅画现藏乌菲齐美术馆。这个字母象征女人对爱她的人表示冷漠。乌尼科提出讨论谈论爱情时通常总会遇到的一个议题，即女人的冷酷，特别是公爵夫人的冷酷，对于公爵夫人，他在这里表明他是爱她的。

思。当然，这依然是一个人为的抽象计谋，为的是能欺骗那些冒险者，他们会提供一些连公爵夫人本人也不曾想到的解释，这样，找到的不是幸运，而是男人的不幸，结论会是，通过这个小小的标志可以发现，她不想以此显示她内心的愿望：让那些爱她或愿为她效劳的人持续忍受心灵折磨。"公爵夫人笑起来，她望着乌尼科，想就刚才的这些指责表示歉意。"不，"乌尼科说，"不要说话，夫人，现在没有轮到您说话。"这时，埃米莉娅夫人转过身来说："乌尼科先生，我们这里有些人在各个方面并不比您差，但他们都非常了解公爵夫人的心，正如您由于过人的智力比他人更了解公爵夫人的心一样，您比别人更爱她。别人很像视力不佳的鸟，它们不把眼睛死死盯着太阳，因此就不能认识到太阳是多么完美。但是，要解决您心中的这一疑团，一切努力都是徒劳的，除非您自己去揣摩判断。因此，还是把这件事留给您自己吧，正如把事情留给唯一能达到目的的那个人一样。"乌尼科不说话了，但停了一下后又要求发言，最后他说，他就此事写了一首十四行诗，描述S这个字母形饰物的含义。很多人觉得这真是即席而就的美诗，但是，这应该归功于作者的天才和博学，而不是因为它是一挥而就的，所以大家想到，这是沉思默想后才写出的作品。

10

这样，在一阵兴高采烈的掌声表示对这首十四行诗和他的那番话的赞赏之后，轮到奥塔维亚诺·弗雷戈索先生发言。于是他笑着说道："先生们，我想说的是，我从来没有感觉到爱情的激情。我敢肯定，公爵夫人和埃米莉娅夫人不相信此事，表面上却显出相信的样子。她们会说，之所以如此是由于我丧失了能让某个女人爱上我的信心。直到现在我一直没有坚持不懈地去试探，一下就能让一个女人爱上我肯定也是空想。我这样一直不动声色并不是因为我自视太高，或者我低估了女人，不认为好多女人值得我爱，值得我为她们效劳；而是因为，我被某些恋人翻来覆去的哀叹给吓坏了。恋人们脸色苍白，忧郁悲伤，沉默寡言，眼睛总是显出郁郁寡欢，说话时每个词都是一吐三叹，反复思索的除去眼泪、痛苦、失望、死的愿望之外再无其他。因此，像这样的爱的火花如果在我心中迸发的话，我立即就会想方设法将它扑灭。这并不是因为我憎恨女人，像这些夫人们所认为的那样，而是因为我要追求内心的安宁。我也认识另外一些人，他们同那些痛苦的恋人完全相反，他们不仅赞叹他们的女人的迷人外表、情切的言谈和温柔的举止，对此心满意足，而且对于与温柔相伴的所有坏毛病也赞叹不已，也心满意足。于是，他们的女人的吵闹、谩骂和蔑视也被他们说成是极为亲切的。我认为，这是因为这些人幸福得过了头，所谓可爱的蔑视在别人看来简直就等于死亡，他们却说这可爱至极，他们从中找到的是温柔，所以我认为，爱的表现必须令人感到幸福，而这一点在这个世界上是很难找到的。因此，我想在我们今晚的游戏中每人都讲讲，如果他遭到他爱的人的冷漠的蔑视的话，是什么原因导致这样的蔑视的。如果这里已经有人尝到过这种甜蜜的蔑视，我敢肯定，他们一定希望使他们感到如此甜蜜的机会能再现。这样，我也就可以更放心地在爱情方面往前走一步了，希望我也能找到别人认为是痛苦的那种甜蜜，这样一来，这里的夫人们就再不会给我以不会爱的骂名了。"

11

大家都非常喜欢这个游戏，个个摩拳擦掌，开始准备自己就这一议题的发言。可是，还没有容埃米莉娅夫人再讲什么，按规定的顺序应该发言的彼得罗·本博先生就开始讲起来："先生们，奥塔维亚诺先生提出的就爱的蔑视进行探讨的游戏在我的心中引起不小的疑问：这样的蔑视五花八门，对我来说，不管花样有多少，蔑视总归极为酸楚，我不相信学会调节就可使之成为甜蜜的东西。但是，根据它所由产生的不同原因，它也许或多或少地带有一些苦味。我想起来，我曾为之效力①的女人对我显出不满，也许是由于她对我的忠诚的无端猜疑，也许是由于她听信了他人对我的不实谗言。因此，我心中的苦楚真是无人能比，我觉得，最大的痛苦莫过于背上莫须有的罪名，这种痛苦不是由于我的过错，而是由于她的爱意减少。在另外一些时刻我看到，她的蔑视缘于我的某些错误，我承认那是我的错。可以说，若与此时感到的痛苦相比，先前的痛苦已不值一提。我觉得，由于我的过错，让我唯一心爱的人、让我本来应该极力设法哄其高兴的人不高兴，这是超越其他痛苦的最大痛苦。因此，我想我们的游戏应当是每个人都讲一讲，如果他看到他心爱的人蔑视他，会是什么原因，是由于她还是由于自己，要弄清楚哪个是最大的痛苦，是让心爱的

---

① 在谈论爱情的用语中，效力（servire）指爱，18世纪的骑士和爱情诗中都这样用。

人不高兴呢,还是忍受心爱的人不高兴?"

12

大家都等着埃米莉娅夫人的回答,她并没有对本博说什么便转向费德里科·弗雷戈索老爷,示意他讲话。他立即开始说道:"夫人,我本来想,如同往常一样,我喜欢在别人发表金玉良言之后再发言。我非常赞成前面的先生们提出的游戏建议,因为我觉得都是令人高兴的话题。可是,为了不打乱秩序,我要说,如果有人想赞扬我们的宫廷,却把公爵夫人足以让世间最卑劣的心灵从地上升到天上的圣德撇到一边,我可以毫无阿谀逢迎之嫌地说,在整个意大利也许很难找到这些优秀骑士,他们不仅精通骑士的主要技能,而且在许多事上也十分优秀,就像在座诸位一样。如果在某个别的地方有人有资格堪称优秀廷臣,有人能够正确地讲清楚廷臣应具备的所有素质,那么应该认为,我们这里的人就是这样的人。由于自负和愚蠢,很多蠢人自认为已获得优秀廷臣的美名,为了驳斥这些蠢人,我希望今天晚上的游戏应该是这样的:在我们当中选出一个人来,让他描述一下完美廷臣应该是什么样的,指出名实相符的人所需具备的所有条件和特殊素质。如果有人认为说得不对,都有权反驳,就像在学校的哲学课上可以对论题提出不同的论点。"费德里科老爷还要继续说下去,这时埃米莉娅夫人打断了他的话,说:"对于这一点,如果公爵夫人同意的话,我们现在就做这游戏吧。"公爵夫人答道:"我赞成。"这时,几乎所有在座的人都开始议论起来,有的在对埃米莉娅夫人说,有的在相互议论，说这是可以做的最好的游戏。等不及听对方的话，大家就请埃米莉娅夫人指定由谁开始。埃米莉娅夫人还是转向公爵夫人："您吩咐吧，夫人，您觉得谁最适合担当这一职责？我不想挑选，若我表示他们中谁比其他人更合适，这样会伤害他人。"公爵夫人答道："还是您来挑选吧，您要注意，不要给别人树立不服从的榜样，有些人已经不太顺从了。"

13

这时，埃米莉娅夫人笑着对卢多维科·达卡诺萨伯爵说："好吧，我们不要浪费时间，伯爵，您担得起探讨费德里科老爷提出的这一议题的重任，不仅因为我们觉得您是一位优秀的廷臣，懂得优秀廷臣应该懂的东西，还因为您可以对任何事情提出相反的看法。如果您像我们希望的那样，提出了相反的意见，游戏会更好玩，因为那样每个人都可以回答您的疑问。如果有人对游戏的任务比您知道得更多，他将承担起回答您的职责。如果不能提出相反的观点，因为说的已经是真理，那么游戏会非常乏味。"伯爵立刻答道："夫人，只要您在场，就不会出现没人对说出的真理提出相反观点的危险。"他说这话时也在大笑，然后接着说："可是，夫人，真的，我真想逃避这一重任，我觉得这太难了，我知道，您以玩笑的口气所说的那些在我身上是千真万确，也就是说，我不知道怎样才算是一名优秀廷臣，这再次证明，我没有努力去探索。所以，不知一个好廷臣应该如何行动，这本身就证明，我实在不懂做廷臣的规则。但我相信，不必更多地指责我，因为毫无疑问，不想做一个好廷臣比不懂如何去做廷臣更不足取。尽管如此，既然您想让我开这个头，我不能、也不想拒绝，为的是不违抗您的命令和您的判断，我想，您的判断比我高明得多。"这时，切萨雷·贡扎加老爷说："夜已经深了，还有好多别的娱乐，明天再探讨这个议题也许更好，也给伯爵一点时间，让他把要说的话好好想一想，因为不假思索张口就说确实是一件难事。"伯爵答道："与有的人不同，一些重要事就算经过了思考，我也不想说。天色已晚，我认为这对我来说真是幸运，因为时间有限，我就可以尽量少说，你们也不会认为我需要道歉。这样我就可以想说什么就说什么而不至于挨骂了。为了不长时间背负着服从命令这一负担，我想说，对任何事做到真正全面了解确实困难，几乎是不可能的，因为言人人殊。可是，可以找到很多这样的人，他们喜欢那些说起来没完没了的人，认为这种人很可爱，有的人则喜欢朴实的人，有的人喜欢活跃的、好动的人，而另一些人则喜欢遇事冷静、善于思考的人。于是就会各自按照自己的看法评判，对同一个人毁誉不一，总会出现这样的情况：有人用近似于道德来形容他的缺点，有人用近乎恶来形容他的德行。例如，把一个人的自以为是称为潇洒，把一个人的谦虚称为无知，无自知之明的人成了好人，邪恶的人成了谨慎的人，如此等等。我也想完美地认识各种事物，即使其完美是深藏不露的，但只有掌握有关事物的信息并理智地判断才能认识到。正如我所说过的，真相往往是藏而不露的，我又不能自诩有这样的认识能力，所以，我只能称赞我最赏识的廷臣，只能同意根据我的粗浅判断觉得最接近真实的东西。如果你们认为我说的不错，你们就赞同，如果你们觉得掌握了真理，那就不必照我说的去做。我不会坚持认为我的说法优于你们的说法，这不仅是因为在你们看来是某种东西，而在我看来却是另一种东西，还因为我本人此时看是一回事，彼时看却成了另一回事。

14

"因此，我想我们的这位廷臣应该出身高贵，是名门之后。因为出身寒门又无懿行的人，不会受指责，而一个贵胄若偏离了祖先的道路，玷污了家族的名声，就会受到指责，不仅得不到新的赞誉，还会失去已有的荣耀。贵族身份几乎就是一盏明灯，让人看清行为的好与坏，它点燃和激励美德，因为人们害怕留下骂名，总是希望得到赞扬。而出身卑贱的人做事时不会显现出这种贵族的光辉，他们缺少它的激励，缺乏对名声被玷污的恐惧，他们也并不觉得必须比他们的先辈做得更好。而出身于贵族的人觉得，至少不应该因没有超越他们前辈的德行而留下骂名。因此，在作战和其他懋业中觉得应该表现突出的人都是贵族，因为任何事物的本性中都包含着一个看不见的种子，它把某种力量及其原则所构成的特质传给其所有后代，使后代与自己相同，这点我们不仅可以从马和其他各种动物身上看到，在树木身上也能看到，后代总是像它们的祖先，如果说有时出现了退化，那是由于农夫疏于耕耘。在人身上也是这样，人如果受过良好教育，几乎总是同他们的前辈相像，常常青出于蓝而胜于蓝。但是，如果他们缺乏精心的培养，就会像野人一样，永远不会成熟。确实，或许是由于星星的助力，或许是由于自然的偏爱，诞生了许多优秀的人，好像他们不是人生养的，而是神用自己的双手塑造而成，使他们的身心具有全部优点。同样，我们也可以看到，许多人愚蠢而粗野，人们不能不认为，自然为了愚弄和嘲笑他们才让他们来到这个世界。这些人虽然勤奋努力并受过良好训练，但多数情况下成就平平，而前面所说的那些人则不必费力就达到成就的巅峰。举个实例吧，你们可以看看费拉拉的红衣主教唐·伊波利托·德斯特先生。他生来就如此幸运，他的身体、外貌、语言和所有行为举止都带有教士的那种优雅，虽然年轻却显得威严，似乎生来就是教化人而不是受教的。同样，他同各色人等交谈、游戏、欢笑和说笑时，都显得那么和蔼可亲，那么优雅。每一个同他谈话或见面的人都会一直对他依恋不舍。但回到我们的议题，我要说，有介于优雅与粗野两者之间的人。这些人虽然没有天赋异禀，但在很大程度上可以通过学习和艰苦的磨砺弥补天然缺陷。我想，作为廷臣，除了出身高贵之外，在这一方面他应该受到偏爱，不仅要聪明、俊朗，还应该优雅，像人们所说的，优雅是一种格调，这种格调使他人见人爱，无论什么人见到他都会欢喜，觉得他可爱；这也是一种装饰，它构成并伴随他的所有行为，使他同每一位尊贵的君主交往时都非常得体，并得到他们的宠信。"

15

这时，加斯帕罗·帕拉维奇诺先生迫不及待地说："如此说来，我们的游戏成了循规蹈矩的游戏，让人觉得我们无权提出反对意见。我要说，在我看来，廷臣未必要贵族出身。我想发表一点也许别人看来是新鲜的看法。我可以举出许多实例，他们具有高贵的贵族血统，却有种种毛病。相反，许多平民百姓却颇具美德，为他们的后人赢得了荣耀。如果您刚才说的是真的，即任何物种都拥有原始种子的看不见的力量，那么我们所有人都应该是一样的。因为我们都来自同样的来源，并没有谁比谁更高贵。但是，我认为还有其他许多原因，造成了我们的高低之分，其中最主要的原因就是命运。我们看到，人世间的一切都由命运主宰，它可以随意将一个毫无功德的人捧上天，而将最值得赞扬的人打入深渊。我完全同意您所说的，有些人很幸福，因为他们在身心方面生来就得天独厚。可是，这种情况不仅在贵族中可以看到，在平民百姓中也存在，因为自然①不会如此细致地划分。相反，如我所说，常常可以看到出身低微的人却具有很高的天赋。因此，不拥有这种高贵既与才智无关，也与能力和技艺无关，因为高贵与其说来自我们的祖先不如说来自我们自己。我觉得，如下说法很怪：如果我们的廷臣的父母是平民百姓，那么，他的一切优良品质和你所说的其他素质——聪明、英俊、风趣和总是让人一见倾心的优雅，都不足以使他成为完人。"

16

卢多维科伯爵答道："我不否认出身低微的人也可以具有贵

---

① 这里帕拉维奇诺驳斥卢多维科关于"遗传"的论点。

族所具有的美德，但不必重复刚才我们说过的理由，我要给出诸多理由中的一个，来说明贵族出身的重要。每个人都会为自己出身于贵族感到光荣，因为龙生龙，凤生凤，这符合情理。如果我们要培养一个没有缺陷、各方面都值得赞扬的完美廷臣，我认为还是需要选择贵族。这样做还有其他许多原因，正如普遍认为的那样，出身贵族的人很快就显现出高贵的特性。比如说有两位廷臣，先前并没有因其或好或坏的活动而给人们留下任何印象，但人们很快就会明白，一位出身高贵而另一位则非也。在大家面前，出身平民的那位得到的尊重要逊于出身贵族的人，出身低微的人要花很多时间和精力才能获得他人的青睐，而另一位仅仅因为是贵族，片刻便得到垂青。这种印象多么重要，每个人都很容易理解。说到我们自己时可以看到，在我们这个屋子里也有一些愚蠢和笨拙的人，但他们在全意大利却享有优秀的廷臣美名。尽管最后认清了他们，他们还是蒙骗了我们好长时间，在我们心中留下的仍然是对他们的最初的印象，尽管他们是以他们卑微的道德标准来行事的。我们也看到另外一些人，开始时人们对他们不甚在意，但后来他们却大获成功。造成这种错误的原因多种多样，其中之一是君主们的偏执，他们想创造奇迹，有时就宠信某个在他们看来不值得宠信的人。君主们常常自欺欺人。但既然他们有很多效仿者，他们的宠信会带来巨大声誉，也会引导我们的评断。如果我们发现任何与普遍观点相悖的东西，我们会怀疑是我们自己错了，总是寻找有什么背后的东西。这些普遍看法肯定基于事实，出于合理的原因，我们的心灵总是随时准备着去爱或去恨。例如在观看搏斗、游戏和各种竞技比赛时，观众常常没来由地偏爱一方，热切希望一方获胜而另一方告负。在评价人的品质时，最先听到的好名声或坏名声会推动我们的心灵倾向于两种情感中的一种，以致在很大程度上我们也怀着爱或恨去进行评判。所以你们会明白，第一印象多么重要，一个人要想赢得一个优秀廷臣的地位和名望，就必须努力从一开始就给人留下好印象。

17

"但说到廷臣的某些特质，我认为，廷臣真正的和主要的技能应当在军事方面。我想，他首先应该多活动，让他人认为他勇敢、无畏、忠诚于他效力的君主。通过展示这些品质，他将赢得良好的声誉，无论何时何地，因为不这样做总要招致严重的责难。名声就像女人的贞操，一旦玷污绝难挽回。一位带兵的绅士的名声也是如此，即使稍有传闻说他胆怯或负义，便在世界上留下可耻的骂名。我们的廷臣在这方面表现得越优秀就越值得赞扬。尽管我并不认为，他必须具备完美的知识和像船长面对大海那样的才能，但正如我刚才说的，他忠心耿耿，英勇无畏，并一贯如此，这会让我们高兴。因为在很多情况下，小事比大事更能显示出人的勇敢。经常会发生这样的情况，很多人也可以证实：在重大危急关头，有些人虽然不很勇敢，但在羞耻心或同伴的推动下，却能几乎是闭着眼睛往前冲，以尽自己的职责。只有上帝才知道为什么会这样。在不太紧急的情况下，逃避危险看来也不会有人知晓，这时他们就躲避到安全的地方。但是也有另一些人，尽管他们不想受人关注，不想被别人认出，也不想为人称道，但他们依然勇敢地去做，不放过该做的事，哪怕是很小的事，他们心灵中的美德就是我们希望的廷臣心灵中应有的美德。但是，我们并不认为这样的人要十分骄傲，总是自吹自擂，说他为了妻子敢脱掉护胸铁甲，以凶狠的眼神威胁别人，就像我们经常在贝尔托身上看到的那样。对于傲慢的人，可以讲这样一个故事：一位有身份的夫人请人在家中聚会，她高高兴兴地去和应邀赴会的某人说话，此公我现在不想说出他的姓名。为了对他表示欢迎，夫人邀他共舞，他拒绝了，只待在那里听音乐。其他好多人也邀请他玩，他总是用一句蠢话答道，这不是他的本行。最后，夫人问道：'那么，您的本行是什么？'他面露不悦地答道：'战斗。'夫人立刻又说：'我认为，您现在不是在战斗，也不是马上出发去战斗，也许您现在最好做一件事，把您自己和您的所有武器好好涂一层油，放回库中，必须用的时候再取出，以免比您还锈得更严重。'这番话引得周围的人哄堂大笑，这个人因他的愚蠢的傲慢被羞得满脸通红。因此，我们寻找的人应该是这样的人，对待敌人时极为高傲，严厉，总是站在最前列，在其他任何场合则应该谦逊、克制，首先不要炫耀张扬，避免不明智的自吹自擂，不然的话只会使听者感到可恨和反感。"

18

加斯帕罗先生答道："我认识不多几位方方面面都非常优秀的人，但他们从不自赞自赏，我认为，他们这样表现很好。因为感到自己确实不错的人每当看到他的德行无人知晓时便会愤慨地认为，他的价值被埋没了，他觉得应该设法使之显露出来，以便荣誉不被他人窃取，而荣誉才是对其德行的应有褒奖。但在古代作家中，有的作家才华横溢，可他们很少自我称颂。然而令人不能忍受的是，有的人毫无建树却自吹自擂。我们不能设想，我们的廷臣是这样的人。"这时伯爵说："如果您理解我所说的，我指责的是那些恬不知耻、毫无根据地自吹自擂的人。当然，正如您说，有才能的人恰当地自我赞扬不仅不应说他不好，而且还应认为，这比通过他人之口的赞扬更能表示对他的肯定。我想明确地说，一个人自我赞扬没有什么错，也不会给自己带来麻烦，或者引起听者的嫉妒，这是再恰当不过的了。除了他自己的赞扬以外还值得他人来赞扬，当然这是很难的事。"这时加斯帕罗先生插话说："关于这一点，我们还要见教于您。"伯爵答道："在古代的作家中，并不是没有人论证过这一点[①]，但我认为，一切都取决于说话的方式，不要显得专门针对此目标而言，而要显得好像偶然提及，不得不谈到而已，要显出始终回避对自己的赞扬，尽管他已经这么做了。但不能像那些大言不惭的人，口无遮拦，不假思索，随口而来。例如，不久前，我们的一个朋友说，在比萨，他的一条腿被长矛扎穿了，他认为，那只不过是被蚊子叮了一下而已。另外一个人说，房间里不敢有镜子，因为他发怒时面目狰狞，一照镜子就会吓坏自己。"[②]这时，大家都笑了起来。但切萨雷·贡扎加老爷补充说："你们笑什么？你们可能不知道，亚历山大大帝听

---

① 可能指普鲁塔克（Plutarco），他是《论不引起嫉妒的自我赞扬》（Del lodarsi da se stesso senz'invidia）一文的作者。

② 这是古罗马喜剧作家普劳图斯（Plauto）著作中的两则夸张的笑话。

到一位哲学家说存在无限多的世界时哭起来,人们问他为什么哭,他答道:'因为一个世界我都还没有完全征服,要征服那么多世界怎么可能呢?'[①]你们不觉得这是比说被蚊子叮了一下还要大的牛皮吗?"伯爵这时说:"伟大人物依然是亚历山大大帝,而不是那个说被蚊子叮了一下的人。是的,对那些真正的俊杰,他们高估自己是可以原谅的,因为谁要想干一番大事业,首先必须雄心勃勃,对自己充满信心;而不是心胸卑劣,或胆怯懦弱。可是,说话应该谨慎,显得不那么自负,以免这种自负变成鲁莽。"

19

伯爵说到这里停顿了一下,贝尔纳多·比别纳老爷笑着说:"记得刚才您说过,我们的廷臣应当是身材健朗,面容俊秀,举止优雅,人见人爱。优雅和面容俊秀,我想我自己已经具备了。因此你们也知道,很多女人渴望得到我的爱。然而就身材而言,我却很不安,特别是我的双腿,确实不如我希望的那样有劲,上身和其余部分我觉得还算可以。因此,您可以更详细地说说对身材美的具体要求,什么样的算合格,这样我也可以消除顾虑,放下心来。"伯爵笑着答道:"确实,那种面容的俊美,您是具备的。我再也找不到别的实例来说明面容俊美应该是什么样子。因为毫无疑问,我们看您的外貌确实非常可爱,所有人都喜欢。虽然面部的线条不是太柔和,却具有阳刚之气,所以也是俊美的,好多

---

① 这是瓦莱里乌斯·马西姆斯(Valerio Massimo)著作中的一则轶事,其中的哲学家是阿布德拉的德谟克利特(Abdera Democrito)。

不同的脸型也都有这样的特质。我想，我们的廷臣也应该是这种类型的面貌，不应当太柔弱和女性化，许多人竭力想这样，他们不仅烫了卷发，拔了眉毛，还想尽办法像世上最淫荡、最没有廉耻的女人那样梳妆打扮，一举一动都软绵绵，娇滴滴，四肢好像就要散架，说起话来幽怨悲戚，好像他们的精神就要荡然无存了。愈是遇到有身份的人，他们的表现愈是如此。自然并没有按照他们的愿望把他们变成良家妇女而是变成娼妓；不仅不像宫中贵妇，而且被贵族社会驱逐出去。

20

"至于谈到人的身材，我认为既不太矮小也不太高大就好，因为这两种情况中无论哪种情况都肯定会让人瞧不起，人们会像看怪物一样看他们。不过，在这两种极端情况中，个子矮小稍好一些，只要不超过合理的幅度，因为身体过于高大的人在很多情况下不仅反应迟钝，而且在各种需要灵活性的活动中都不够灵敏，而灵敏我认为正是廷臣应有的重要素质。因此，我认为，廷臣要反应灵敏，四肢发育良好，显得有力、轻盈、敏捷，一名武士应懂的各项技能他都懂。作为武士，我想他首先应当会熟练使用各种步兵兵器和骑兵兵器，熟悉各种兵器的长处，尽可能了解绅士们常用的兵器。因为除了在战争中使用它们以外，在战争中也许并不需要知道得那么细，绅士之间常常因出现分歧而导致争斗，多数情况下使用的家伙就是身边顺手操起的兵器，因此，了解这些知识会更加安全。并非是我这样说，人们都这样说，说是在需要时却忘了有关兵器的技艺。可以肯定，谁要是在这种时刻忘了武艺，他必然会因心慌意乱、胆战心惊而落败。

21

"我还认为，掌握格斗技艺非常重要，因为格斗时需要使用步兵用的各种兵器。应该知道，无论为了自己还是为了朋友，都应当懂得格斗中可能出现的问题和可能遇到的意外情况，始终都要精神集中，小心谨慎，极力使自己处于有利地位。如果不是迫不得已去维护荣誉，尽量不要轻易格斗。因为捉摸不定的命运一定会带来巨大的风险。除此之外，并无迫切需要而冒冒失失地去格斗，应该受到严厉指责，即便有可能取胜。但是，在咄咄逼人的无耻之徒面前决不能退让、示弱，在需要抢先动手时，显出早有准备和勇敢坚毅。不要像某些人那样，只是争吵，辩论，挑选兵器时选的是既不锋利又不尖锐的兵器，准备战斗时像在等待炮声。好像认为只要不输就心满意足了，他们总是防守和退却，显得怯懦。因此，他们像是被孩子们愚弄一般，很像安科纳市的那两个人。不久前，他们在佩鲁贾争斗，他们的举止让在场的人笑弯了腰。""这两个人是谁？"加斯帕罗·帕拉维奇诺先生问。切萨雷老爷答道："是两个表兄弟。"接着又说："他们用的兵器就是平时训练时用的兵器，像是绅士在大众、妇女和君主面前进行娱乐表演。可是，我希望，我们的廷臣是完美的骑士，除了能识别马匹和骑术精湛外，对其他事物也有所研究，勤奋认真，都比别人略胜一筹。因此，始终让所有认识的人都认为他是出类拔萃的。正如我们在阿尔奇比亚德传记中读到的①，在他到过的希腊所有城邦中，他都是最优秀的，在各个城邦他都有最擅长的拿手好戏。我们的廷臣也应该比他人优秀，在专业方面都出类拔萃。意大利人尤其擅长驾驭必须套辔头的马，巧妙地驯服烈马、马上使用长矛奔刺和马上比武；在这些方面他都是意大利人中的佼佼者；在骑马旋转、定步造型、超越障碍方面，他在法国人中是最优秀的骑手；在投枪、斗牛、掷投枪和飞镖方面，他在西班牙人中也是最杰出的。但最重要的是，如果要获得人们最美好的普遍赞誉，他的每一个动作还要显出他的聪明智慧，还要姿势优美。

22

"另外还有许多活动，虽然它们不直接与使用兵器有关，但手持兵器还是很适用的，而且非常有利于培养勇敢顽强的精神。我认为其中首先就是狩猎，因为狩猎同战争相似，大君主们都非常喜爱，廷臣也适合开展这一活动，古代很多人都有狩猎的习惯就不难理解了。适宜掌握的技能还有：游泳、跳跃、跑步、投掷石块。因为这些技能除了在战争中很有用之外，很多时候还可以考验你在这些方面的本领，可获得良好声誉，尤其是赢得大众的尊敬，一个人必须做到值得大众尊敬。还有一项高贵和值得宫廷人士开展的活动就是打球，这一活动可以展示身体的素质、速度和

---

① 参阅公元前1世纪的拉丁作家科尔内利奥·内波特（Cornelio Nepote）的《名人传》(*De viris illustribus*), VII, cap. XI。

四肢的灵活，当然在其他活动中几乎也都能看到这些素质。我认为，练习鞍马也很重要，虽然很累很难，但它比其他任何活动都更易使人轻盈灵活。除了有用以外，如果动作轻盈，再加上姿态优美，它会比任何其他表演都更好看。所以我认为，我们的廷臣在这些活动中不仅应高出中等专业水准，而且必须让其他人望尘莫及。比如在地上翻跟斗，走钢丝等等，是江湖艺人而不是绅士应该掌握的技艺。但不能一天到晚总是从事这些辛苦的活动，除去令人疲乏，欣赏罕见事物的兴致也不复存在，所以还需要开展五花八门的活动以使我们的生活丰富多彩。因此我想，我们的廷臣有时也要放低身段，从事一些恬静轻松的活动，以避免引起别人的嫉妒而与每个人都愉快相处，让他做别人所做的事，但决不要把值得赞扬的活动抛诸脑后，要自我约束，准确判断，不要犯任何愚蠢的错误。要面带笑容，有幽默感，会开玩笑，能跳舞。总之表现出机智灵活，合理适度。做任何事、说任何话都要文质彬彬。"

23

此时切萨雷·贡扎加老爷说，"是的，我们不应该打断这一思路，但是如果我不说话，我就没有满足我说话的自由，也没有满足我了解某件事情的愿望。请原谅，如果我有异议，我就会提出来，因为我觉得这样做合情合理。要举个实例的话就是我们的贝尔纳多老爷，他有被视为好人的强烈愿望，但他不大遵守我们的游戏规则，只提问，不提反对意见。""您看看，"这时公爵夫人说,"一个错误会带来另外的错误。谁犯了错,成了坏榜样,像贝尔纳多老爷这样,他不仅应为自己的错误而受罚,还应为诱引别人犯错而受到惩罚。"切萨雷老爷答道:"这样说来,夫人,我就免除受罚了,因为有贝尔纳多老爷为他的错和我的错受了惩处。""倒是相反,"公爵夫人说,"你们两人都应受到双重惩处:他应为他的错误以及诱导您的错误受罚,您应为您的错误以及您摹仿别人这一错误受罚。"切萨雷老爷答道,"夫人,到目前为止,我还不曾犯错。但是,为了让贝尔纳多老爷一人受罚,我就不再说话了。"说完他不再出声,这时埃米莉娅夫人笑着说:"那就说说您想要说的吧,但这需要公爵夫人的允许。在如此细小的错误上,我既原谅已经犯错的人,也原谅将会犯错的人。"公爵夫人补充说:"我很高兴,但你们也不要耍花招,免得误以为受宽待总比受罚更值得,因为对犯错的人过分宽恕就是对无过错的人不公正。可是,我并不希望,我现在这么严厉,指责你们太放纵,导致我们听不到切萨雷老爷提的问题。"于是,在得到公爵夫人和埃米莉娅夫人的首肯后,切萨雷老爷马上接着说:

24

"如果我没有记错的话,伯爵先生,我觉得,您今晚多次强调,廷臣的活动,包括行为和习惯等等,总之是他的一举一动,都要表现得优雅。我觉得,您把优雅当作所有事物的调味品,没有它,其他任何特长和才能都会贬值。我确信,所有人很容易会信服您的这种说法,因为优雅这个词本身具有的力量,可以说,谁'优雅'（grazia）谁就'受欢迎'（grato）。可是，您为什么说，在多数情况下，优雅是自然的恩赐，是上天的赐予，在不那么优雅时，可以通过学习和锻炼得到提高，有些人生来就是幸运儿，具有优雅的禀赋，正如我们所见到的，我觉得，有些人简直是无师自通；为什么上天的这一恩惠几乎不顾这些人的意愿把他们引向他们并不想去的高处，使他们受到世人的欢迎和景仰。但我现在不谈这个话题，因为我们这些人没有能力做到优雅。我要说的是，有些人不仅天生优雅，而且通过艰苦努力、锻炼和学习而更加优雅可人，我想知道，通过什么技能、通过什么方法、如何训练，才能做到优雅可人。在身体训练方面也是如此，您也认为，通过身体训练达到优雅很有必要，就像他们要做或要说的其他事一样。因此，由于您极力称赞这种品质，我相信，您让所有在场的人都渴望拥有这一品质。由于埃米莉娅夫人指示，您有义务教我们如何获得这一品质。"

25

"我没有义务教你们如何变得优雅或别的什么。"伯爵说，"我只是向你们说明一位完美廷臣应该是什么样的。我没有教你们达到此种完美的责任，刚才所言只是，廷臣应当会格斗、跳鞍马和其他好多事。我知道，这一点你们都懂。我从来也没有学过这些，怎么能教你们，举个例子就足以说明，比如一个优秀的士兵，他能向一名铁匠说明，他需要的兵器是什么样的款式、外形和性能，但他没有能力教铁匠如何打造这一兵器，如何锤打，如何淬火。

同样，我也许能够为你们描述一名完美廷臣应当是什么样的，但没有能力教你们如何成为这样的廷臣。①可是，为了尽我之所能回答你们的问题，尽管有一种近乎谚语的说法是：优雅是学不会的，但我还是要说，要想自己举止优雅，只要自然没有让他是个无能儿，他就应该趁早开始，从最优秀的教师那里学习基本原则。马其顿国王腓力认为，这一点非常重要，因此，他礼聘或许是世界上最伟大的哲学家亚里士多德担任他的儿子亚历山大的老师，教他学问。②在今天我们认识的人中，你们可以看看法国的大侍从加莱亚佐·桑塞韦里诺③先生，他的行为举止是多么优雅。他的身体技能完美无瑕，因为除了个人的自然条件以外，他尽全力向各位良师学习，身边总是有许多优秀人物，他从每个人身上汲取其长处。这样一来，在格斗、鞍马以及使用各种武器方面，他都指导我们的彼得罗·蒙特老爷。你们都知道，后者在体力和敏捷训练方面是一位名副其实的大师，在专业方面最完美、最有名望的人士看来，无论在骑术、马上比武和其他所有事情上蒙特老爷也是大师。

26

"因此，谁要想成为好学生，除了把事情做好以外，必须勤

---

① 这里将完美廷臣的形象同达到此种完美的手段区分开来。
② 参阅昆体良《雄辩术原理》，I，I，23。
③ 加莱亚佐·桑塞韦里诺（Galleazzo Sanseverino）是卢多维科·伊尔·莫罗的雇佣兵队长。

奋地效仿他的老师，如果可能的话，要把自己变成老师。当感到自己已经有所收获时，要对这一职业中的不同人士进行比较，在一直作为自己内心向导的良好判断指引下进行选择，从不同的人身上汲取有益的东西，这样做极为有益。像草地上的蜜蜂[①]一样，在绿草地上寻找鲜花。因此，我们的廷臣要善于从他认为优雅的每个人身上'窃取'优雅，要从每个人身上学习最值得赞扬的东西。不要像我们那位你们都认识的朋友那样，他觉得他非常像小斐迪南多·迪·阿拉贡国王，不要像他那样故意去摹仿国王，常常昂着头，歪着嘴，国王的这一习惯却是一种病态。不少人认为自己尽了极大的努力，他们在某些事情上也确实有点像某个伟大人物，但他们常常从别人身上学到的偏偏是人家的唯一缺陷。我曾反复思索这种优雅来自何处，把他们身上那些来自天上星星的东西撇到一边，我找到了一个普适规则，我觉得这一规则在人们的一言一行中比其他事都更有价值，这一规则就是，像躲避危险的尖利暗礁一样尽一切可能避免做作[②]。用一个新词来说就是，做每件事都要显得漫不经心[③]，用技巧而不落痕迹，显得做事、说话都毫不费力、不假思索。我认为，优雅主要由此而来。因为人人都知道，要做成罕见的、美好的事必定有许多困难，而你让它显得轻而易举，自然就会令人叹为观止。与此相反，如果显得费尽力气，如常所说，简直是抓耳挠腮，就会让人觉得极不优雅，连

---

① 蜜蜂这个比喻见贺拉斯的《颂歌》(*Odi*) IV, II, 27—32。
② 做作（affettazione）是"完美廷臣"应当极力避免的。
③ 漫不经心（sprezzatura）与装模作样正相反。这是一种将事前的研究和努力归于隐形的能力，好像轻而易举就可以把事情做好。它和"优雅"（grazia）一词是理解本书的基本概念。

小事都做不好，更何况大事。然而可以说，看起来无技巧的技巧才是真正的技巧。技巧也并不是非得去琢磨研究不可，而是要加以掩饰，因为如果技巧一览无余，会使人根本不相信，从而不假思索。我记得我读过的一些有关古代优秀演说家的故事，他们的主要策略之一就是竭力使大家相信，他们在文学方面真的一窍不通，他们掩饰自己的知识，显得他们的演说不过是轻而易举之事，不过是按照自然和真相向听众讲述而已，并未经过研究和技巧加工，不然听众就会疑惑，心想千万不要被他们所讲的东西欺骗。因此，你们可以看到，显示技巧、字斟句酌会使一切事物的优雅荡然无存。你们看看皮埃尔帕乌洛老爷跳舞的姿势：轻轻跳起，两腿绷直，跐起脚尖，头部不动，很像一段木头，他是那么认真，很像边跳边数着自己的舞步，怎么能不引人不笑？什么样的瞎眼才看不到这种装模作样是那么不优雅、不协调？在场的许多男士和女士都是那么漫不经心的优雅（因为在身体的运动中，很多动作都可以这样来形容），一颦一笑、一举一动都非经意，这不就使观看者相信这些男女几乎不会、也不可能出错吗？"

27

贝尔纳多·比别纳老爷迫不及待地说："这样一来，我们的罗贝托老爷也找到会赞扬他舞姿的人了，因为你们大家只会觉得这并不足奇，因为他的舞姿在于漫不经心，他跳起舞来全神贯注，心无旁骛，真是举世无双。他为了显得全神贯注，常常听任披风从肩上滑下，便鞋从脚上甩出，他既不去捡披风，也不捡便鞋，只顾跳舞。"这时伯爵答道："因为你们想要我讲，那我就说说我们的缺点。你们没有发现，你们称为漫不经心的罗贝托老爷的舞姿，不正是矫揉造作吗？因为可以明显看出，他想方设法极力显得并没有思虑，而这正是思虑过度的表现。因为它超出了中庸的界线，那是装模作样的漫不经心，这样做并不好，反倒事与愿违，即本想使技巧归于隐形却使之过分彰显。但是，我认为在漫不经心中有一点装模作样不是个缺点。漫不经心本身值得赞扬，在盛装打扮——这本身是值得赞扬的——中让披风从肩上滑下来，头一直僵直不动以免损坏发型，或在便帽中放着镜子，衣袖里放着梳子，街上行走时身后总跟着手拿毛巾和刷子的侍童，这样装模作样的盛装打扮和漫不经心就太过分了。这始终是缺陷，同人们极力追求的纯粹而宜人的简约背道而驰。①你们看看这样一个骑士是多么不优雅，他竭力挺直身子，坐在马鞍上骑马向前，就像我们所说的威尼斯人一样，与另一位骑士相比就更其如此了，后者在马上如此放松，如此自然，好像什么都不想，他充满自信，就像站在地上一样。再试看哪个人更让人喜欢、更值得赞扬：一位是佩剑的绅士，态度谦逊，很少说话和自我称赞；而另一个则总在自我吹嘘，蛮横地咒骂，像是要恫吓整个世界！毫无疑问，后者没有别的，只是在装腔作势，像要让人觉得他无比强大。这种情况在任何活动中都可能存在，在世界上任何要做的事、要说的话中都会存在。"

---

① 这里把漫不经心同简洁联系在一起。

28

这时豪华者朱利亚诺先生说:"这一点在音乐里面也是如此,把两个完美和弦一个紧接一个放在一起,是一个极大的错误。我们的听觉会感到厌恶,而常常喜欢一个二度音程或一个七度音程,尽管它本身刺耳难听。因为两个完美和弦会使人感到厌烦,显示出这是一种过分做作的和谐。而把不完美掺和进去就不会让人感到厌烦,由此产生了一个对比:我们的耳朵越是期待、热切地期待去欣赏完美和弦,就越会喜欢二度音程或七度音程的不和谐,把它当成漫不经心的东西。""因此,这也表明,"伯爵答道,"音乐上的装模作样有害无益,在其他事上这样做的结果也完全相同。在古代的一些杰出画家中流传着一句格言[1]:过分勤奋有害。阿佩莱斯指责普罗格尼斯,说他不知道让自己的手离开画板。"这时切萨雷老爷插话说:"我觉得,我们的塞拉菲诺修士也有同样的缺点,只要饭桌上有丰盛的食品,他也同样不知道让自己的手离开餐桌。"伯爵笑了笑,接着补充说:"阿佩莱斯要说的是,普罗格尼斯作画时不知道画到什么地步就足够了,结果是他对自己的作品反复加工,以求完美。这种美德并非是装模作样,我们现在称之为漫不经心,这种漫不经心是优雅的真正源泉。除此之外,漫不经心伴随着人的一举一动,哪怕最小的行为,它不仅可以使人立刻感知行为者是谁,而且它所产生的优雅还会赋予行为以额外

---

[1] 参阅普林尼(Plinio)的《博物志》(*Naturalis historia*), XXXV, LXXX。

的光彩；因为它使人感到，此人轻而易举就能做得如此之好，一定还有许多本领深藏不露，如果再让他辛勤努力，肯定会更加出类拔萃。这样的实例不胜枚举，比如，一个人在操练武器，在投枪或者手持利剑或别的什么兵器，他不假思索，轻松自如，显得毫不费力，好像他的身体和四肢天生就是来从事这一活动的，毫无吃力的表现，尽管别的什么都没做，却已经让所有人都知道，他在这方面可谓完美无缺。跳舞也是如此，一个优雅而不做作的人只需迈出一步，只需一个动作就可表明，他是舞者中知道该怎么跳的人。音乐家唱歌的时候，只要轻松地唱出带三四个装饰音的花腔结束音，轻松得像是脱口而来，就足以表明，这一嗓子表现出他的音乐才华功底深厚。绘画更其如此，一根不经意的线条，一个随便的笔触，足以显出画家的手不是听从艺术或技法的引导，而是自身在向前运作，按照艺术家的愿望达到他想要达到的艺术目标，清楚地表明他的技艺之卓越。关于技艺，人们认为，每个人都是根据自己的判断进行发挥的。其他任何事物几乎都是如此。因此，如果我们的廷臣被认为是优秀的，他在所有方面都应该优雅，特别是说话时应该优雅，避免装模作样。但许多人都难免犯此错误，有时我们的伦巴第人比其他人尤甚，他们如果离家在外一年，回家时马上就讲起罗马话来，有时是西班牙语或法语，上帝知道是怎么回事。所有这些都是因为他们想显示自己知道的东西很多，这样的人把努力和智力都用于得到这一令人憎恨的缺点上了。在我们进行这样的思考时，如果我想使用今天托斯卡纳人已不再使用的那些古代托斯卡纳语，对我来说并非轻而易举，我相信这会招来大家对我的嘲笑。"

29

这时费德里科老爷说:"当然,我们现在这样谈话,使用托斯卡纳的古语词恐怕不好,因为正像你们所说的,说的人和听的人都很吃力,很多人理解起来并非没有困难。但是,我相信,写作时不使用古代托斯卡纳语词是一个错误,因为这样的词语可以赋予文章以优美和庄重。由此可以说明,从古代托斯卡纳词语而不是从现代词语中可以产生一种庄重、华丽的风格。"[①]伯爵答道,"我不知道从那些我们应该极力回避的词语(这一点你们也承认)获得优雅而庄重的风格,不仅在我们现在的谈话中如此,而且在其他任何情况下都是如此。因为任何一个有良好判断力的人,如果他要在托斯卡纳首府佛罗伦萨的元老院发表重要演说,或同该市的权威人士私下商谈重要问题,或是同亲密的朋友谈赏心乐事,同女士或骑士谈情说爱,或是在节庆活动中开玩笑、嬉戏、做游戏,或在任何时刻任何地点谈任何问题,我相信他都会竭力避免使用托斯卡纳古语,否则除了给自己招来嘲笑之外,还会给每一个听者带来不小的困扰。因此,我觉得,在书写时为了优美而使用这些词语,而在言说中却把它们当作缺陷而竭力避免使用,在言说时尽量不使用的词语在书写中却成了适宜使用的词语,岂非咄咄怪事。因为在我看来,书写不过是言说的一种形式,它将我

[①] 卡斯蒂廖内从理论上并不认为用托斯卡纳古体写出来的文章更优美;但在实践中他并不鄙弃托斯卡纳的或拉丁的文体和句式。

们所说的保留下来，书面的东西几乎就是言说的词语的形象，我们言说的词语的生命，一旦语音消失，言说也就不存在了，所以，某些在书面语中不能容忍的东西在言说中却是可以容忍的。因为书写将词语保留下来，让读者进行评判，给读者以充裕的时间对之深思熟虑。因此，书写时应该投入更多的精力，使文字更严谨、更纯正，但不能因此而认为，书写使用的词语不同于言说使用的词语，而是在书写时要选用言说中最美的词语。如果说，在言说中不容许的在书面语中则是容许的，就会产生一种弊端：在本来应该字斟句酌的地方反倒任便了，技巧在书写时从有益变成了有害。但是，可以肯定的是，书写时合适的东西在言说时依然合适，因为最优美的言说正如同最优美的文字。而且我认为，对文字的理解比对言语的理解更重要，因为书写不同于言说，读者和作者不像言说的双方总是面对面。但我赞赏这样的人，他们在写作和言说中回避使用许多古代托斯卡纳语词，而使用今天在托斯卡纳和意大利其他地方习惯使用的、发音优美的托斯卡纳语词。我认为，如果有人提出别的规则①，肯定难以确保不犯我们上文猛烈抨击的做作的错误。"

30

这时，费德里科老爷说："伯爵先生，我不能否认书写是言说的一种形式。我想明确地说，如果我们说出的词语本身有些晦

---

① 卢多维科·达卡诺萨伯爵在这里提出一种理论，语言是同一的，书写和言说都可以用，言说也可以修饰美化，只要别人能听懂就可以。

涩，就无法进入听者的心中，其意思没有被理解，自然就是白费唇舌。书面语中不会发生这种情况。因为如果作者所用的词含义不清——我这里不是说这些词语很难，而是十分深奥——不像人们的日常用语那样浅白，就会使文章显得更具权威，会吸引读者认真阅读，喜欢、珍视作者的才华和学问，读者读起来有些吃力，却给予好评，高高兴兴地品味他吃力地读的这些东西。如果读者过于无知，不能克服理解这些词语的困难，那么，过错不在作者，也不能因此就认为这样的语言不优美。但我认为，写文章时还是适宜于使用托斯卡纳的词语，并且仅仅是托斯卡纳地区古人使用的词语[①]，因为它们经过了时间的考验，证明了它们自身的价值，能表达所说的意思。除此以外，这些词语还优美，令人敬重，古代将这种优美崇高不只赋予语言，还赋予建筑、雕塑、绘画和其他能将优美、崇高保留下来的所有事物。仅仅这种华丽和庄重常常就足可使讲话显得漂亮，其优点和随之而来的优雅可以使讲话显得优美，值得大加赞扬，尽管讲话者不一定高贵。但是，你们的习惯，你们这种使人感到非常吃惊的习惯，我觉得很危险，常常会是有害的。讲话时的一些不合适的东西在许多无知者中盛行，对此我觉得别无他法，必须确立一种规则，一种其他人也遵循的规则。除此之外，习俗也多种多样，即便在意大利的这座著名城市，说话的方式也并非千人一律。但是，你们用不着急于明确地说哪种语言最好，有人选择贝加莫的，也有人选择佛罗伦萨的，你们认为，这并没什么错。因此我认为，如果想不存在任何疑问，

[①] 费德里科·弗雷戈索支持本博在《散文》(*Prose*)中关于古代托斯卡纳语的论点，他的观点同本博的相似，但又有所不同。

想明确无误,就必须认定一个摹仿对象,所有人都认为这个摹仿对象很好,始终把他看作向导和抵御反扑的盾牌,这样的摹仿对象(我说的是在俗语中)我想不可能是别人,只能是彼特拉克和薄伽丘①。谁要是想摆脱开这两个人,那就去黑暗中摸索吧,就像没有照明摸黑走路一样,但他常常会走错路。可我们是另外一种人,我们勇于冒险。我们不值得再去重复杰出的古人已经做过的事,也就是说,应该专心致志地去摹仿他们。我认为,不去这样摹仿不可能写好。我认为,维吉尔就是这样做的一个很好的先例,他尽管才华横溢,以至于使后来者没有任何人再可以怀抱摹仿他的希望,但他还是要去摹仿荷马。"

31

这时,加斯帕罗·帕拉维奇诺②先生说道:"关于写作的这场争论确实很值得听一听,这是我们探讨的议题中不折不扣的应有之义。但如果您能教给我们的廷臣应以什么方式说话那就更好了,因为我认为,他们更需要的是这个,他们常常遇到的情况是讲而不是写。"豪华者朱利亚诺·德·美第奇答道:"不过,对于一个优秀和完美的廷臣而言,这两者无疑都应当会,如果他们不具备这两个条件,那么他们所做的其他所有的事情都不太值得赞

---

① 本博认为,摹仿的模式应当是卓越的。
② 这里帕拉维奇诺想使探讨回到如何塑造廷臣的议题上来,而豪华者朱利亚诺则把话题引向有关书面语言的争论。在当时,撰写的职责也由廷臣承担,很久以后才成为秘书的本职。

赏。但是，如果伯爵愿意兑现他的诺言的话，他应该教廷臣不仅说话漂亮，而且文章也要写得好。"于是伯爵说："朱利亚诺先生，这一职责我将无法承担，自己都不会的事情去教别人，那将愚蠢至极。就我所知，如果非要我教廷臣们写作和讲话，又想用简单的几句话把先哲们千辛万苦地学到的东西说清楚的话，那就是，我们的廷臣应该反复学习拉丁著作①。"切萨雷老爷说："朱利亚诺先生想说的是，用俗语讲话和写作，而不是用拉丁语，而且那些学者们的拉丁语著作也不是我们讨论的议题，不过，您需要把您知道的给我们讲讲，我们也就可以原谅您了。"伯爵答道："拉丁语我已经说过了，但是，要说托斯卡纳的语言的话，也许应该由朱利亚诺先生来谈，他比其他任何人更权威。"朱利亚诺说："合情合理地说的话，我不能也不应当反对说托斯卡纳语是最美的语言的说法，但是，千真万确的是，彼特拉克和薄伽丘著作中的许多词语，按照今天的习惯已不再使用，我无论是讲话还是写作也都不用那些词语。我相信，即使它们仍然存在，即使它们在这里仍然是活的词语，恐怕人们也不会再使用了。"这时，费德里科老爷说："恰恰相反，仍然会使用。你们，你们这些托斯卡纳的先生们，你们应该更新你们的语言，不要像你们现在所做的那样让它消亡。因为现在可以这样说，有关这一语言的消息佛罗伦萨比意大利的其他地方更欠缺。"这时贝尔纳多老爷答道："这些词语在佛罗伦萨已不再使用，但在农民中仍然在用。贵族们拒绝使用它们，认为它们因过于陈旧已被侵蚀

---

① 指那些按照拉丁文规则写的人文主义著作。

32

这时公爵夫人说道:"我们还是不要离开前一个议题,让卢多维科伯爵讲一讲,廷臣如何更好地讲话和写作,用托斯卡纳语也好,用别的语言也好。"伯爵答道:"夫人,我已经说了我所知道的东西。我认为,用以教人如何讲话的规则,也适用于教人如何写作①。遵照您的吩咐,我将就我现在所想到的回答费德里科老爷,他的观点与我的观点不同。也许我的话不得不扯得更远一些,这样做不太合适,但这将是我所应该讲的东西。我首先要说的是,按照我的看法,我们的这种语言,我们称之为俗语的语言,还是稚嫩的和新生的,尽管人们习惯于使用它已有很长时间。因为意大利不仅遭受践踏和掠夺,而且长期成为野蛮人居住的地方。由于同那些民族交往,拉丁语已被侵蚀损毁。在这一损毁的过程中产生了其他语言,这如同发源于亚平宁山脉的河流一样,分流后注入两边的大海,这些语言接着各自再次分流。一些拉丁特色的语言通过不同的途径流向各地,一种保留了野蛮民族特色的语言在意大利停下脚步。这就是为什么我们的语言长期纷繁复杂的原因,由于无人关注这种状况,在写作时对此也无人关注,也没有人努力使之哪怕焕发出一点点光彩和呈现出些许优美。不过,后来在托斯卡纳比意大利其他地方对此更关注一些。因此,情况似

---

① 这里继续强调口头语言和书面语言的同一性。

乎是，其精华最早在这里停留下来，因为在这个地区比其他地区更多地保留了这种语言的最适宜的优美发音和语法规则。这里还出现了三位杰出作家①，他们天才地运用他们所处时代习惯用的词汇和术语表达了他们的思想。我认为，这种情况在彼特拉克身上比另外两位更为成功，实例就是他的爱情诗②。于是，渐渐地不仅在托斯卡纳，而且在整个意大利，某种追求如何把话讲得更优美、把文章写得更漂亮的风气开始在贵族中间流行，并扩展到各宫廷、武士和文人们中间，这在过去粗野的不文明时代是不可能的，那时，野蛮人点燃的灾难的火焰尚未熄灭，他们的许多词语留存下来，在佛罗伦萨这样的城市是这样，在整个托斯卡纳地区也是如此，在意大利的其他地方也是一样。在另外一些被占领的地方，在所有人文领域也出现了这种变化。这种情况在别的语言中也都发生过。因此，如果早期的古拉丁语著作流传至今，我们就可以看到，埃万德罗、图尔诺③和那个时代的其他拉丁人是如何说话的，而后来的罗马国王和执政官们不再那样说。于是，萨利人所唱的诗④后人很难再懂，而已受圣职的早期立法者们仍按那种方式行事，出于对宗教的崇敬没有做出任何改变。就这样，后来的演说家、诗人们不再使用他们的前辈们使用过的很多词语。因

---

① 指但丁、彼特拉克和薄伽丘。
② 指《诗集》(*Canzoniere*)。
③ 两者都是《埃涅阿斯纪》(*l'Eneide*)中的人物，这样说是为了让人想到埃涅阿斯(Enea)到达拉齐奥地区之前拉丁人的语言。
④ 指《踊者之歌》(*Carmina Saliaria*)，连西塞罗和贺拉斯都无法读懂了。

此安东尼奥、克拉苏、奥尔滕西奥①、西塞罗不再使用加图使用过的很多词语,维吉尔②不再使用恩尼乌斯使用过的词语,其他人也是这样。因为他们对古代仍然保持着崇敬,但并不认为必须像你们希望我们现在所做的那样去做,倒是相反,他们认为,那样做应当遭到斥责。比如,贺拉斯就说,他的前辈们愚蠢地赞扬普劳图斯,他希望能够掌握新词汇③。西塞罗④在许多场合也指责他的前辈,在指责塞尔焦·加尔巴时说,他的演说中用的是古人的东西,并说恩尼乌斯在某些方面也轻视他的前辈。因此,如果我们要摹仿古人的话就不要摹仿他。你们说维吉尔摹仿荷马,但他并未在语言上摹仿荷马。

33

"因此,我尽量不用这些古代的词语,除了在某些场合,且这样的场合也很少。我认为,使用它们是个错误,更何况,那就像已经有大量小麦,有人却为了摹仿古人而依然用橡子充饥。因为你们说古代的词语仅以其古代的光辉就可以优美地表现各种事物,即使是低级的事物,可以使之值得大加赞扬。我要说,仅

---

① 安东尼奥(Marco Antonio,公元前143—前87)、克拉苏(Lucio Licinio Crasso,公元前140—前91)、奥尔滕西奥(Quinto Ortensio Ortalo,公元前114—前50)和西塞罗(Marco Tullio Cicerone)差不多是同时代的演说家,他们都尽量避免使用监察官加图(Marco Porcio Catone,公元前234—前149)使用的词语。
② 维吉尔(Virgilio)也避免用他之前的《编年诗》(*Annales*)作者恩尼乌斯(Ennio,公元前236—前169)使用的词语。
③ 参见贺拉斯的《诗艺》(*Ars Poetica*)(vv. 270—274)。
④ 参见西塞罗的《布鲁图斯》(LXXXIII—XCVII)。

仅是这些古代的词语是不够的，还有很重要的一点我还没有讲到，我认为，无疑必须把它们放在优美的句子中才能受到理智的赞扬。①因为把句子同词语分开犹如把灵魂同身体分开，这样做无论对词语还是对句子不造成破坏是不可能的。我认为，对于廷臣来说，要能说会写，最重要的和必需的就是知识，②因为一个无知的人，一个心中没有什么东西值得让人去领会的人，他既不能说出什么来，也不可能写出什么来。紧接着就是，必须把想要说的或想要写的东西理出头绪来，然后再用词语很好地将其表达出来。如果我没有弄错的话，这些词语必须是恰当的、经过选择的、有光彩的和很好地搭配的，但首先应当是民众仍然在使用的③，因为这些词语使讲话熠熠生辉。如果讲话的人有良好的判断并且勤奋，而且善于抓住要讲的东西中最有意义的东西，那么他就要提升这些词汇，就像运用面部表情一样，按照自己的意愿把它们做这样或那样的顺序安排，首先要让它们表达他的尊严和光彩，让人了解他的尊严和光彩，就像一幅画要置于明亮、自然的光线之下一样。我这样说，既指写作也指讲话。但在讲话时需要一些写作时不需要的条件，比如，讲话时声音要美，不要像女人那样尖细软绵，更不要像粗野的人那样厉声厉色，幽暗阴沉，而是要洪亮、清晰、甜美、悦耳，要抑扬顿挫，要配以恰当的手势和动作。我认为，这样的手势和动作寓于整个身体的一定

---

① 意为一个漂亮的句子仅靠词语优美还不够，还要考虑到风格，这比语言更重要，句子和词语密不可分，含义和含义的表达密不可分。
② 这种观点既来自卡斯蒂廖内的"中间"立场，也来自贺拉斯的《诗艺》。
③ 卡斯蒂廖内的这一说法与本博不同，后者强调的是知识人的高雅。

的运动之中,既不要做作,更不要过度,而是温和恰当,配以恰到好处的面部表情,眼神要显得优雅灵动,同讲的话要配合妥帖。其实用手势更能表达讲话人的情感和意图。但是,如果用词语组成的句子不能体现优美、智慧、敏锐、高雅、庄重和切合需要,那么以上所说的声音和手势等等,都是徒劳的,都没有意义。"

34

这时莫雷洛先生说:"我怀疑,如果这位廷臣如此高雅庄重地讲话,我们这些人当中有人会听不懂。"伯爵答道:"不会听不懂,每个人都能懂,因为易懂并不妨碍高雅。我并不想让廷臣总是板着面孔讲严肃的话题,他也可以在不同的时间讲些轻松愉快的事,谈谈游戏、格言,开开玩笑。但这一切都应该是那么通情达理,信手拈来,引用准确,不能在某一部分显得哪怕是一丁点的空洞无物或幼稚可笑。另外,谈到深奥或难解的事物时,我希望他用的词语和句子应当清楚、明确,精细地阐明他的意图,任何含糊之处都要精明地、不厌其烦地讲得清楚明了。同样,需要的时候他要善于带着庄严和激情讲话,激发我们心里本来就有的情感,按照需要点燃它,或者鼓动它。他要简洁明澈,这会使人感到好像自然本身在讲述,在激励他,好像他因亲切温柔而感到陶醉。他要举重若轻,使听者认为谈话者不费吹灰之力就能让听者满意,证实这一点时,听者会永久追随他。我希望我们的廷臣以这种方式讲话和写作,而不是仅仅使用意大利[①]各地的那种光

[①] 这一观点与要求语言纯洁的观点相悖,这种观点甚至允许使用外来语。

彩夺目的、高雅的词语。而且我还赞同有时也使用一些已为我们的习惯所接受的法语词汇和西班牙语的词汇。而且，需要的时候，他说 *primor*［卓越］，*accertare*［成功］，*avventurare*［冒险］，*ripassare una persona con ragionamento*［意为从人的言谈来了解人］，我也不会不高兴，这样说是为了让人理解，这样处理是为了让人掌握完整的信息。他说 *un cavalier senza rimproccio*［无可指责的骑士］，*attilato*［优美的］，*creato d'un principe*［王子的仆人］和其他类似的语句，只要是为了能被理解就可以。有时我也愿意看到，他运用一些并非其本来含义的词，转用于所谈的话题，几乎就像将树木的嫩芽嫁接到最完美的枝干上，以便使之更美观漂亮，也就是近乎使事物接近感官，接近视觉感官，如俗话所说，使之像用手就可以去摸，使听或读的人乐于去摸。我不愿看到他害怕创造新词，害怕用新的形象去表达，害怕以正确的方式从拉丁人那里演绎出新词，就像拉丁人从希腊人那里演绎出新词一样。

35

"因此，如果说今天我们中的一些文人和聪明、善断的人，关心用这样一种方式写作：用这种语言描写那些值得阅读的东西，我们会看到，有很多词汇和美好的形象可以使用，用这种语言完全可以像其他任何一种语言那样写得美不胜收。如果这种语言不是纯正的古托斯卡纳语，那么它就是意大利语，通用的、丰富的、五彩缤纷的意大利语，像一座鲜花遍布、果实累累的美丽大花园。

这也并不是什么新鲜事,因为在古希腊习惯使用的四种语言[①]中,希腊作家们从每一种语言里选择他们需要的词汇、表达方式和形象,这样便产生了另一种语言,叫通用语,这五种语言后来都冠以同一个名字,我们称之为希腊语。虽然雅典语比其他语言更高雅、纯正和丰富,但一些非雅典的优秀作家并不喜欢它,他们的写作几乎可以让人感受到他们平时说话时的味道和特色,因而可能不易被理解,但他们并不因此而被贬低。相反,那些极力想显得自己是雅典人的作家却被人瞧不起。在当时名声很高的拉丁作家中,很多人并不是罗马人,尽管在他们的著作中看不到纯粹地道的罗马语,有时他们却能够征服同他们不属同一民族的人。蒂托·李维说,他的作品中使用了帕多瓦方言[②],他并没有遭人拒绝。再举一个不讲罗马语的人,这就是维吉尔,他也没有遭人拒绝。正如你们所知道的,很多蛮族作家的作品人们依然在读并受到称赞。可是,我们比古人还要严苛,我们为自己设立了某些超出常规的新规定,放着眼前前人走过的大路不走,偏要去另辟蹊径。因为我们的语言像其他所有的语言一样,其功能是优美地、清楚地表达我们心中的想法。可是,我们却喜爱晦涩难懂的东西,称之为俗语,我们想要这种语言使用并非来自普通百姓、就连贵族和文人都不懂、在任何地方也不再使用的词语,完全不尊重杰出的古人,他们就咒骂过那些使用已被习惯扬弃的词语的行为。我觉得,你们并不清楚地理解什么是习惯,因为你们说,如果某种

---

① 指古代希腊不同地区所使用的四种方言:多利安方言、爱奥尼亚方言、伊奥利亚方言、雅典方言。
② 这是昆体良引用的阿希尼奥·波利奥(Asinio Pollione)的观点。

讲话的坏毛病在许多无知者之间蔓延，就不能称之为习俗，也不能把它当作一个讲话的规则来接受。在另外好多场合，我还听你们说过，你们想用 *Campidoglio* 代替 *Capitolio*，用 *Girolamo* 代替 *Leronimo*，用 *aldace* 代替 *audace*，用 *padrone* 代替 *patrone*，以及诸如此类的其他一些已被侵蚀损毁的词语，因为托斯卡纳古代一些无名作家这样使用这些词语，因为今天的托斯卡纳农民还在这样使用这些词语。我认为，说话的良好习惯[①]来自有智慧的人，他们通过学习和经验获得良好的判断，并以此判断为基础经过共同努力而赞同使用那些他们认为好的词语。这些好的词语通过某种自然的判断得到承认，而不是通过人为的操作或某种规定得到承认。你们不知道，言语中的隐喻可以为演讲增添优雅和光彩，但所有的隐喻都不符合语言规则，却为习惯所接受和肯定，因为除了真正给耳朵带来愉悦、美妙和柔和之外还有其他什么理由可以解释吗？因此，我相信，那就是良好的习惯，罗马人、那不勒斯人、伦巴第人和其他地方的人，也像托斯卡纳人一样，都有能力形成自己的良好习惯。

36

"确实，每一种语言中都有一些东西永远是美好的，比如，易懂、格式明确、丰富、美丽的格言、句尾的韵味等等。与此相反，

[①] 这里要求用的语言不是古代人或现代人未加辨别的语言，而是符合良好习惯的语言（通常的中间道路很难找到和遵循，古代和现代都是如此），是敏感、聪明的人士使之令人接受的语言。对此稍后还会讲到。

79 与这些相对立的词语、装腔作势和另外一些东西都不好。但在词语方面，有些词语存在了很长时间，然后衰老，突然不再优美，而另外一些则获得活力，受到重视。因为像一年四季一样，大地上的花果凋零，然后新的花果让大地重新披上新装，时间使初期的词语衰落，习惯使另一批词语新生，赋予它们以优美和高贵，直到在时间的无情吞噬下逐渐衰微，最后也走向消亡。因此，我们以及我们的一切事物都是会死亡的。你们可以想想，对于奥斯卡语①我们已经一无所知，普罗旺斯语现在也是如此，可以说，优秀的作家曾经十分赞赏它，当地的居民现在也不懂了。我想，正如朱利亚诺先生所说，如果彼特拉克和薄伽丘今天仍然在世，他们将不会再使用我们在他们的作品中读到的很多词语了。但是，我并不认为我们去摹仿使用他们的词语就很好。我对这样一些人十分赞赏，他们善于摹仿应该摹仿的人。但我也不认为，不摹仿就不可能写出好的东西，特别是在我们的这一语言中，在这一语言中我们可以得到习惯的帮助，但在拉丁语中，我不敢这样讲。②"

37

这时费德里科老爷说："为什么您说俗语比拉丁语更要重视习惯用法？"伯爵答道："相反，我认为，无论在俗语中还是拉丁语

---

① 奥斯卡语（la linqua osca）是前罗马时代居住在坎帕尼亚地区的奥斯克人（Osci）所用的语言。

② 总之，使用意大利语时可以不必找任何一个楷模去摹仿，只要遵循活的习惯就可以（当然要符合规则）。而拉丁文就不行，因为它是一种已经死亡的语言，必要时需选择作者去摹仿。

中，习惯用法都是老师[①]。正如现在俗语是我们的语言一样,拉丁语是拉丁人自己的语言,拉丁人如今在世界上已经不存在了,所以我们只能通过他们的作品学习他们当时从习惯用语里学到的东西。这不过是说,古人的讲法就是古代说话的习惯而已。愚蠢的做法是,喜爱古人的讲话是为了尽快做到更像古人讲话那样讲话,而不是像现代人这样讲话。"费德里科老爷说:"古人并不摹仿?"伯爵答道:"我相信许多人还是摹仿的,但不是完全摹仿[②]。如果维吉尔完全摹仿赫西俄德,那他就不会超越后者。西塞罗并没有完全摹仿格拉索,恩尼乌斯也并没有完全摹仿他的先辈。荷马是如此久远,以致许多人认为他是第一位英雄史诗诗人,他的语言是那样优美,您还想让他去摹仿谁?"费德里科老爷答道:"摹仿了另外一个人,一位比他更久远的人,只是因为时间太久远,我们不知道那个人的情况罢了。"伯爵说:"那么您说说,彼特拉克和薄伽丘又摹仿了谁?他们并不久远,可以说三两天之前他们还生活在世上。"费德里科老爷答道:"我不知道,我相信他们心里还是想摹仿的,尽管我们不知道详情。"伯爵答道:"可以认为,被摹仿者比摹仿者更优秀。如果他们的姓名和名声很好的话,竟然很快就湮没无闻了,这就太令人感到奇怪了。但我相信,他们的真正老师是他们的聪明和他们自身的判断力。对此,任何人都不会感到奇怪,因为通过不同的途径几乎总是可以抵达优秀的巅峰。很多各不相同的事并没有得到相同的命运,这并非

---

① 卡诺萨伯爵关于使用活的语言的理论,导致将拉丁语和俗语区别开来。
② 关于摹仿问题的这一解释最后导致极端后果:不应完全摹仿,不是所有的作者都摹仿;开创性的作家(荷马、彼特拉克、薄伽丘)似乎没有摹仿的楷模。

81 不自然，但它们本来就都应受到相同的赞美。你们可以看看音乐，和声中有的低沉、缓慢，有的极快，并且变换着调式和风格，但都悦耳动听，而动听的原因则各不相同。又例如听比东①唱歌也是这样，他的演唱技巧娴熟、流畅、热烈、饱含激情，音调变化无穷，使人听后无不感到精神振奋，激情燃烧，好像在天空翱翔。我们的马尔凯托·卡拉②演唱时同样令人感动，但他的声音更柔和，平静和哀怨的歌声如泣如诉，扣人心弦，温柔地唤起人们心中愉悦的情感。很多各不相同的东西我们看了也感到赏心悦目，目不暇接，很难断定哪一种最令我们的双目喜爱。例如在绘画方面，一些画家极其优秀，比如列奥纳多·达·芬奇③、曼特尼亚④、拉斐尔、米歇尔·安杰洛、乔治·达卡斯特尔·弗朗科⑤，他们确实各自都不一样，因而他们中的一些人好像并不缺少其他人在风格上拥有的任何东西，所以人们承认他们在自己的风格上都完美无缺。同样，许多希腊诗人和拉丁诗人也是如此，他们虽然写作风格不同，但都同样受到称赞。演说家之间的区别更大，几乎每个时代都产生了具有那个时代特征的演说家，当时他们都受到称赞，他们不仅同其先辈和后继者有所不同，他们之间也各不相同，

---

① 比东（Bidon），教皇利奥十世的小教堂唱诗班领唱人，阿斯蒂人。
② 马尔凯托·卡拉（Marchetto Cara），维罗纳的音乐家和歌唱家，常常在乌尔比诺宫廷和曼托瓦宫廷演出。
③ 列奥纳多·达·芬奇（Leonardo da Vinci，1452—1519）。
④ 安德烈亚·曼特尼亚（Andrea Mantegna，1431—1506）。
⑤ 乔治·达卡斯特尔·弗朗科（Giorgio da Castel Franco），即乔尔乔内（Giorgione，1478—1510）。

如像希腊人伊索克拉底①、吕西斯②、埃斯基内③和另外一些人,所有这些人都很优秀,但他们各领风骚,除了他们自己之外与他人没有相似之处。接下来是拉丁演说家④,如卡尔博内、莱利奥、西庇阿·阿弗里卡诺、加尔巴、苏尔皮齐奥、科塔、格拉科、马尔科·安东尼奥、格拉索等等,把他们都列出来的话,这个名单实在太长了。所有这些人都非常优秀,而且彼此间各不相同,甚至有人认为,世界上有多少演说家就有多少种不同类型的讲话方式。我记得西塞罗在一个地方⑤引用了马尔科·安东尼奥,后者对苏尔皮齐奥说,演说家中的许多人并没有摹仿谁,但他们都达到了卓越的巅峰。他还说,某些人采用了一种新的说法和新的形象,这种说法和形象很美,但却是当时的其他演说家未曾用过的说法和形象,但除了发明者自己之外其他人并不摹仿。但他还说,教师们应当懂得学生们的自然本性,把它当作向导,指引、帮助他们前进。他还说,他们的才智和秉性决定了他们的倾向。因此,我的费德里科老爷,我认为,一个人要是同某位作者没有产生共鸣,他是不会努力去摹仿他的⑥。因为智慧的本性会削弱和阻止这样做,因为这样做会使他偏离使他受益的道路,只要这条道路没有成为死路一条他就会受益。因此,我不明白,每个人都去摹仿彼特拉克和薄伽丘,不是让这个语言更加丰富,赋予它精神、高尚和光

---

① 雅典政治演说家(公元前436—前338)。
② 雅典法庭演说家(公元前445—前380)。
③ 雅典演说家(公元前389—前314)。
④ 这个知名或不太知名的拉丁演说家名单来自西塞罗的著作。
⑤ 参阅《论演说家》(*De oratore*)(II, XXIII, 97—98)。
⑥ 如果摹仿未建立在摹仿者同被摹仿对象之间一致的基础之上就会形成伪造。

彩，而是让它更贫乏、单薄、卑微和晦涩，试图使它极为贫乏，这有什么好处。我不明白，在这一语言方面，为什么就不可以相信波利齐亚诺①、洛伦佐·德·美第奇、弗朗切斯科·迪亚切托②，以及其他一些托斯卡纳人，也许他们的理论和判断并不亚于彼特拉克和薄伽丘。第一个这样写的人成了首创，成了终点，再也不能逾越，这确实太狭隘了；很多富有天才的人再也不可能在这种语言中找到更优美的表达方式，而这种语言就是他们自己的语言，使用起来十分自然，这确实太狭隘了。但今天确实有一些谨小慎微的人，他们几乎以一种宗教的和不可言喻的神秘态度对待他们的托斯卡纳语，吓唬听众，使不少贵族和文人极为胆怯，不知道如何用这种语言讲话，而他们在襁褓中就跟着保姆学会这种语言了。好了，我觉得在这方面似乎已讲得太多了，我们还是继续探讨廷臣吧。"

38

这时费德里科老爷答道："我还想就此再说几句：我已经说过，我不否认人的看法和智慧各不相同，也不相信个性热烈和富有激情的人会写出沉静的作品。同样，我也不相信，一个严肃和沉稳的人能写出轻松愉快的东西。因为文如其人，符合他的天性

---

① 安杰洛·安布罗季尼（Angelo Ambrogini），别名波利齐亚诺（Poliziano，1454—1494）。
② 弗朗切斯科·卡塔尼·迪亚切托（Francesco Cattani Diaceto）是柏拉图－费奇诺关于爱的遗传理论的支持者。

才是合理的。我想，西塞罗所说的就是这个意思，他说，老师应尊重学生的本性，才不至于像蹩脚的农夫那样，在只适合种葡萄的土地上硬要种小麦。但我一辈子都不能理解，如果说这不是一种为所有人（说话、思考和进行其他许多活动）共同采用的语言，而是基于一定规则带有限制的人为发明，那么，摹仿口才好的人并不比自由宣讲更合理；或者为什么在拉丁语中，他们必须极力摹仿维吉尔和西塞罗的语言，而不是去摹仿西利奥①或科尔内利奥·塔西佗②的语言。在俗语方面也是这样，没有更好摹仿彼特拉克和薄伽丘的语言，而是摹仿别的人的语言。而且，这两位的语言能够充分表达他们的思想，他们遵照的，有如西塞罗所说③，是自己的天生的本性。这样就造成了您所说的优秀演说家之间的差别，这种差别在于讲话的内容而不在于语言是不是优美。"这时，伯爵说："我怀疑我们到了茫茫大海之上，离我们的第一个关于廷臣的议题已经太远了。可是我还是要问您：这一语言的优美在于什么？"费德里科老爷答道："在于很好地利用它的准确性，在于在表达一种意思时可以运用它的准确性，运用它的风格和韵律的人都可以写出很好的作品。"伯爵说："我想知道，您说的这种风格和韵律来自内容还是词语。"费德里科老爷答道："来自词语。"伯爵说："那么，您难道不觉得西利奥或科尔内利奥·塔西佗所用的词语不就是维吉尔和西塞罗所使用的词语而且也没有改变其本身的含义吗？"费德里科老爷答道："不错，是同一些词，但有些

---

① 西利奥·伊塔利科（Silio Italico），公元1世纪的拉丁史诗诗人，他摹仿的是维吉尔。
② 科尔内利奥·塔西佗（Cornelio Tacito），公元1世纪的拉丁历史学家。
③ 参见《论演说家》，III，IX，35。

85 词理解不同，以另外的词义在使用。"伯爵答道："在科尔内利奥和西利奥各自的一本书中，如果把那些与维吉尔和西塞罗原来的含义不同的词全部都去掉，当然这样的词不会太多，那么您就不会说在语言上科尔内利奥像西塞罗、西利奥像维吉尔了？不会说他们很好地摹仿了那种说话的方式？"

39

这时埃米莉娅夫人说："我觉得，到现在为止，你们之间的争论太长了，令人感到厌烦，最好另找时间再谈吧。"费德里科老爷正想再说什么时，却被埃米莉娅夫人打断。最后伯爵说："许多人想对说话的风格、韵律和摹仿继续评判，但我觉得他们说不清楚什么是风格、韵律和摹仿，也不明白维吉尔从荷马或另外一位拉丁作家那里摘出来的东西为什么那么好，为什么显得那么漂亮而不像摹仿。这也许是因为，对此我还没有能力解释。但是，一个重要证明就是，如果一个人懂某一事物，他应该能够将这一事物教给他人，所以我怀疑，他们对此并不太清楚，他们赞扬维吉尔和西塞罗，是因为他们听到很多人都在赞扬，而不是因为他们了解维吉尔和西塞罗同其他人的区别，同时也不是因为他们确实对这两位以不同于他人的方式使用的两个、三个或十个词语有所了解。在撒路斯提乌斯[①]、恺撒[②]、瓦罗[③]和其他一些优秀人物的著

---

① 撒路斯提乌斯（Caio Sallustio Crispo，公元前86—前35），拉丁历史学家。
② 恺撒（Caio Giulio Cesare，公元前100—前44）。
③ 瓦罗（Marco Terenzio Varrone，公元前116—前27），里耶蒂市人，拉丁博学者和哲学家。

作中,可以找到一些词语,这些词语的用法与西塞罗的用法不同,但各自的用法都很合适。因为那些不重要的事物并不足以显示一种语言的优美和力量,正如德摩斯梯尼[①]对埃斯基内说的那样,后者缠着他,非要问他,某些他用过的词——虽然这些词不是雅典词语——是怪物还是奇迹。对此,德莫斯泰内笑了,回答他说,希腊的幸运并不在于这些。因此,我也不太关心,一个托斯卡纳人说话时说的是 *satisfatto* 而不是 *sodisfatto*,是 *onorevole* 而不是 *orrevole*,是 *causa* 而不是 *cagione*,是 *populo* 而不是 *popolo*,如此等等。"这时费德里科老爷站起来说:"请听我说几句,只有几句。"埃米莉娅夫人笑着答道:"你们现在还要谈这个话题,我感到难受,这简直就是一种惩罚。我想,还是另外一个晚上再谈吧。但是,伯爵,您还是要继续谈对廷臣的想法,让我们看看您的记忆力多么出色,因为我相信,在哪儿中断的您能从哪儿再接着谈,不会敷衍了事。"

40

伯爵答道:"夫人,我感到思路可能断了。如果我没有弄错的话,我相信我们讲到,做任何事情时都表现出令人恶心地装模作样是最大的不雅,相反,简单明了和漫不经心则是大雅。在赞扬漫不经心和指责装模作样方面,还有好多事情可以探讨。但我只想说其中的一件,不及其他。所有女性都普遍怀着一个夙愿,就

[①] 德摩斯梯尼(Demostene,公元前384—前322),雅典人,希腊最著名的演说家。参见西塞罗的《论演说家》,VIII,26—27。

是要漂亮，如果不可能，至少也要显得漂亮。如果她们的某些部位天生就不美的话，她们就费尽心机通过化妆和服饰加以弥补，千方百计地对面容进行修整，有时简直就是自讨苦吃，拔去眉毛和额上的汗毛等等。总之是用尽了所有办法，让自己忍受这类痛苦。你们当中另外一些女士以为，对男人来说这非常神秘，其实大家都心知肚明。"这时科斯坦扎·弗雷戈莎夫人笑了，她说："您很有礼貌地侃侃而谈，谈了优雅来自何处以及廷臣的语言，还想揭露女性的弱点，这并无必要。"伯爵答道："不，这非常必要。因为我所说的你们的这些缺点会减损你们的优雅，只会使你们显得装模作样，这使所有人都明明白白地看出了你们想显得漂亮的强烈愿望。你们有没有发现，如果一个女士想要显得优雅，即使她要化妆也是化淡妆，只是那么一点点，不管谁看到她也会疑惑：她到底有没有化妆。而另一个喜欢化浓妆的女人，脸上仿佛戴了面具，她不敢笑，害怕会毁了脸上的妆容。另外，她从不改变衣服的颜色，早上穿什么就是什么颜色。她整整一天一动不动，像一尊木雕，只敢在骗人的光线之下露面，或者说，很像那些精明的商人，把他们待售的衣服放在昏暗的地方。另外，在所有女人中如果喜欢一位的话，我说她不丑，因为她明显未施粉黛，虽然她不是那么白，也不是那么红润，却是自然的白皙，有时由于害羞或者别的什么，她的脸上泛起一抹红晕。她的头发有时未加整饬，略显零乱，她的举止朴素而自然，看不出她曾费尽心思地让自己显得美丽。在人们的眼里和心里，这才是悦人的自然纯真，因为人们总是担心被人为手段所蒙骗。女人拥有漂亮的牙齿是非常迷人的，因为牙齿不像脸那样总是暴露在外，大部分时间含而不露，人们相信它的主人不会花很多心思像美化面部那样去美化牙。尽管也有人无缘无故地笑，只是为了展示其牙齿，人们也会发现这是做作，即使牙齿长得非常漂亮，都会不以为雅，就像卡图卢斯[①]笔下的埃尼亚齐奥一样。双手也是这样，如果手很娇嫩、美丽，有时裸露在外，那是劳作的需要，不是为了向人展示其美丽，手的主人的最大愿望就是，双手是什么样就什么样，顶多是戴上手套。因为戴手套的人并不在意双手是否被人看到，不过多考虑这一点，而她拥有美的双手是天生如此，而不是由于刻意修饰。你们在街上走，去教堂或别的什么地方，去玩耍或由于其他原因来到街上，有时会看到某位女士偶然提一下裙边，露出脚和一部分小腿，但她并非故意露给你们看。如果你们在街上看到一位女士服装优雅，头戴丝绒带，脚穿漂亮袜子，你们不觉得她刻意显得优雅吗？是的，我很喜欢这样，我相信你们也是。因为每个人都会认为，对如此隐秘、很少外露的部位加以装饰，体现在那位出自天然而非做作的女士身上就是优雅，她并不想以此来获得任何人的赞美。

41

"以这样的方式我们可以避免和掩饰做作，现在你们可以理解，做作与所有身心活动的优雅是背道而驰的，有损于优雅。对于心灵的优雅，我们迄今谈得很少，但不能避而不谈，因为心灵

---

① 参见卡图卢斯（Catullo）的《歌集》（*Carmina*），XXXIX。

比身体更值得一谈，正如讲究比刻意打扮更值得赞赏一样。至于我们的廷臣应当如何去做，我们暂且不谈那些著述宏富、界定了心灵的美德、细论过心灵的等级的圣贤就此留下的许多箴言，只结合我们的论题简单谈一谈。廷臣只需——如通常所说——善良和正直即可。这样就可以理解什么是心灵的谨慎、善良、坚强和温和①，以及符合这一光荣称谓的所有其他素质。我认为，只有希望从善的哲学家才是真正的伦理学家。在这方面，除了这种愿望之外，就无需其他戒律了。苏格拉底②曾经说过，他认为他的学说已取得了累累硕果，通过这样的学说就足以认识美德，学到美德；因为他们达到了一心向善的目标，轻易就能了解他所需要的一切。对此，我们不进一步深谈了。

42

"但是，除了善以外，我想，对于每个人来说，心灵真正的和主要的美化手段就是文学。法国人只知道武力的高贵，其他一切都不值一提。因此，他们不仅不重视文学，而且憎恨文学，所有文人都被视作卑贱之人。如果称某人为'教士'，那简直就是无礼。"这时豪华者朱利亚诺说："您说的完全正确，长期以来这个错误在法国人中很普遍。但是，如果命运眷顾，像人们希望的那

---

① 用善良这一异文代替正义，是活跃的生活的主要美德，将基督教理论所倡导的美德变为自己所主张的美德。西塞罗在多处谈到基督教的理论（参阅 Cian, Edizioni Moderne Del. Libro del Cortegino, p.103）。

② 参阅色诺芬（Senofonte）的《回忆苏格拉底》（*Detti memorabili di Socrate*）。

样,丹古莱梅①蒙席大人能继承王位,我想,不仅武力的光荣之花能在法国绽放,而且文学之花也能取得崇高的地位。因为不久前我才到过法国宫廷,我见到了这位先生,我觉得,他不仅身材魁梧、面容俊美,而且和蔼可亲,有远大抱负,法国人都欣赏他的抱负。后来,法国和意大利的许多绅士都认识到了他举止高贵、心灵高尚、英勇绝伦和慷慨大方。其中包括我所说的,他喜爱和崇尚文学,尊重所有的文人,谴责那些鄙视文学这一职业的法国人。特别是,他家里有一座藏书丰富的图书馆,很像巴黎那座大学②的图书馆,全世界的人都频繁进出那所大学的图书馆。"这时伯爵说:"令人惊异的是,他这么年轻,仅凭其与当地习俗背道而驰的天然禀赋,独自走在这条光明大道上。就像臣民总有追随最高首领的习惯,如您所说,法国人还会赋予文学以应有的崇高地位。这并不难,只要他们愿意去领会,就会被说服。人天性更渴望、更适合的是知识,断定或者认为知识不总是善的,实为愚蠢。

43

"如果让我向他们解释,或是向那些与我意见相左的人解释,我将竭力向他们说明,文学是上帝赐给人类的最好礼物,它对于我们的生活和尊严来说有益且必需。我可以举出许多古代杰出首领的例子,他们都把文学的美化作用同尚武结合起来。因为你们

---

① 即法国国王弗朗索瓦一世(Francesco I di Valois-Angoulem, 1494—1547),他在1515年路易十二死后登上王位,是一位慷慨大方的文艺赞助人,曾支持过达芬奇、切利尼(Cellini)和托斯卡纳的一些风格主义画家。

② 指索邦(Sorbona)大学。

知道，亚历山大大帝①非常景仰荷马，他的床头总是放着《伊利亚特》。他不仅学习这些，而且在亚里士多德的指导下进行哲学思考。阿尔奇比亚德②也是通过文学和苏格拉底的教导，地位越来越高，取得了巨大成就。恺撒也高度重视学习，他那些存世的优秀作品③可以为证。西庇阿·阿弗里卡诺说④，色诺芬的书他从不离手，因为书中塑造了一位名为居鲁士的圣君⑤。我还可以向你们列举卢库洛⑥、西拉⑦、庞培⑧、布鲁图斯⑨，以及另外好多罗马人和希腊人。但我只想提一下汉尼拔，他是一位优秀的指挥官，但他生性凶残，与所有人道情怀格格不入，不守诚信，蔑视他人和众神，可他却有文学方面的学识，懂希腊语。如果我没有记错的话，我还读过⑩他用希腊语撰写的书。但我告诉你们这些纯属多余，因为我很清楚，你们大家都知道，法国人认为文学会危害武力的说法是多么骗人。你们知道，在战争中重大的、冒险的事项

---

① 参阅普鲁塔克的著作《希腊罗马名人传》(*Vite parallele*)。
② 同样可参阅普鲁塔克的著作。
③ 即《高卢战记》(*De bello Gallico*) 和《内战记》(*De bello civili*)。
④ 见西塞罗的著作《图斯库勒论辩》(*Tusculanae disputationes*)。
⑤ 即《居鲁士的教育》(*Ciropedia*) 一书。
⑥ 卢库洛（Lucio Licinio Lucullo，公元前106—前57），古罗马统帅，以生活奢华闻名，曾写过有关（公元前91—前88年罗马人同意大利同盟国之间的）同盟之战的历史。
⑦ 西拉（Lucio Cornelio Silla，公元前138—前78年），古罗马的政治家，马里奥（Mario）的对手，著有 *Commentarii rerum gestarum*。
⑧ 庞培（Gneo Pompeo Magno，公元前106—前48），政治家，罗马统帅，恺撒的对手。
⑨ 布鲁图斯（Marco Giunio Bruto，公元前85—前42），刺杀恺撒的凶手之一。
⑩ 参见科尔奈利乌斯·奈波斯（Cornelio Nepote）的《外族名将传》(*Vitae*)，XXIII, XIII, 2。

中，真正的激励因素是荣誉。谁要是为钱或别的原因而冒险，除了做不出什么好事之外，也不配被称为绅士，而是极为下贱的市侩。大家都知道，除去那些没有文学品味的不幸之人以外，大家都会理解真正的荣誉在于拥有神圣的文学财富。而体会不到文学之乐趣的人，更不可能理解荣耀可以经由文学流传下去，以为名声只能传之一两代人，此后就不会有人知道了。这短暂的名声他都不以为意，那么久远的名声就更其如此了。不幸的是，他并没有认识到这一点。我们有理由相信，既然名声对他来说无足轻重，他不可能像知道这一点的人那样为追求名声而去冒险。我不想让我的对手举出相反的例子，说意大利人虽然了解文学，但近年来在军事方面表现不佳，来拒绝我的看法。不幸的是，事实的确如此。但可以肯定地说，为数不多的人的罪过不仅造成严重损失，让其他所有人长期被唾骂，而且我们的衰颓——如果不说是灭亡的话——和我们的道德退化的真正根源正在这少数人身上。然而，公开这一点比说法国人不懂文学更让我们感到羞愧。因此，最好让这些思之痛心的事归于静默吧。我本来不想谈论它，现在回到关于廷臣的话题吧。

44

"我希望，廷臣在文学方面的知识应该比一般人更渊博，至少在我们叫作人文学的研习方面应该如此。他不仅要懂拉丁文，还应懂得希腊文，因为希腊文著作出色地描写了许多不同的事物。他既要熟悉诗人，也不能忽略演说家、历史学家，自己也要练习写诗、写散文，尽量用我们的俗语去写。因为这样做不仅自己可以获得愉悦，还可以总是有机会和女士们一起消遣，女士一般都喜欢这些东西。如果由于其他原因或者缺乏才能，写出来的作品就不够完美，不值得大加赞赏。那么就要付诸一炬，以免贻笑大方，仅让信赖的朋友看一看当然可以。至少练习写作对人有好处，可以知道如何评价别人的作品①。有时会发生这样的情况，不事写作的人虽然知识渊博，却难以完全理解作家的辛苦，也难以欣赏作品风格的美妙和卓越，以及我们常在古代作家的作品中发现的内在特色。除此以外，这样的练习可以使人知识丰富，正如阿里斯蒂波②在回答那位暴君时所说，他敢于自信地同任何人谈话。可是我希望，我们的廷臣在心中确立一个观念：在这件事以及其他任何事情上，都要克制和谨慎，不要冒失，力戒自欺欺人和不懂装懂。因为我们所有人的本性都是贪求赞扬；我们的耳朵更爱听悦耳的称赞，胜过任何甜蜜的歌声或琴声。可是，像塞壬的歌声一样，如果不堵好双耳，这悦耳之声就是欺人之声，会导致翻船。一些古代先哲③了解这种危险，撰文教人辨别真正的朋友和阿谀逢迎者。但是，如果多数人，甚至是无数人，他们清楚地知道是在被奉承，可他们喜欢奉承，讨厌对他们讲真话的人，对他们来说这还有用吗？常常会出现这样的情况：这些人觉得奉承者太吝

---

① 写作中获得的能力，也使你知道如何评价他人的作品。

② 阿里斯蒂波（Aristippo）出生于昔勒尼（Cirene），是公元前4世纪的古希腊哲学家，提倡享乐主义伦理学的昔勒尼学派的创始人。故事取材于第欧根尼·拉尔修（Diogene Laerzio）。

③ 这里指普鲁塔克，他曾写过一篇文章《如何辨别朋友和谄媚者》（*Come si possa distinguere l'amico dall'adularore*）。

啬其言词，他们自己帮着说恭维话，就连恬不知耻的奉承者也感到难为情。让这些盲目的人去犯错吧，我们的廷臣应该具有良好的判断力，不能听任黑白不分。如果他有自知之明的话，他也不能自视过高①，特别是在如下事情上，如果你们还记得，切萨雷老爷曾提到，我们曾不止一次用阿谀逢迎让很多人发疯。而且，为了避免错误，即便廷臣清楚地了解对他的赞扬并非虚夸，也不能公开接受，不能顺水推舟地认可，而要婉拒，表示他以从军为业，并致力于有助于强化这一职业的其他所有技艺②。尤其是士兵不要效仿这样的人：他们在文人中像军人，而在军人中又像文人。这样，出于我们前面说过的道理，就可以避免做作，即便他平凡的成就也会显得伟大。"

45

这时彼得罗·本博老爷答道："我不知道，伯爵先生，您怎么能要求廷臣很有学识，又有其他许多卓越才能，用其他种种才能来装饰军事才能，而不是以其军事才能和其他才能来美化文学才能。其实，对于一个人的尊严来说，无需其他才能的配合，文学才能本身的价值超过军事才能，正如灵魂的作用大于身体的作用一样，因为文学是心灵的活动，而武艺则是身体的活动。"伯爵答道："并非如此，武艺既是身体的活动，也是心灵的活动。但是，彼得罗老爷，我不想请您就此进行评判，因为您可能会偏向于这

---

① 这里再次提出，介乎骄傲和自卑之间的正确做法在于了解自己的真实品质。
② 廷臣的其他所有才能都必须服务于提高军事才能。

两者中的某一方。前贤就此已经争论了很长时间,现在用不着再争论了。但我终究还是偏向于武艺,既然我可以按照我的愿望塑造他,我希望我们的廷臣也作如此想。如果您不同意我的意见,您可以耐心地听听有关的一场争论①。在争论中,尚武者为武艺辩护,而从文者为自己所从事的文学辩护。如果各方都充分显示自己的技艺,您将看到文人会败下阵来。"彼得罗老爷说:"可是,您前面指责法国人不重视文学,您说文学带给人荣耀,文学可以使人不朽。现在,好像您的想法变了,难道你不记得:

> 亚历山大大帝伫立在著名勇士
> 阿喀琉斯墓旁,不停赞叹颂扬:
> '你多么幸福啊,如号声嘹亮,
> 有人为你写下那不朽的诗章!'②

97 如果亚历山大大帝不是羡慕阿喀琉斯的业绩,而是羡慕他有荷马用文字颂扬其武功的福气,那么他会更看重荷马的文学而不是阿喀琉斯的武功。文才和武功哪一个更崇高,这位历史上最伟大的统帅已经做了评价,您还期待另一位判官或者另一种评判吗?"

46

此时伯爵答道:"我斥责那些认为习文有害于从戎的法国人,

---

① 卡诺萨伯爵在这里风趣地提出"秀才遇到兵"的假设,以证明武艺还是占上风的。
② 引自彼特拉克的《诗集》(*Canzoniere*),CLXXXVII,1—4。

但我倒觉得，最适合从事文学的人莫过于武士了。因为这两个方面的才能相互关联，相辅相成，再合适不过了。我希望我们的廷臣具有这样的才能，我并不觉得我需要改变看法。但是，正如我已说过的，我不想通过争论来确定哪一方更值得赞扬。文学家如果不同时是伟人，拥有光辉业绩，几乎不可能受到赞扬，这足以说明问题。他们值得赞扬的是产生光辉业绩的美德，而其光辉业绩也成了写作的珍贵素材。这是一种巨大的荣耀，也是使他们的作品传之久远的部分原因。如果他们的作品缺乏高贵的题材，或许就不会有那么多人阅读并给予高度评价，而是白费力气，存世不久。如果亚历山大大帝因阿喀琉斯受到荷马的赞美而嫉妒他，不能据此认为文才优于武艺。大家都知道，在武功方面亚历山大大帝远逊于阿喀琉斯，就像他认为对阿喀琉斯的描写，所有作家都不如荷马，那么我敢肯定，他早就希望从事他自觉擅长的事业，而不是别人称誉他擅长的事业。但我认为，这是他对自己的暗自肯定，也是希望自己在并不擅长的方面有所作为，即成为一名优秀作家，而不是在他业已小有成就的武功方面达到巅峰，在武功方面他并不认为阿喀琉斯强于自己。因此，他称阿喀琉斯为幸运的人，这就等于说，如果他的名声将来不如阿喀琉斯显赫，不是因为他的英勇和功绩不那么显著，不配受到最高赞扬，而是因为阿喀琉斯得益于荷马的卓越史诗，而他没有阿喀琉斯那样的好运气。荷马将阿喀琉斯的奇迹写进其史诗，为他竖立了荣耀的丰碑。或许亚历山大也想让一位天才作家写写他的事迹，表明他对文学是如此喜欢，他极看重文学创立的神圣丰碑。关于这种纪念碑，人们讲得已经够多了。"卢多维科·皮奥先生答道："简直是太多了。我相信世界上找不到这样一个大器皿,能装下您想塑造的廷臣所要具备的那些东西。"伯爵说:"不要急,需要具备的东西还多着呢。"彼得罗·达纳波利答道:"要是这样的话,美第奇家的大胖子①就比彼得罗·本博老爷更具优势了。"

47

这时,所有人都笑起来。伯爵接着说:"先生们,你们知道,如果一位廷臣还不是乐师,如果他除了能识谱外不会演奏乐器,我是不会满意的。因为如果我们好好想一想,解除身体的疲劳、慰藉受伤的心灵,最适当、最好的良药别无其他,只能是音乐。尤其是在宫廷,音乐能最大限度地使每个人娱乐消遣。除此之外,许多事情能令女士愉悦,不过,她们的心灵柔软脆弱,和谐甜美的音乐很容易让她们充实。从古到今,女人都热爱音乐,把音乐视为重要的精神食粮,也就不足为奇了。"这时加斯帕罗先生说:"我认为音乐和很多虚幻的东西确实很适合于女士,但并不适合于真正的男人,他们不应该借此消遣,慰藉其心灵,因为这会使他们畏惧死亡。"伯爵答道:"不能这样看,因为我将让你们看到音乐是多么值得颂扬,我记得,古人认为音乐是高雅的,神圣的,智慧的哲人认为,世界是由音乐构成的,星球在运转中产生和谐,我们的心灵也是按同样的原理构成的。音乐能唤醒并激活我们心中的美德。②据记载,亚历山大大帝③听到音乐后心情颇为激动,

---

① 指美第奇家族的一位廷臣,他因肥胖而得此外号。
② 这是毕达哥拉斯综合柏拉图和西塞罗的看法提出的理论(参见Maier, p.169)。
③ 指普鲁塔克描写。

不由自主地离席去操演兵器。后来音乐改变了节奏，他的情绪又缓和下来，于是他又放下兵器，回到宴席。我还要告诉你们，苏格拉底年岁很大的时候，还学习演奏齐特拉琴①。我记得柏拉图②和亚里士多德③都希望受过良好教育的人也要懂音乐。他们通过大量证据证明音乐对我们有很大影响，这些理由太多了，无法一一道来，证明我们应该从小接受音乐教育。这不只是因为我们可以听到美妙的乐曲，而且因为音乐可以引导我们养成一种新的习惯，一种心向美德的习惯，使我们的心灵更懂得幸福，就像锻炼使我们体魄更加强壮一样。音乐不仅对战争与和平无害，反而会带来助益。吕库古④在他的严苛的法律中也称赞过音乐。可以读一读好战的拉西第蒙人和克里特人的故事⑤，他们在战斗中使用齐特拉琴和其他一些声音美妙的乐器。古代许多优秀的指挥官在战斗中奏乐，比如伊巴密浓达，而那些不懂这一点的人，比如像地米斯托克利⑥，人们对其评价就差得多。你们没有听说过⑦你们没有读过，善良的老人喀戎教育年幼的阿喀琉斯的课程之一就是音乐，阿喀琉斯尚在摇篮中就受到音乐的滋养，这位智慧老人不是也要阿喀琉斯那双沾满特洛伊人鲜血的双手经常弹齐特拉琴吗？因此，什么样的战士会羞于效仿阿喀琉斯，更不用说我们提到的其他名将

---

① 参阅瓦莱里乌斯·马西姆斯的著作《善言懿行录》，VIII, VII。
② 参阅《理想国》（*Repubblica*），III，X—XII。
③ 参阅《政治学》（*Politica*），VIII，III—VII。
④ 吕库古（Licurgo，公元前390—前324），斯巴达的政治家和演说家。
⑤ 见普鲁塔克的《论音乐》（*Della musica*）。
⑥ 地米斯托克利（Temistocle，公元前525—前459）是雅典的政治家，亚里士多德的对手。
⑦ 也见普鲁塔克的《论音乐》。

了？所以不要想让我们的廷臣脱离音乐，音乐不仅可以使人心灵平静，而且常常可以使桀骜不驯的人变得温顺[1]。没有品味过音乐的人，肯定难以达到内心的平衡和谐。这就是说，音乐的力量可以让人碧海掣鲸[2]。我们看到，在神圣的庙堂里用音乐赞美上帝，感恩上帝。可以相信，音乐让上帝欢喜，上帝也把音乐赐予我们，当作消除疲劳和烦闷的最甜蜜的慰藉。因此，炎炎烈日下在田间劳作的人常常用他们朴实的乡曲消除疲劳；普通的农姑黎明即起，纺纱织布，用歌声赶走睡意，也使劳作轻松愉快；经历暴风雨的水手最爱用音乐来放松；朝圣者在漫长而疲惫的旅程中用音乐作为消遣；音乐还常常可以减轻戴脚镣手铐的犯人的痛苦。很多事实证明，即便是最单纯的旋律，也能减轻我们世上所有人的负担。因此，音乐仿佛是自然教给母亲哄她们那啼哭不止的宝宝的良方，宝宝听到歌声就会安然入睡，忘却腮边还挂着泪珠。婴儿的眼泪是自然向我们展示的我们未来生活的征兆。"

48

这时，伯爵沉默片刻，豪华者朱利亚诺说："我完全不同意加斯帕罗先生的看法。我倒认为，从您讲的道理和另外好多理由来看，音乐不是一种点缀，而是廷臣所必不可缺的。我想知道，您所赋予廷臣的种种才能如何施展，在何时、以何种方式施展。因

---

[1] 根据神话传说，半人半神的音乐家俄耳甫斯（Orfeo）的秉性就是这样的。
[2] 这是由希罗多德讲的一段关于阿里昂（Arione）同海豚的神话故事，见《历史》(Storie), I, XXIII—XXIV。

为很多本身值得赞扬的才能如在不恰当的时刻施展常常不合时宜。与此相反，有些才能虽然不太重要，但如果施展恰当，倒会得到高度赞扬。"

49

于是伯爵说："在我们讨论这个话题之前，我想先说说另一个问题。我觉得这个问题非常重要，所以我认为，我们的廷臣在这个问题上不可掉以轻心。这就是要懂绘画，要掌握有关绘画艺术的知识。我这样讲你们不要觉得奇怪。今天也许有人认为，绘画有匠人的习气，与绅士的身份不配。我记得在书上读到，在古代世界①，尤其在希腊，贵族的孩子都要在学校学习绘画，认为它是一种必要的技能，绘画被视为第一等的自由艺术②。后来又通过公开的法令，禁止奴隶学画。罗马人也把掌握这门技艺当作极高的荣耀，并由此产生了尊贵的法比奥家族。第一位法比奥③被冠以皮托雷（Pittore）一词，因为他确实是一名杰出画家，全身心投入绘画。他在萨卢特神庙绘制壁画，并在画上签名。他虽然出身名门，家族中有多人是执政官，有军功和其他高贵荣誉，他本人有文化，精通法律，是著名演说家，但他似乎认为，让人们记住他是个画家，会给他的名字增加光彩。其他许多显赫家族也因有人

---

① 参阅亚里士多德的《政治学》(Politica), VIII。
② 自由艺术（arti liberali），即自由人应当掌握的艺术。
③ 皮托雷（Pittore）是画家的意思。卡伊奥·法比奥·皮托雷（Caio Fabio Pittore）是古罗马的一位早期画家，不要把他同编年史家昆托·法比奥·皮托雷（Quinto Fabio Pittore）相混。

从事这门艺术而闻名。绘画艺术除了它本身尊贵之外也非常有用，特别是在战争中，比如描绘地形、建筑物、河流、桥梁、山崖、碉堡等等。虽然记住这些东西很有用（不过也很困难），却很难显示给别人看。因此我认为，不重视这门艺术确实违反常理。我们看到的天体有辽阔的苍穹，闪亮的星星，大地被海洋、高山、河流、深谷环绕，各种花草树木点缀其间，可以说这就是一幅巨大的绘画杰作[1]，它出自自然和上帝之手。我认为，谁能描绘它就值得高度赞扬。但缺乏对许多事物的认识是不可能描绘它的，谁试过谁清楚。因此，古代人重视绘画艺术和技艺，因而达到了巅峰。值得一谈的还有存世的古代大理石和青铜雕塑[2]。虽然绘画与雕塑有所不同，但两者出自同一个来源，都来源于良好的素描。因此，如果说雕塑作品神圣的话，那么可以认为画作也是如此，而且更应如此，因为绘画要有更高的技艺才能完成。"[3]

50

这时，埃米莉娅夫人转向同其他人坐在一起的雕塑家乔瓦尼·克里斯托福罗·罗马诺说："您有何高见？您同意绘画比雕塑更需要技艺这种说法吗？"乔瓦尼·克里斯托福罗答道："夫人，我认为，雕塑比绘画更辛苦，更有艺术性和更高贵。"伯爵补充说："从雕塑保存时间更长的角度来看，也许可以说雕塑更高

---

[1] 注意这种把宇宙比作上帝的画作、宇宙是人们描摹的对象的隐喻。
[2] 从这里可以清楚地看到，卡斯蒂廖内的观点基于他的古典品味。
[3] 因此，绘画的地位应高于雕塑。

贵，因为它的制作目的是为了留作纪念，它比绘画更能达到这样的效果。但是，除了纪念之外还有别的，创作绘画和雕塑都是为了进行装饰，在这方面绘画大大超过雕塑，绘画虽然没有雕塑那样坚硬、结实，这样说吧，它保存的时间也很长，而且'保存的时间更长'这个概念是很模糊的。"乔瓦尼·克里斯托福罗答道："我真的觉得您心口不一。您这样说只不过是偏爱你们这座城市的拉斐尔罢了。也许您从他的画作感受到了绘画所达到的高度，大理石雕塑无法达到这样的高度。但您要知道，您这是在赞扬一种技艺，而非赞扬这门艺术。"接着他又补充说："我认为，无论是绘画还是雕塑，都是对自然的人为摹仿，我真不明白，为什么您说雕塑的摹仿就不那么真实，其实雕塑恰恰是自然所塑造的东西，大理石雕像或铜像的四肢都是完美的，外形和尺寸同自然的人一模一样；而在绘画上看到的只是平面和欺骗眼睛的色彩。您总不能对我说更接近真实的不是实体而是感觉吧。[①] 其次，我认为，大理石雕塑更难，如果雕错了，根本无法纠正，因为大理石是无法修补的，只能重新雕塑。而这种情况在绘画中就不可能发生，它可以改动上千次，颜色可以加重，可以淡化，总是可以不断改进。"

51

伯爵笑着说："我这样说不是偏爱拉斐尔，您也不要认为我

[①] 意思是，雕塑的优越在于它更接近于真实的人体。

无知，不知道杰出的米开朗琪罗，不知道您和其他人在大理石雕塑方面的成就。但是，我说的是艺术，而不是技艺。您说得很对，无论绘画还是雕塑都是在摹仿自然，但也不完全如此，绘画是'像'，雕塑是'是'。因为雕像是立体的，看起来同真的一样，绘画则只是从平面欣赏。雕塑不能表现的很多东西绘画都能表现，尤其是光和影，绘画用光来表现肉体，雕刻则用大理石，画家是根据需要借助明暗对比来描摹自然，而大理石雕刻则做不到。如果说画家不能创作出立体的形象，却能画出完美的肢体和肌肉，使人联想到画中看不见的部分，可以清楚地看出，画家对肢体和肌肉完全了解。这就需要另一种更高的技艺，使这些肢体按照透视学原理缩小比例后呈现出来。透视画法可以利用适当的线条、色彩、光影等等在一个墙面上再现平面和远景，同人们看到的情景一模一样。您难道不认为这种技艺无需多长时间就能成功地再现肌肉、衣服和其他许多彩色的东西吗？大理石雕塑不仅做不到这一点，而且也不能表现黑眼睛或蓝眼睛带着爱的闪光的优美眼神，也不能展示金发的颜色、武器的闪光、黑夜、海上风暴以及电闪雷鸣、城市的火灾、黎明时刻金色和深红色光线中的玫瑰色天空。总之，雕塑不能表现天空、海洋、大地、山峦、森林、草地、花园、河流、城市和房舍，而这一切画家都可以表现。"

52

"因此我认为，绘画在技艺完美方面比大理石雕刻更高贵，更具表现力。我认为，在古代世界，它同别的事物一样完美。这从存世的小件遗存，特别是罗马的地下墓穴，也可以看出来。但在古代作家的著作中则更明确，其中多次提到绘画作品和画家享有的荣誉。从中可以看到，他们无论在大君主国还是在共和国，总是享有尊贵的待遇。我们可以读到亚历山大大帝极爱以弗所的阿佩莱斯①的故事。亚历山大让阿佩莱斯为他宠爱的女人画裸体像，他知道这位杰出的画家因为这个女人的惊人美丽而深深爱上了她，便毫不犹豫地将她送给了画家，真正显示了亚历山大大帝的慷慨大方，不仅可以赠送金银财宝和国家，还可以赠送自己的感情和心爱之人。这也表明他是多么喜爱阿佩莱斯，他可以不顾一切，甚至不顾那位宠姬的不满，只为取悦画家。可以相信，那个女人肯定痛苦，本来侍奉一位尊贵的国王，竟然换成了一个画家。还有其他许多迹象表明亚历山大对阿佩莱斯的喜爱，其中最明显的就是，他公开宣布了一道命令，其他任何画家不得再为他画像。我可以告诉大家，当时许多杰出的、几乎具有世界性声誉的画家相互之间竞争多么激烈。我还可以告诉大家，古代的帝王如何看重用绘画来宣扬他们的功业，用绘画布置公共场所，不惜用高价购买绘画作品。有一些画家宁愿捐赠他们的作品，因为他们觉得，金银不能衡量其作品的价值。有一次，德米特里②率兵进攻罗德岛，正准备采用火攻，但从前方得知，那里有普罗格尼斯③的一幅珍贵油画，为了避免那幅画被毁，他下令停止进攻，放弃占领那

---

① 参阅老普林尼的《博物志》，XXXV，LXXXVI。
② 德米特里（Demetrio I Poliorcete，公元前336—约前283），马其顿统帅，亚历山大大帝之后登上马其顿王位。
③ 普罗格尼斯（Protogene），公元前4世纪，古希腊卡乌洛（Cauno）的画家，阿佩莱斯（Apelle）的竞争对手。

片土地。又如梅特罗多鲁斯，一位哲学家和杰出的画家，雅典人派他到卢基乌斯·保卢斯那里①，教育后者的儿子并描绘他凯旋的场景。此外，许多著名作家都谈到过绘画艺术，这充分证明，绘画在作家心目中占有多么重要的地位。我不想在这里展开谈。只要说我们的廷臣也应当懂绘画就够了，因为它是一门纯正的、有益的艺术，在古代，得到一些伟大人物的高度评价，现在的评价已经不那么高了。即使我们的廷臣无法从绘画中感到其他用处或乐趣，也有助于他对古今雕塑、瓶罐、建筑、徽章、浮雕、凹雕等艺术品作出评价，此外还有助于他更好地了解人体之美，不仅从俊俏的面孔了解，而且从整个身体的比例了解，了解人是这样，了解所有的动物也是这样。因此，你们可以看到，懂得绘画是极乐的源泉。这让他们认为，在欣赏一个女人的美丽时就像进了天堂，尽管他们并不会画画。如果他们懂得一点绘画的话，他们会更高兴，因为他们会全面地认识美，他们心中会产生极大的满足。"

53

这时切萨雷·贡扎加老爷笑了，他说："我不是画家，不过我知道，欣赏某位女士确实令人愉悦，这位女士今天不在场，如果您刚才提到的那位优秀的阿佩莱斯能复活就好了。"伯爵答道："您的愉悦不完全是来自她的美，而是来自于您可能对那位女士

---

① 卢基乌斯·保卢斯（Lucio Paulo Emilio Macedonio），公元前182—前168年的古罗马执政官，在彼得纳（Pidna）战胜过波斯。

的情感,如果您愿意讲真话,您第一次欣赏那位女士时感到的兴奋不及后来的千分之一,尽管她的美依然如故。因此您可以认识到,在您的愉悦中,情感的分量比美的分量要重得多。"切萨雷老爷说:"我不否认,但是,由于愉悦来自情感,情感又来自于美,因此可以说,美也是愉悦的根由。"伯爵答道:"除了美之外,常常还有其他因素让我们的激情燃烧:例如品德、知识、谈吐、姿态等。这些在某种意义上也可以统称为美。但首先是感觉到在爱,即使不存在美,就是您所认为的那种美,也会产生炽热的爱。但是毫无疑问,由我们的身体之美所产生的爱,会给了解它的人带来更大的愉悦,给不太了解它的人带来的愉悦则小。还是回到我们的话题吧,我认为,阿佩莱斯静观康帕斯佩之美所享受到的欢愉肯定比没有这样做的亚历山大大帝更多。我们会很容易地相信,他们的爱都来自于那种美,也许出于尊重,亚历山大才把这个女人赠给他认为能够充分欣赏她的那个人。您难道没有读过克罗顿的五位少女的故事?这五位少女推选画家宙克西斯为她们每个人画一幅展现其最美形象的画,这些画后来得到许多诗人的颂扬。作为权威的美的审判官,宙克西斯认为她们个个都是美人。"

54

这时,切萨雷老爷显出不满之色,他根本不同意除他本人之外还有谁能分享静观那位美女所能感受到的愉悦。就在他正要说话时,传来一阵脚步声和高声的喧哗。所有人都四下张望,看见房门口火炬的亮光,很快总督先生在许多贵族的陪同下来到门口，他陪教皇出访一段后返回时来到这里。进入宫廷时，他问公爵夫人在做什么，当得知那天晚上的游戏内容是让卢多维科谈论廷臣时加快了步伐，想听听都讲些什么。于是，他立即向公爵夫人表示敬意，然后便让其他人都坐下来，因为所有人因他的光临都站起来表示欢迎。他自己也同随行的绅士们一起围坐到圈子当中。这些随行人员中有费巴斯侯爵、季拉尔迪诺·切瓦兄弟、埃托尔·罗马诺老爷①、温琴佐·卡尔梅塔②、奥拉齐奥·弗洛里多③和另外一些人。这时，其他人都静默不语，总督先生说："先生们，我的到来可能太打扰你们了，如果我打断了你们如此美好的探讨的话，正如我想象的那样，你们现在这样探讨肯定是美好的，那么，我希望你们不要因我干扰了你们的雅兴骂我，我希望能让我也分享你们的愉快。"这时，卢多维科伯爵答道："不，我的先生，我觉得，对于所有人来说，不说话总比说话更令人高兴，因为今天晚上轮到我来讲，我比谁都累，我已经累得不想再讲了。我想所有听众也是如此。大家坐下来进行这一探讨，我的发言肯定不配诸位聆听，我显然无力承担如此重大的议题这一重担。我自己对我的发言并不满意，我想其他人更不满意，现在先生您正好可以带领大家达到目的。现在最好由另一位来接替我继续进行探讨，无论是谁，我相信一定会比我谈得更好，尽管我也想做好，可我现在已疲惫不堪了。"

---

① 即埃托尔·乔维纳莱·达罗马（Ettore Giovenale da Roma），参阅Cian, p.512。
② 温琴佐·科利（Vincenzo Colli, 1460—1508），别名卡尔梅塔（Calmeta），出生于斯克利维亚新城堡（Castelnouvo Scrivia），是一位廷臣和彼特拉克式的诗人。
③ 奥拉齐奥·弗洛里多（Orazio Florido）出生于法诺（Fano），曾任弗朗切斯科·玛利亚·德拉罗维雷公爵的秘书和大使。

55

豪华者朱利亚诺答道:"我不能允许以任何方式取消您对我的承诺,而且我相信,总督先生也不是不愿意听您的讲话。"伯爵问道:"什么承诺?"豪华者答道:"这承诺就是,向我们解释廷臣应当怎样运用他们的良好素质,您还要说说他们应当怎样做才合适。"总督先生虽然很年轻,但就智慧和严谨而言,简直不像一个如此年龄的人,一举一动都显示出他的心胸开阔,思想活跃,具有应该具备的良好道德修养。因此,他说:"如果这一切有待继续讲下去,那我来得正是时候,因为我正想知道廷臣应该如何运用他们的良好素质,我还想听听那些素质是什么,这样我就可以懂得到现在为止这里所讲的一切了。因此,伯爵,请您不要拒绝兑现刚才所说的承诺,这一承诺的一部分您已经兑现了。"伯爵答道:"如果辛劳更公平分配的话,我就没有那么多的承诺需要兑现了,错误在于将指挥权交给了一位太不公平的夫人了。"他这样说时,笑着转向埃米莉娅夫人,埃米莉娅夫人立刻说:"您不要埋怨我的不公平,因为您没有理由这样说。我们将把这一荣耀——就是您所说的辛劳——的一部分转给另外一个人。"她转向费德里科·弗雷戈索老爷说:"是您建议探讨廷臣这一议题的,因此,请您就此发表一些意见显然合情合理,这样也可以满足豪华者先生的要求。您就说说廷臣应当以什么方式、什么姿态、在什么时候运用他的良好素质,做伯爵所说的那些事,条件是您认为他说的那些合情合理。"这时费德里科老爷说:"夫人,您想把方式、时机和姿态同廷臣的良好素质、良好的行动分开,您想把不可能分开的东西分开,因为所有这些正体现了良好的素质和出色的工作。但是,鉴于伯爵已讲了很多,并且讲得非常好,同时他心里就此还有一些事想说,他已经在心里就需要继续讲的做了准备,因此,让他把话讲完合乎情理。"埃米莉娅夫人答道:"您简直就是伯爵的化身,那您就说说您想说的东西吧,这也正是他要说的,这样大家都会满意。"

56

这时卡尔梅塔说:"先生们,现在已经很晚了,因此,费德里科老爷用不着找任何借口让他不必再继续讲他所知道的东西了。我想,最好把余下的部分推迟到明天再讲。剩下来的这点时间,我们就换一种不费什么精力的活动来高高兴兴地度过吧。"对此大家都表示赞成,公爵夫人让玛格丽塔[①]女士和科斯坦扎·弗雷戈莎女士起身跳舞。很快,宫廷举行节日活动时总要找他的、极受欢迎的音乐家和舞蹈家巴尔莱塔开始奏起他的乐器。两位女士手拉着手,首先跳了一个巴萨舞,接着又跳了一个雷奥加尔扎舞,舞姿优美,观众都喜欢。

这时已是深夜,公爵夫人站起身来,所有人都彬彬有礼地同她告别,各自回去睡觉。

---

① 玛格丽塔·贡扎加(Margherita Gonzaga),伊丽莎白公爵夫人的侄女。

第二卷

卷二

致阿方索·阿廖斯托阁下

1

　　我反复思考有一个错误是如何造成的,这不会不让人感到奇怪,可以看到,这一错误在老人当中普遍存在,对他们来说,犯这样的错误是很正常和自然的。这一错误就是,几乎所有老人都赞扬过去的年代,而对现在倍加指责,他们咒骂我们现在的行为和方式方法,以及他们年轻时不做的种种事情,他们还说,一切好的风俗习惯、好的生活态度、一切美德,总之一切的一切都越来越差。这真是违背常理,而且也令人奇怪,到了成熟的年龄,有了丰富的阅历,对人的看法本来应当更加准确,而对人的看法却越来越差,他们没有认识到,如果世界越来越坏,父亲普遍都比儿子优秀,那么我们已经坏到谷底,不可能再坏了。我们也看到,不仅在我们这个时代,而且在过去的许多时代,这一缺点是上了年纪的人所特有的。很多古老的作家——特别是那些喜剧作家——证明了这一点,他们比其他人更生动地描绘了人类生活中的这类形象。老人们有这种脱离实际的看法,我觉得其原因在于,流逝的岁月带走了他们的许多欢乐,重要的是,还使他们血液中的生命活力大大流失。这样一来,精力不如从前,美德赖以运作的器官衰弱了。也是从那时起,在我们的心中,仿佛秋天树木落叶,甜美的花朵凋谢,阴云般的烦乱忧伤取代了宁静清晰的思想,伴随而来的是各种各样的不适。因此,不仅我们体弱多病,我们的心灵也变得多愁善感,过去的欢快不见踪影,留下的常常仅仅是对青年时代的眷恋和对那时情景的回忆。如果我们再置身于那个年代,会觉得那时的天空、大地和一切事物都像在过节,在我们眼前欢笑,快乐的春天似乎在我们的脑海中绽放,就像在一个春意盎然的花园里。因此,在我们生命的太阳开始进入萧瑟的秋季,将欢乐从我们身边席卷而去之时,像地米斯托克利[1]所说的那样,将欢乐和对它的怀念从我们的记忆中一起抹去,学会一种遗忘术,从容地向夕阳走去,或许是有益的。因为我们身体的感觉越是虚假,我们思想的判断也会更多地欺骗我们。但我觉得,老人们的情况很像人们乘船离开港口时眼睛盯着陆地,他们觉得船好像没有动,而是堤岸在后退,而实际情况正好相反,港口仍然在原地纹丝未动,过去的时间和欢乐也是这样。我们这些人一个接一个乘着死亡之船,驶向波涛汹涌、吞噬一切的大海,永远不得再返回陆地,而只能随风左右旋转,上下翻腾[2],最后撞上礁石,船破沉没。因此,一个老人的心灵已经不适应许多欢乐,不能再品尝它们了,就像发烧时吃错药的人一样,味觉已经受损,觉得

---

[1] 地米斯托克利(Temistocle,公元前525—前459),雅典政治家、执政官,公元前480年在萨拉米纳(Salamina)打败过波斯人。参见西塞罗的《演说集》(*De oratore*),II, LXXIV, 299。

[2] 摹仿但丁的说法,参见《地狱篇》(*Inferno*), v.30。

所有的葡萄酒都是苦的，虽然那些酒的味道醇厚。老年人也是这样，由于他们的不适应，虽然有愿望，但觉得欢乐显得那么平淡冰冷，同他们回想当年品味到的欢乐大不相同。可是欢乐本身并无变化，但他们感到毫无兴致，他们感到痛苦，咒骂现在的时代多么坏，而没有发现这不是时代所致，是他们自身发生了变化。相反，他们求助于回忆，依然回忆过去那些欢乐的时光，赞扬那时是多么美好，因为他们觉得，那样的时光使他们又感受到了我们现在身临其境的那种美好。事实上我们的心灵总是憎恨给我们带来不快的所有事物，喜欢给我们带来愉快的事物，所以，一位有情人看到某扇窗户，他会觉得十分亲切，尽管那扇窗户关着，他却能享受透过窗户凝视他心爱的女人的滋味。同样，一枚戒指、一封信、一座花园或随便一个地方都见证了他曾经有过的欢乐。相反，一间装饰华丽的房间，对曾经被囚于此或在此经历过某种不快的人来说，肯定会觉得很烦心。我认识一些人，他们从不喝与他们药瓶子形状相似的瓶子里的酒，因为这与那扇窗户、或那枚戒指、那封信的作用完全相同，他觉得这些象征物已经是他的欢乐的一部分。同样，那个房间、或那个瓶子，会使他想起被囚或生病的经历。我认为，这是促使老人们厚古薄今的原因。

2

另外，人们谈到宫廷时也是如此。他们推崇过去的宫廷如何卓越，杰出人物比比皆是，不像我们今天看到的样子。只要一讨论这个问题，廷臣们就开始没完没了地赞扬菲利波[1]公爵或博尔索[2]公爵，讲述尼科洛·皮奇尼诺[3]的事迹，怀念那个时代没有或很少发生杀人事件[4]，没有争斗，没有阴谋，没有欺骗；所有人之间都有某种程度的善意和信任，彼此坦诚。那时的宫廷里流行的是良好习俗和诚实的风气，廷臣们都像虔诚的信徒，谁要是背后讲别人的坏话或是对女人不敬就会倒霉。他们说现在的情况正好相反，不仅廷臣之间已失去兄弟般的友爱和良好习俗，宫廷里只流行嫉妒和恶意，骄奢淫逸以及各种各样的恶习。女人们变得寡廉鲜耻，男人们变得女里女气，服饰艳丽轻浮。总之，对现在的许多事物都不满，当然，其中有些事情确实应当指责。因为不可否认，我们中间有很多坏人和无赖，我们这个时代远比他们赞扬的那个时代要堕落，所以我觉得很清楚，他们没有正确地分辨这种差别的原因，这就很愚蠢了。因为他们希望世界上一切都好，没有任何不好，但这是不可能的，因为好和坏是对立的，由于对立和一定的平衡，几乎肯定是这样一种情况，即一方支撑和加强另一方，一方缺失或者增强了，另一方也就缺失或增强，因为任何对立都是一方没有另一方就不存在。谁不知道世界上没有非正义就没有正义？没有心胸狭窄就没有宽宏大量？没有放纵就没有

---

[1] 菲利波·玛利亚·维斯孔蒂（Filippo Maria Visconti，1391—1447），米兰公爵。
[2] 博尔索·德斯特（Borso d'Este，1413—1471），费拉拉公爵。
[3] 尼科洛·皮奇尼诺（Niccolò Piccinino，1386—1444），米兰公爵的雇佣兵队长，以幽默而闻名。
[4] 这里所说的与实际情况正好相反，后面总的来说也是用讥讽的、几乎是田园诗式的口气。

克制？没有生病就没有健康？没有谎言就没有真理？没有不幸就没有幸福？据说苏格拉底对柏拉图说①，他觉得伊索②写了一篇绝妙的寓言，这篇寓言讲的是，上帝决不让愉快和不快结为一体，而是让它们首尾相连，这样一来，一者的起点便是另一者的终点。因此，我们会看到，如果没有不愉快在前，任何愉快也不能使我们感到高兴。③有谁在没有感到疲劳之前就能珍视休息？有谁在没有感到饥渴和困倦之前就能领略吃喝和睡眠的美好滋味？因此，我相信激情和孱弱都是自然给予人的，但自然主要并不是要人屈从于它们，因为自然作为万善之源，并非故意给我们制造那么多麻烦，而是因为在让我们享受健康、快乐和其他好事之后，伴随而来的是病痛、不幸和其他弊端。因此，美德是自然给予世界的恩泽和馈赠，随后而来的就是恶行，它们一定相互依存，由于前述那种对立，所以永远是，一方增长或缺失，另一方也必然增长或缺失。

3

但是，我们的老人在赞扬过去的宫廷，说昔日的宫廷里没有如今宫廷里那样的坏人，他们没有认识到，过去的宫廷里也没有现在宫廷里那样的好人。这不足为奇，因为任何坏都像从腐败的

---

① 参阅柏拉图：《斐洞篇》（Fedone），III。
② 伊索（Esopo）是公元前6世纪的希腊作家，创作了一些优秀寓言。
③ 关于这一点，迈尔（Bruno Maier）引用的莱奥帕尔迪的论述恰到好处（p.192）。

良种里产生的坏那样。但是，现在自然给了我们比以往更聪明的人，这样一来，那些向善之人所做的事比过去的人所做的更好，同样，那些向恶之人所做的事也比过去的人所做的更坏。因此，毋庸讳言，过去那些人不做坏事是由于他们不知道怎么做，因而这些人就值得给予某种称赞，因为会发生这样的情况，虽则他们做的坏事不多，但他们是尽其所能地去做的。正因为过去那些聪明人一般来说比现在的聪明人差得多，这从他们留下的各种东西中看得清清楚楚，比如文学作品、绘画、雕塑、建筑以及其他一切。这些老人还咒骂其他一些事，这些事本身无所谓好坏，只是因为他们没有做过这些事。他们抱怨说，年轻人不应该骑着马在城里闲逛，更不该骑着骡子闲逛，不到十八岁的年轻人不该穿皮拖鞋，不该冬天也不穿长衣服，不该头戴便帽，如此等等。这的确会让人迷惑，因为这样的装束不仅舒适、有益，而且也很流行，大家都喜欢，正如过去人们喜爱盛装，穿开口的马裤、低筒鞋，为了出风头，整天手上架着一只鹰，跳舞时不碰妇人的手，还有一些今天看起来非常笨拙但当时颇受推崇的习惯。因此，我们还应当无惧老人的指责，按今天的生活习惯行事。那些老人为了自夸，常常说："我二十岁了还同我妈妈和姐妹睡在一起，我竟不知男女之别，而现在那些乳臭未干的男孩懂得的坏事比过去的成年人懂得的还要多。"他们这样说时没有发现，这正好印证了我们今天的年轻人比他们那时要聪明。所以不要再咒骂我们的时代，好像这个时代处处是恶，因为清除这些恶的同时也就清除了美德。要记住，在那个年代，世界上确实有高尚的心灵和非凡的天才，但也有坏人，这些人今天还活着，他们的恶比我们今天的人更恶，就像那时的好人比我们今天的人更好。对此历史可以充分作证。

4

至此,我们已经清楚地回答了这些老人,所以我们可以放下这个话题,也许我们讲得太多了,不过并没有完全跑题。只要证明我们现在的宫廷同那些老人赞扬的宫廷比起来并非乏善可陈就够了。接下来,我们要回到关于廷臣的讨论,可以很容易理解乌尔比诺宫廷在其他宫廷中所处的地位,理解这么多优秀人士有幸共同为之效劳的君主夫妇是怎样的人。

5

第二天,宫中的淑女和骑士就前一天晚上争论的问题各抒己见,这主要是因为总督先生渴望知道此前大家都谈了些什么。他几乎问了每一个人,像通常发生的情况一样,回答各不相同,有人称赞这件事,有人称赞另一件事,许多人对伯爵的发言都有不同的看法,因为大家对他讲了些什么记忆并不完整。因此,几乎一整天都在谈论这个问题。夜幕降临时,像通常一样,总督先生希望先吃晚饭。所有绅士都走向餐厅,吃完饭后立刻来到公爵夫人的房间。

夫人看到这么多人一起进来,还没有到通常开始讨论的时刻,便说:"费德里科老爷,我觉得您肩上的担子很重,对您的期盼也很重。"费德里科老爷还没来得及回答,乌尼科·阿雷蒂诺就说:

"为什么说担子很重？有谁这么傻，明知道怎么做却不在合适的时间去做？"这样说着，每个人都按惯例就坐，专注地等待着继续讨论。

6

这时费德里科老爷转向乌尼科说："乌尼科先生，您不认为，今天晚上要我说明廷臣应以什么方式、态度和在什么时间展示他的才华、做我们所说的他应该做的事，对我来说是一项艰巨的任务和沉重的担子吗？"乌尼科答道："这不是什么了不起的事情。我想，对所有这一切您只要说廷臣有良好的判断就够了，就像伯爵昨晚所说的，如果他有良好判断，就不需要其他指导了。他就能够在恰当的时候以适当的方式运用他的聪明才智。如果非要提供精确的规则，实在太难了，而且也没有必要。因为我想不会有这么笨的人，在别人欣赏音乐的时候却去操练武器，或者真的到街上去跳摩尔人的舞，或者用玩笑的口吻去安慰一位因幼子夭亡而悲伤的母亲。当然，我相信任何绅士都不会这样做，除非他完全疯了。"这时，费德里科老爷说："乌尼科先生，我认为您太极端了，因为有时出现的低能情况不易识别，他们犯的错并不都是一样的。有的人能避免非常明显的愚蠢行为，例如您所说的到街上去跳摩尔人舞，却难免不恰当的自我吹嘘和令人反感的傲慢，或者说一句话本想引人发笑，却因为时机不当，结果大家反应冷淡。这些错误常常以某种方式被掩盖着，除非犯错者本人仔细观察，否则不易察觉错误。我们不善于辨别尽管有许多原因，但主要是由于野心膨胀，遮蔽了双眼。因为每个人都想在他自认为知道的事上炫耀一番，这种自信可能是应该的，也可能不符合实际。所以我认为，在这方面正确的做法是保持谨慎，合理判断，多多少少要知道做事的进退，在合适的时刻去做，或者不该做的时刻就要作罢。对廷臣来说，如果一些感知拓展了其心灵，如果他业已建立了向前推进的基础，而不是仅靠一般的原则，那他更容易实现其追求的目标。"

7

"昨天晚上伯爵就廷臣问题发表了许多高见，打消了我的不少担心和疑虑，担心轮到我来陈述时不能像他那样满足在座各位贵宾的愿望。为了尽可能赢得他所受到的赞赏，确保我谈论这一话题时至少不出错，我首先表示，我不反对他的所有观点。因此，我附议他的意见，廷臣必须高尚、聪明、身强力壮和外貌俊朗，我还要补充的是，既要真正得到大家的赞赏和好评，还要得到他为之效劳的君主的赞赏，还必须善于把自己的生活安排得井井有条，全面显示出自己的良好素质而不引起嫉妒。可以说这很难做到，很少有人能够做到这一点。因为实际上我们大家本能地都习惯于指责错误，而不是称赞善举，许多人好像天生怀有恶意，即使明明知道是件好事也要竭力从中挑刺，哪怕是有点像错误的因素。因此，我们的廷臣做任何事情时都要谨慎，无论说话还是做事都要慎之又慎。不仅自己的品性和才能要臻于完美，还要使自己的生活品味同这些品性和才能完全匹配，让人看到他表里如一。

这样，他的每一个行为都是所有这些美德的结果，都是由这些美德构成的。正如斯多葛学派所主张的，智者的责任或目标是所有品德的激发和表达，虽然每一个行动始终以某一特定的品德来主导，但所有这些品德又是相互关联的，都是为了达到同一个目标。因此，廷臣必须善于利用这些品德，有时可以做个比较，以便吸引人们对某一品德的注意。比如说优秀的画家，他们用阴影来突显人物的轮廓，反过来又用光来加深阴影的层次，再加上五颜六色的色彩，使各不相同的颜色通过对比而更加鲜明，这样有助于画家达到他想实现的效果。同样，如果一位绅士武艺出众，勇猛强悍，那么，他的谦和会放大他的勇猛，以至于他的谦和又因其勇猛而彰显。因此，少说多做，值得称赞的事不必自我称赞，而是谦恭地掩饰这些事，一个恰当地运用这些方式的人，各种美德会相互促进而共同增长。其他优良品质也是同样情况。因此，我希望我们的廷臣说话和做事要遵循某些普遍规则，我想这些规则简明扼要地概括了轮到我发表看法时我所说的一切。正如我清楚的记得昨晚伯爵所说的那样，其中首先和最重要的就是避免装模作样。接着是要仔细考虑你在做什么，或者在说什么，你所在的地点，什么人在场，什么时刻，做此事的原因，你的年龄和职业，你希望达到的目的和运用什么样的手段，要在心里想着这些问题的同时，小心谨慎地就你要做的事或要说的话进行准备。"

8

费德里科老爷说完后似乎要停顿一会儿，这时莫雷洛·达奥

托纳先生立刻插话说:"我认为您的这些规则没有多大教育作用。您介绍这些规则之前我早就已经知道了,我记得我在做忏悔时就听神甫说过,他们称这些为'处境'。"这时费德里科老爷笑了,他说:"如果您记得,昨天晚上伯爵就谈到,廷臣的首要职责是习武,他还就应以什么方式习武谈了很多,在此无需赘言。尽管按照我们的规则还可以继续进行探讨,比如,在小冲突或激烈的野战中,或者在类似的行动中,我们的廷臣必须认真谋划,以尽可能地显出与众不同;在贵族面前显出军人所最看重的殊勋和勇气,尤其是在你为之效劳的国王或君主面前,因为恰当地展示做过的好事确实有用。我认为,谋求虚假荣誉和不配得到的荣誉不好,使人得不到应有的荣誉,不追求赞赏同样不好,赞赏是对品德、事业的实实在在的奖励。我记得见过一些人,尽管也许是一些勇敢的人,但他们在这方面却很愚蠢,竟然冒着生命危险去追一群羊[①],在战斗中争先登上城头。我们的廷臣不要这样做,如果他还记得促使他参加战斗的原因,要知道,那只是荣誉。如果是在公开场合比武,比如掷标枪、截击或在任何其他个人操练中演练兵器,那么要记住是在什么样的地方进行,有什么人在场,要挑选装饰好又安全的兵器,要用所有赏心悦目的东西令观众悦目,要注意坐骑要有漂亮的马具,衣服要考究,言语要得体,要用聪明的创意吸引周围人的目光,犹如磁石吸引铁一样。绝对不要最后一个出场表演,要知道,观众特别是妇女一般把较大的注意力集中于欣赏开场表演者而不是最后的表演者。我们的眼睛和心灵

[①] 如迈尔所说,像堂吉诃德那样做一些无益之事。

131 一开始对这类事物都充满贪婪的好奇，关注每个细节，留下深刻印象。因此他们不仅为所见感到满足，也为之疲倦。有位杰出的古代戏剧演员说，由于这一原因，演出时他总是第一个登场，因而可以获得成功。再者，依然是谈论习武，我们的廷臣要注意谈话的对象从事什么职业，然后可以相机交谈，同男人谈话是一种方式，同女人谈话是另一种方式。如果谈话涉及对他自己的赞扬，他会有所掩饰，一带而过。好像不过是随意提及，要保持卢多维科伯爵昨天向我们展示的那种谨慎。"

9

"莫雷洛先生，现在您不觉得我们的规则也有某些教育作用吗？几天前我曾经对您谈起我们的一位朋友，他向一位素昧平生的贵妇人献殷勤，刚开始谈就对她说，他如何勇敢，曾杀死过许
132 多人，能双手舞剑；他纠缠着她，要教她看人们穿着铠甲如何躲避刀剑，脱下铠甲时又如何躲避；向她演示如何使用匕首，弄得那位可怜的贵妇人不断画十字，好像要摆脱此人绝非易事，唯恐自己也像其他人一样被杀，您不觉得这位朋友完全忘记了他在同什么人谈话和为什么而谈吗？那些犯此类错误的人就是由于没有考虑到您从神甫那里听来的所谓'环境'。

"因此，我想说，有些人几乎从来不做这种身体训练，除非他们要参加公开的表演，如骑马、马上比武、掷投枪和所有其他需要动用兵器的比赛。我们的廷臣应当参加这方面的训练，首先要安排好马匹、武器和服装等装备，需要的东西要准备齐全。如果

什么都没有就绪，或一切按他人的方式进行，因为如果表演不成功，不能以这不是自己的专业为借口。其次，还要注意出席的人是谁，陪同他的是些什么人，因为不太可能一位绅士作为贵宾到郊区去参加节日活动，观众和陪同者都是普通人。"

10

这时加斯帕罗·帕拉维奇诺先生说："我们伦巴第地区没有这些说法，相反，节日期间，许多年轻绅士整天在阳光下同乡下人一起跳舞，同他们一起掷标枪、摔跤、跑和跳。我相信这没什么不好，因为在那种场合，不是比谁更高贵，而是比力量和灵敏，在这些方面乡下人并不亚于贵族，而且这种亲密接触的形式本身就含有某种令人高兴的开明。"费德里科老爷答道："我一点也不喜欢在大阳光下跳舞，我不知道那有什么好处。但我认为，谁想同乡下人摔跤、赛跑、跳跃，不妨去一试，就像通常说的那样，只是出于礼貌，而不是与他们同乐。要比较有把握赢他们才去参加，不然就作罢，因为看到一位绅士在比赛中，特别是在摔跤中被乡下人打败让人难受，令人惊讶，也有失尊严。因此我认为，最好不参加这些比赛，至少在大庭广众之下不要参赛，因为获胜的好处很小，落败的损失很大。参加球赛也是这样，这种活动几乎总是在公众场所进行，很多观众都是盛装前往观看。我认为除了比武以外，所有其他比赛我们的廷臣只可作为业余选手去参赛，不要想在比赛中表现自己和得到喝彩；人们不会看到，你在这些方面花了很多精力和时间进行练习，因此才表现出色。也不要像一些喜欢音乐的人那样，无论和谁说话，只要谈话有停顿，就开始低声歌唱。也不要像另外一些人，他们在大街上或去教堂的路上边走边跳。还有一些人在广场上或某个地方遇见朋友时，一时兴起，立刻同他比剑或摔跤。"这时，切萨雷·贡扎加老爷说："我们在罗马的年轻红衣主教①更过分，他觉得自己身强力壮，就把所有访客甚至素昧平生的人都带到他的花园，坚持请人家脱去长袍，只穿贴身短衣，同他一起比赛跳跃。"

11

费德里科老爷笑了，他补充说："还有一些活动既可以在公共场所，也可以在私下里进行，例如跳舞。我认为，廷臣要注意这一活动，因为跳舞是在许多人面前或众目睽睽之下，依我看要保持一定的尊严，但舞姿应当优美，流畅自然，使人感到轻盈和富于节奏感，不要跳旋转舞和踢踏舞，因为人们会发现，那种舞让我们的朋友巴尔莱塔跳比较好，一位绅士去跳或许就不太合适了。在私人空间，例如我们现在所处的这个地方，我认为廷臣可以跳这种舞，跳摩尔舞或四对舞（brandi），但在公共场合就不能跳，除非化过装。在私下场合，虽然大家都相互认识，但不会产生不愉快的感觉。的确，在公共场合展示这方面的才能，无论用不用武器，都没有很好的途径，因为化装可以使自己更自

---

① 可能是指加莱奥托·德拉罗维雷（Galeotto della Rovere），参阅迈尔（Maier），p.205。

由和放松，这样一来最主要的是，表演者可以采用自己认为合适的形式，将精力集中于穿什么服饰、如何展示自己等等问题上，对那些不重要的东西就不怎么太关注了，这会使优美程度大大提高。例如一个年轻人穿上老人的衣服，装扮成老人，但是衣服不扣纽扣，袒露胸膛，显出身体的壮实；一位骑士穿上乡间牧羊人的粗布衣服，打扮成牧羊人，但他骑着骏马，衣饰华丽。他们一出现，周围人的注意力便集中于第一眼看到时所想象的形象上，所起的作用比服装本身的作用要大得多：使人们高兴愉快。

"但是，对于一位君主来说，如果要参加这些需要化装的游戏或娱乐活动，就不宜再显示出自己的君主身份，否则新奇在观众心里带来的欢乐就会大大减少，因为对有些人来说，这里没有新鲜的事，如果他想做一名君主，他就要舍弃做体现君主尊严以外的所有事的自由。如果在这些游戏中尤其是在比武中让人觉得需要维护君主的荣誉，不能让君主被击败，别人就得手下留情，就得尊重他。除此之外，参加这样的游戏就应该认真，如果有必要，应当放下权威身段，认真从事，看起来则几乎好像还是一场游戏。在这种情况下，要不顾君主的身份，同比自己身份低的人打成一片，即使他被别人认出来，也表明他在放弃一种伟大时，赢得另一种更崇高的伟大，他超越别人是依靠自己的能力，而不是凭借地位，他的价值的体现并非因为他是君主。①

---

① 美德在于个人自身，而不是他的地位和身份。

12

"因此,我想说,在这些比武表演中,廷臣也要根据自己的身份保持同样的谨慎。在马背上腾挪,摔跤、跑和跳,我喜欢避开人群,起码不常让人看见,因为世上没有什么完美的东西,缺乏了解的人常常看见却不会厌倦,不会漠视。对于音乐我也是这种看法,但希望我们的廷臣不要像许多人那样,到一个地方,不管环境如何,对在场的先生们还一无所知,未经多次邀请立即就开始表演,表演听众熟悉的东西,甚至常常是听众还不熟悉的东西。这样一来,好像他们仅仅是为了这个目的才抛头露面的,好像这是他们的主要职业。因此,廷臣应该把从事音乐活动当作消遣,几乎就是勉强而为。不要在无知者面前和大庭广众之下表演,即使你已很熟练,对所做的事一清二楚。对于音乐活动我还想说,应当掩饰为熟练掌握这一技能所付出的辛苦和努力,做好任何一件事都需要这样的辛苦和努力,要表现出你认为你在这方面的才能不值一提,要做得完美无缺,要让别人认识到你确实无比优秀。"[1]

13

这时加斯帕罗·帕拉维奇诺先生说:"音乐有好多种,比如有

---

[1] 表演完美,具有专业水准,但显示是业余爱好者在表演。

声乐，有器乐，我想知道哪种最好，廷臣应当在什么时候从事音乐活动。"费德里科老爷答道："我认为，最美的音乐肯定是照着乐谱、在提琴的伴奏下以突出的个人风格咏唱，因为完美的悦耳之声包含了一个统一的整体，认真地聆听就可以感到，悦耳的音调和旋律构成统一的和谐之声进入双耳，更妙的是，还可以辨别出各种细微的错误。这样的错误在合唱中就不会被发现，因为歌唱者能相互帮衬。但我觉得极为美妙的是首先是，在提琴伴奏下朗诵诗歌，这能使诗句更为美妙，更有感染力，产生令人惊奇的效果。所有键盘乐器的声音也很完美，因为这些乐器的和声非常完美，能轻而易举地表现融含于悦耳音乐中的很多东西。提琴四重奏也十分悦耳，可以充分展现甜美和技巧。人声给所有这些乐器增加了装饰和优雅，我希望我们的廷臣对这些要有足够的知识，知道得越多越好，但不要花过多的时间去学习演奏密涅瓦和阿尔喀比亚德都拒绝学的长笛，因为那样的声音使人心烦。

至于玩这些乐器的时间，我认为一般应在自己家里同家人一起娱乐之时，在没有其他事可做的闲暇时光进行[1]，特别是在女士们在场的情况下，因为那样的场面能使听众的心灵更加温和，音乐的甜美更能渗透到他们的心中，同时也能振奋演奏者的精神。但是，正如我说过的，我喜欢避开人多的地方，首先是避开那些无知的人。不过，关键还是在于对音乐的鉴赏能力，否则就无法想象适于演奏的各种不同情况。如果一位廷臣能够正确地评价自己，他就能很好地把握时机，知道听众什么时候想听音乐，什么

---

[1] 音乐要在休闲时刻享受。

时候不想听，也知道自己的年龄，因为看到这样的情景会觉得别扭，会感到很不快：一个有些身份的白头发老人牙齿都掉了，满脸皱纹，还抱着一把提琴在一群妇女中间边拉边唱。即使在不那么高贵的场所这样做也不合适，因为多数情况下唱的都是情歌，对于老年人来说，谈情说爱很可笑，[①]尽管有时老年人的心里也会闪现爱情，在其他奇迹之外爱情还可创造一个奇迹：突破年龄的限制点燃冰冷的心中愉悦的火花。"

14

这时豪华者答道："费德里科老爷，不要剥夺可怜的老年人的这种欢乐吧，因为我认识一些上年纪的人，他们的嗓音优美，玩乐器时双手也灵活，比某些年轻人强得多。"费德里科老爷说："我并不是要剥夺老年人的这种欢乐，我只是希望，您和这里的女士不要讥笑他们的失态。如果老人们想伴着琴声歌唱，可以避开人群，私下里这样做，以排遣心中的苦闷和我们生活中充满的烦恼，以及品味我相信毕达哥拉斯和苏格拉底听音乐时所感到的那种神圣。如果老年人没有这方面的知识，过去没有很好地练习，要想做好心里就要养成一种习惯，那就是，一边听一边品味音乐，就像在铁匠们身上常常发生的那样，他的手臂不打铁就会无力，经常打铁就会比壮汉的手臂更有力。但不要只习惯于练手，还要

---

① 这是古典文化和16世纪古典主义文学的陈词滥调，沉湎于爱情的老人在当时的许多喜剧中被描绘成滑稽可笑的角色。

练习耳朵，经常练习就能更好、更快地理解那种和谐，并能愉快地对是否悦耳作出判断。否则，尽管有的人听力敏锐，但对和声一窍不通，因而对音调的变化也无力分辨，音调变化本身的韵味便不能留驻而从不善于辨音的耳中穿堂而过了。甚至猛兽也能感受到悦耳音乐的快感①。因此，这是一种乐趣，是适合于老人们从音乐中获取的乐趣。我要说，跳舞也是同样情况，因为到了一定年龄也确实应该放弃这一活动，到我们这样的年龄之前就应该放弃这一活动了。"这时，莫雷洛先生几乎是满腔怒火地说："这样说来，最好是把所有的老年人排除在外，只有年轻人才配称为廷臣了。"这时费德里科老爷笑着说："莫雷洛先生，您可以看看，那些喜爱此道的人如果不是年轻人，那就得研究一下如何露面，不得不染一下头发②，不得不每周刮两次胡子，因为自然无声地告诉他们，这样的活动不适合那些年岁不小的人。"所有女士都笑了，因为大家都知道，这些话暗指年岁最大的莫雷洛先生，而他此时也显得有些局促不安了。

15

费德里科老爷立刻接着说："还有好多消遣适合于老年人，适合老年人同女人一起消遣。""什么样的消遣？"莫雷洛先生问道，

---

① 所有人都听音乐，都会被感动，就连猛兽也是如此。但是，只有懂音乐的人才能正确地享受音乐。

② 奇怪的是，在卡斯蒂廖内晚年和死后，在马尔利亚尼（Marliani）为他写的传记中，这一指责移到了卡斯蒂廖内头上。

"讲故事？"费德里科老爷答道："包括这个。但是，正如您所知道的，每个年龄段的人都有该年龄段独有的思想，都有某些特殊的美德和缺点：老年人一般都比年轻人谨慎，所以他们比较克制和明智，但同时也更絮叨、吝啬、执拗和畏缩。在家里他们总是大声嚷嚷，对子女严厉，希望所有人都按照他们的方式生活。而年轻人则相反，精力充沛、自由自在、坦诚，但也爱吵架，反复无常，爱恨交集，一切按自己的意愿行事，把提醒他们学好不学坏的人视为仇敌。但在所有年龄段的人当中，成年人最温顺，他们抛弃了年轻阶段的毛病，还没有老年阶段的缺陷。因此，居于几乎是两个极端的年轻人和老年人之间，应该理智地懂得纠正自然造成的缺陷。但是，老年人应当注意不要过于自我赞赏，要克服我们所说的老年人特有的缺点，要保持谨慎和珍视他们在长期生活中获得的经验，谨慎和经验几乎就像神谕，每个人都应该将之视为建议，根据需要高高兴兴地把自己知道的东西告诉别人。随着年龄的增长，一定的温和以及诙谐幽默也要随之同步增长。这样就可以成为优秀的廷臣，能同男人和女士和谐相处，无论在什么时候，他们不唱歌不跳舞也将是极受欢迎的人。在需要的时候，他们可以在重要的事情上显示出他们的才能。

16

"年轻人要有这样的看法和判断，而不必模仿老年人的行为方式，因为对一方合适的东西对另一方并不完全合适。常言说，青年人过分聪明并非好兆头，却能帮他们改正天生的缺陷。我很喜欢看到这样的青年,他比较稳重,沉默寡言,特别是在动用兵器的时刻;他能自制,没有在那个年龄段的一些人身上常常看到的浮躁。因为我觉得——我也说不清为什么,他比别的年轻人更强。除了稳重之外,他还应该有某种值得赞赏的自豪,因为这样一来,他的行动就不是来自愤怒,而是来自判断,更多地由理智而不是由本能驾驭。这一点几乎在所有雄心勃勃的人物身上都能看到,甚至在某些凶猛的动物身上也能看到,它们的聪明和勇猛超过其他动物,比如狮子和鹰,这并非不合常理,因为那种攻击,不声不响,没有任何愤怒的表示而突然爆发,一瞬间集中了全部精力形成猛烈的攻击,几乎像炮弹出膛,无声之中突然爆响。这样的行动比那种逐步集聚力量、一点一点升温的行动更强烈,更凶猛。后一种人做一件事时先是说个没完,然后放下再也不提,就这样无休止地反复下去,事情最后就不了了之。正如我们的彼得罗·蒙特老爷所说的,他们像孩子一样行事,夜里走路由于害怕边走边唱,似乎唱歌就可以提振他们的勇气。因此,一个年轻人青年时期稳重和成熟很值得赞扬,因为轻率是这个年龄段的缺点,对之应当克制,应当改正这一缺点。同样,对于一个老年人来说,应该既严肃又活跃,因为精神的力量十分重要,它温暖生命中衰弱和冷漠的时期,给他们以力量,使之保持在我们生命中最好的中间状态。

17

"但是,总的来说,我们的廷臣要获得君主、骑士和女士们的普遍欢心，如果他在日常谈话中不会采用优雅和令人喜爱的方式，仅具备以上所有这些品质还是不够的。对此我真的觉得，在纷繁复杂、包罗万象的谈话中很难给出应遵循的规则，因为世上没有两个人的心灵是完全一样的。但是，要想能同各色人等得体地交谈，就必须按照他自己的判断，懂得人与人之间的差别，每天都要根据谈话对象的特点，改变说话的风格和方式。除了已经说过的规则之外，我也不知道还能提出什么其他规则。说实在的，已经说过的那些规则是我小时候就从莫雷洛先生那里学到的。"这时埃米莉娅夫人笑着说："费德里科老爷，您这是想逃避辛劳，但我不会放过您，只要您有话好讲您就得讲下去，一直到大家该上床睡觉时为止。"费德里科老爷答道："夫人，如果我已无话可说了呢？"埃米莉娅夫人说："这就可以看出您的聪明才智了，如果我没有理解错的话，我们在这里已经找到一个能说会道的人，他完全可以编写一本赞扬苍蝇的书①，还可以写一本赞扬四日热，②一本赞扬秃顶的书。③您是不是想再设法另外安排一晚来探讨廷臣这一话题？"费德里科老爷答道："我们已谈了很多，足够写两本书了。但是，我不用找借口，我将谈到你们感到满意为止，即便并非我的职责，至少我会尽力而为。

---

① 暗指卢恰诺（Luciano）写的一本小册子，关于这本小书和另外两本书，可参阅 Cian, pp.163—164。

② 普罗旺斯的哲学家法沃里诺（Favorino, 85—143）和阿雷蒂诺（Aretino）都探讨过这个话题，阿雷蒂诺的著作是《论四日热》(*Della febre quartana*)。

③ 指西内西奥·迪契雷内（Sinesio di Cirene, 370—415）的《论秃顶》(*Del calvizio*)。

18

"我想,廷臣主要应当千方百计研究谈话如何使君主感到高兴。尽管谈话这一名称好像使双方处于某种平等地位,看起来这种平等似乎不应发生在君主和仆从之间——现在我们把廷臣称为仆从。因此,我希望,廷臣除了要谈话之外,每天都要尽力让每个人都知道,他是不是具有我们所说的那些才能。他要集中全部心思和精力去爱乃至敬慕他为之效劳的君主,这一点要高于其他任何事情。他要使自己的愿望、习惯、方式都能取悦于君主。"①这时,彼得罗·达那波利迫不及待地说:"这样的廷臣现在多得很,因为我感觉到,您用寥寥数语就为我们描绘了一个高超的谄媚者。"②费德里科老爷答道:"您完全弄错了,因为谄媚的人既不爱他们的君主,也不爱他们的朋友。我对您说的是,我认为我们的廷臣最应具备的东西。取悦于为之效劳的人,并按他的意愿行事,不用谄媚的方式完全可以做到,因为我理解他的意愿是合理的、正直的,或者本身确实并无好坏之分,例如游戏,他可能更喜欢某种游戏而不是另一种游戏。对此,我认为廷臣即使自己根本就不喜欢这种游戏,也应该迁就君主。这样,君主随时随地可以见到他,就会认为同他交谈是一件高兴的事。如果他有能力判断君主喜欢什么,也有聪明和审慎知道如何适应君主,刻意

---

① 廷臣的全部才能都应服务于君主。
② 这里提出了廷臣与谄媚者的不同。

去喜欢他本来不喜欢的事。在注意这些的同时，在君主面前不要表现出不高兴，也不要愁容满面、沉默寡言，不要像许多人那样，一副同主人吵架的架势，令人讨厌。不要背后说别人的坏话，特别是说主人的坏话，这种情况经常发生，而在宫廷出现这种情况不啻一场灾难。造成这种情况的总是那些得到君主的恩宠，从社会底层提到高位的人，他们总是不满，说主人的坏话。这不仅对他们本人不利，而且对他们伤害的人也不利。我们的廷臣不要愚蠢地自以为是；不要做扰乱人心的信息传递者；不要在高兴的场合说得罪人的话；不要像某些人那样固执和爱争吵，好像他们只会像苍蝇那样骚扰和使人生厌，并以此为乐，习惯于毫不尊重地恶意反对每一个人。我们的廷臣不说闲话、废话和谎话，不自吹自擂，也不无用地阿谀奉承，而是要谦虚、谨慎，始终保持像仆人对待主人那样的敬仰和尊重，特别是在公共场所。不能像某些人一样，遇到某位重要君主时，尽管这位君主只同他们讲过一次话，尽管君主笑对他们，有如对待朋友，他们就像对待同等地位的人一样表示亲密，或者像对待低于自己的人一样赏光给君主。尽量不或永远不要求君主为自己办任何事，因为君主不想当面拒绝，只好转弯抹角地不予同意，闹得很难堪。如果为他人而有求于君主，就要谨慎地选择时机，要求的事情要正当和合理。有时需要对要求做些调整，去掉那些可能引起不愉快的部分，要精心消除可能遇到的困难，以便君主总会同意提出的要求，即使要求被拒绝，君主也不会认为得罪了提出要求的人。因为君主们常常在拒绝非常不合理的要求之后会想，极力坚持满足其要求的人一定是对这一要求期望极高，如果得不到满足一定会对拒绝他的人心怀不满，由于有了这种看法，君主就开始憎恨那个被拒绝的人，永远不会再给他好脸色。

19

"未经召唤，不要进入主人的卧室和私密空间，因为君主们在私密的地方时喜欢享有无拘无束地说话和做事的自由，不愿意让可能说三道四的人看到听到，这也是合乎情理的事。因此，有些人指责君主使用平庸的人，在卧室中做些为个人效力的事情，我认为这是错误的，因为我不知道为什么他们就不应享有心灵放松的自由，正如我们也希望放松自己的心灵一样。如果习惯于处理重要事务的廷臣来到君主的私密房间，他就应当换一个角色，把严肃的事推迟到另外的时间和地点，等待他的君主心情愉快时再处理，不要妨碍君主寻求放松心灵的休息。但是，在这件事和其他任何事情上，首先要注意的是不要打扰君主，要等待对他有益的时机，如果像许多嫉妒他的人一样，想以不光彩的手段尽快俘获他，可能不会有好结果，甚至会冒生命危险。如果命运不佳遇到某种倒霉事件，或看到他人得到宠信就心存嫉妒，以某种方式去掩盖，但这样做会引起大家的嘲笑，并常常促成君主支持那些嘲笑他们的人。如果你继续在君主那里不是一般地走红，也不要飘飘然，要克制兴奋情绪，不要显出你什么都知道，就像叫一伙人一起去觐见君主、祝贺君主一般，就像这是一桩从未有过的好事。我希望，我们的廷臣永远不要遇到这样的命运。我希望，我们的廷臣喜欢宠信，但不要对之朝思暮想，不要显出没有它就不能活的样子。得到宠信时，不要在处理新事和棘手的事时显出自己受宠，不要受宠若惊，也不要像某些人一样由于无知而拒绝接受它，这样会让周围的人觉得你不知好歹。必须始终表现出比较谦虚，甚至与自己的身份不相称。不要轻易接受赐予的恩惠和荣誉，而要谦逊地拒绝，同时又要表现出对之十分看重，这样给赐予恩惠的人以机会，更加坚持要赐予，因为在接受恩惠时愈是表示拒绝，君主就会愈是觉得应该赐予，应该给予更多的恩惠；接受赏赐的人愈是表现出对赏赐十分珍视，就愈是将赏赐看作是一种荣耀。这样得到的赏赐才是真正的、具体的恩惠，能够使局外人对得到恩惠的人另眼相看，因为这不是乞讨来的，所有人都会推断说，这背后一定是真正的美德，愈是加以谦让人们愈是这样想象。"

20

这时切萨雷·贡扎加老爷说："我觉得您的这段话是从福音书上抄来的，那里说：'你被请的时候，就去坐在末位上，好叫那请你的人来对你说：朋友，请上座。那时，你在同席的人面前就有光彩了。'"费德里科老爷笑了笑，答道："如果是剽窃福音书，那渎圣罪就大了，您对圣经如此熟悉，我倒是没想到。"然后他又补充说："你们可以看到有些人在主人谈话时显出胆怯的样子，他们又不去求别的人发表意见，这些人该是多么难堪啊。主人常常为了羞辱他们，不理会他们，将头转向另外一边。即使回答他们，所有人都可以看出，那是勉强为之。因此，为了得到主人的好感，除了赞扬他之外没有更好的办法，但也不必看到别人在重大事情上取悦主人，就以同样的方式取悦主人，因为并非每件事都适合于每一个人，有时一个人从天性来说就适合于讲俏皮话，他一说话就会引起哄堂大笑，好像他生来就只是为了做这件事似的。而另外一个人长相严肃，于是就会发生这样的情况：尽管他也很聪明，他也想得到同样的效果，但反应冷淡，闹得很不愉快。有的人一说话就让听者反感，他能像那头驴一样，为了同主人开玩笑而学狗叫[1]。因此，每个人必须认识自己和自己的能力，做适合于自己的事，必须好好考虑哪些事可以模仿，哪些不可以。"

21

这时，温琴佐·卡尔梅塔说："如果我理解不错的话，前面您刚讲过获得君主好感的最好办法是赞扬他；接着又说，廷臣应当等待君主的好感，而不是放肆地去争取。对此我表示怀疑，怀疑这一规则并不合适，我觉得，经验清楚地告诉我们，情况正好相反。因为今天受君主宠信的人极少，除了那些极为放肆的人。我知道您可以拿其中的某些人作为具体的实例，君主对他们不怎么宠信，仅仅由于他们放肆才获得赏识，而那些由于谦逊得到提升的人，我没有看到几个，您也得费些时间想一想才能找到，我相信，您即使找到也不会太多。如果您看一下法国的宫廷，现如今

---

[1] 这是《伊索寓言》(*Appendix fabularum Aesopiarum*) 中的一篇（参阅 Cian, p. 168）。

它是基督教世界最高贵的宫廷之一，您会看到，那里所有得到宠信的人都很放肆，他们不仅相互相处时放肆，而且在国王面前也是如此。"也不能这样说，"费德里科老爷答道，"法国宫廷中的绅士们非常谦逊，很讲礼貌。当然他们有时也不讲究礼仪而自由自在，十分亲密，这是他们的传统，是自然形成的。但是，这不能称为放肆，因为他们的习惯就是如此。尽管他们也讥笑和拿放肆的人寻开心，但还是看重那些谦逊的人。卡尔梅塔答道："您看看西班牙人，他们应该说是宫廷事务方面的大师，您想想他们中有多少人在对待女士和君主并不放肆；而且谦逊更胜于法国人：他们在这方面确实非常注意，正如我所说，我们时代的所有君主都只赞赏具有这种作风的人。"

22

于是费德里科老爷答道："温琴佐老爷，我不同意您这样责备我们时代的君主们，因为即使有许多人喜欢谦逊，但我认为仅此还不足以成为一个令人喜欢的人。我可以肯定地说，谦逊的人如果同时又才华出众，他将更加荣耀。如果他自己并不张扬，值得称赞的事迹也会广为传颂，这比他既放肆又冒失更让人惊羡。我不否认西班牙人中傲慢的人不多；我要说那些受人尊重的人都是极为谦逊的。还有一些人很冷漠，回避同人们交往到了出格的地步，他们比平庸之辈还要低一等，他们受人尊敬要么是由于胆怯，要么是由于过分骄傲。这样的人我一点也不赞赏，我也不喜欢枯燥无味的谦逊，那样就变成了粗俗。而作为廷臣，在这方面应表现出健谈，在涉及政治事务时应谨慎和明智，要有良好的判断力，要善于适应所在地的民族习俗。在低一级的事务上要让人觉得愉快，对任何事情都要有理智的分析。但首先要始终以善为目标：不嫉妒、不诽谤，也不要通过不光彩的或倒霉的途径寻求恩惠或好处。"这时卡尔梅塔说："我向您保证，这不是您谴责的道路，所有其他道路都更不可靠和更为漫长。因为今天的君主，我再说一遍，如果不是走向狭路的途径他们都不喜欢。"此时费德里科老爷答道，"不能这样说，因为这样说的结果很清楚，那就是，我们今天的所有君主都有毛病，都是坏人。情况并非如此，因为总还是有些好人。但是，如果我们的廷臣由于命运的安排要为一个有毛病的主人、一个坏主人效力，他很快就会发现，他会尽快离开，以避免忍受所有好人为坏人效力时都会产生的焦虑不安。"卡尔梅塔答道："应当祷告上帝，但愿他们能遇上好主人，即使遇上坏主人，也给他们能够忍受下去的力量；但愿一名绅士因无穷的礼节的束缚而开始为一位主人效力，不离开这位主人。但是，不幸在于开头，在这种情况下，廷臣们就会处于那些可悲的鸟儿所处的境地，这些鸟儿一出生就处于巉岩绝壁形成的深谷之中。"费德里科老爷说："我认为正确的原则应当比所有的礼节更重要，作为一名绅士，除了在战时或灾难期间、认为可以尽力一试撞撞运气、或者认为无法获得益处等情况而不离开主人外，我想他在任何时候都可以合理地摆脱那种奴役状态，应当摆脱这种状态，我认为他随时都有理由摆脱那种在好人看来是耻辱的奴役状态，因为每个人都可以推断说：为好人效劳者必是好人，为坏人效力的定是坏人。"

23

这时，卢多维科·皮奥发言说："我想请您澄清我心里的一个疑问，一位效力于君主的绅士是不是所有事情都要听从君主的指挥，即使这些事是不正当的、不光彩的。"费德里科老爷答道："在不正当的事情上我们不能被迫听从任何人的指挥。"卢多维科先生又说："例如我为一位君主效劳，他对我很好，信任我，要我为他做力所能及的事情，如果他命令我去杀一个人或做别的任何事的话，我必须拒绝他吗？"费德里科老爷说："在所有不仅政治上对他有益而且在道德上光彩的事情上您必须服从您的君主，那些给他带来损害和羞耻的事情则不能做。但是，如果他让您背叛，您不仅不能听从他，而且坚决不做，这也是为了您自己，使您不要成为您的君主的可耻行为的执行者。当然，许多事情最初看来是好事，实际上却是坏事，也有许多事看起来像是坏事，实际却是好事。而有时你为君主效劳却是合理的，不让你去杀一个人，而是去杀一万人，和做许多其他事情，这些在某些人眼里好像是不应该的，是坏事，但实际却并非如此。"这时，加斯帕罗·帕拉维奇诺先生说："哦，还是请您好好讲一讲吧，请告诉我们如何识别真正的好事与表面上看起来的好事。"费德里科老爷说："请原谅，我不想深入谈这一点了，因为这样讲起来话就太长了，这一切有待于你们谨慎辨别。"

24

加斯帕罗先生继续说:"请您至少给我澄清另外一个疑问。""什么疑问?"费德里科老爷问。加斯帕罗先生答道:"是这样,我想知道,如果我的君主坚决要让我去做某件事,或进行某种谈判,在执行时如果我觉得不完全照办,或者甚至完全不办,会对委托人更有利或更有好处,此时我是应该遵循先前的原则按照命令的规定行事呢,还是应该按我觉得更好的方式去处置呢?"费德里科老爷答道:"对此,我可以给您举一个实例请您判断,这个实例就是曼利奥·托尔夸托[①],他极为爱国,因而杀了他的儿子,如果对这件事进行评估,他值得赞扬,但说实话我并不这样认为,可我还不敢违背多少世纪以来的传统看法去咒骂他:因为这样无疑很危险,不按上司的命令办,却更相信自己的判断,而对上司的命令从道理上讲又必须服从的。因为如果按照自己的想法冒险行事失败了,事情的进展会很坏,个人会犯下不服从命令的错误,不仅毁了要做的事,而且没有任何借口,也没有得到宽恕的希望。如果仍然想按自己的愿望进展,那就只好碰运气并努力争取了。而且按这种方式行事会形成一种不太尊重上级命令的习惯。比如说,有人在办事的时候进展不错,这有可能是由于谨慎,或者因为违背了命令却合乎情理,而且好运气也帮了一把忙,结果是许多无知而轻率的人在极重要的事情上群起而效法,以表明他们的

---

① 参阅普鲁塔克的《希腊罗马名人传》(*Parallelo de'fatti greci e romani*)。

聪明和敢于不服从主人们的命令：这是糟糕的事，常常成为无穷的错误的根源。我的想法却是，在此种情况下就要深思熟虑，权衡违反命令按自己希望的计划行事所带来的好处和便利，另一方面，必须翻过来考虑违反命令行事而事情没有办好所造成的恶果和不便，要认识到，结果不佳的损失很大，后果严重，而结果很好则很有益处。因此，应当避免不服从命令，要不折不扣地按照命令行事。与此相反，如果结果很好又很有益处且意义重大，而结果不佳会带来损失，那我认为，可以按照自己的理智和判断行事，把命令所指出的方式暂时放到一边，可以像精明的商人那样去做。商人们的做法是，冒点儿小险以求多赚，但不是冒大险而赚得不多。我特别赞赏的是，首先要尊重为之效劳的主人的性格和统治的特点，如果主人很严厉，如像许多人所遇到的那样，假如我有一位朋友在为之效劳，我决不建议我的朋友对给他下的命令做任何修改，不要发生像文献记载的情况①，这种情况发生在一位雅典工程师身上。当时普利奥·格拉索·穆齐亚诺②正在亚洲，他要占领一个地方，要求将他在雅典看到过的两根桅杆中的一根发给他，用来改造成一个攻城槌，他指明要那根长一些的。那位工程师对这些事挺在行，他认为那根短的桅杆容易运送，而且更适合做那种攻城装置，于是就把那根短的发送给了穆齐亚诺。穆齐亚诺弄清情况后把这个可怜的工程师叫来，问他为何不听从命令，

---

① 参阅奥卢斯·盖利乌斯的《阿提卡之夜》(*Noctes Atticae*), I, XIII, 11—13。

② 普利奥·格拉索·穆齐亚诺 (Pulio Crasso Muziano, 公元前2世纪)，穆齐奥·谢沃拉 (Muzio Scenvola) 之子，法学家、政治家、古罗马军队指挥官。

不容工程师作任何辩解便下令脱光他的衣服，用棍子打死了他。穆齐亚诺觉得那位工程师将服从他的命令变成了向他提咨询意见。对这样严厉的人必须要特别注意尊重他。

25

"我们现在放下同君主的关系这一话题，改而谈谈如何同地位相同或者地位稍有不同的人交往，因为这样的交往一般更是常事，平时经常遇到的是这些人而不是君主。有一些蠢人，虽然他们结交了世界上最好的朋友，但他们一见到衣着华丽的人就立刻迎上去套近乎，如果后来又遇上一个穿得更好的，还是同样一套做法。当君主经过广场、教堂或其他公共场所时，他们便竭力用臂膀分开人群，把所有人都赶开，尽量贴在君主身边。尽管他们无话可说，但他们仍然喋喋不休地大讲特讲，同时又笑着，拍着手，拍着脑袋，为的是显示他们有非常重要的事要同君主谈，好让人们看到君主是如何宠信他们。但是，由于这样的人认为除了君主之外其他人都不值得交往，我想我们也不值得去谈论他们。"

26

这时豪华者朱利亚诺说："费德里科老爷，因为您说到了那些非常愿意与衣着华丽的人为伴的人，我想请您说说，廷臣应当如何穿衣服，什么样的衣服更适合于他，身上需要佩戴一些什么样的装饰品。因为我们看到，这方面情况复杂，有人的穿着是法国式的，有人是西班牙式的，有的人把自己打扮得像德意志人，穿得像土耳其人的也经常看到，有的人留着胡子，而有的人则不留。因此，让我们知道在这样的混乱中如何作出更好的选择十分有益。"费德里科老爷说："除了应当适应多数人的习惯这一条之外，我真的不能提供衣着方面的确定规则，因为正如您所说，这方面的习惯复杂多样，而意大利人又特别喜欢穿其他民族的服装。我认为，每个人按自己喜欢的样式穿着就很好。但我不知道为什么会发生如下情况：意大利现在没有一种——像通常的习惯那样——穿上后一眼就知道是意大利人的服装。尽管新式样流行起来会让人觉得以前的式样笨拙可笑，可那些旧式样或许是象征自由的标志，正如这些新式样一直是奴役的预兆[1]，我觉得这一切早已清清楚楚地应验了。据记载[2]，达里奥在同亚历山大开战的前一年，让人将他随身佩戴的剑装饰一番，原来是波斯式的装饰，他让改为马其顿式的，这件事引起了人们的猜测，猜测其意图，这些人认为，他把波斯式的佩剑改掉，意味着他将统治波斯。因此，要是我们把意大利的服装改成外国的服装，我认为这意味着，所有那些在穿着方面要改变我们的做法的人就是要让我们被迫戴上枷锁，这是再真实不过的事，因为如今没有一个民族不把我们当作猎物，以致猎物所剩无几，但掠夺并未停止。

---

[1] 这句话表面看来好像轻飘飘的，却具有厚重的政治含义，触及当时意大利被法国人和西班牙人占领的奴役状态。

[2] 参见库尔提乌斯·鲁弗斯（Curzio Rufo）的著作《亚历山大史》（*Historiarum Alexadri*），III，VI，6（参阅 Maier, p. 230）。

27

"我不希望我们的讨论让人感到厌烦,但谈谈我们的廷臣的服装还是有好处的。我认为他们的服装只要不是有违风俗习惯,只要不是有违其职业身份,其余的都可以说是合适的,只要让穿它的人感到满意就好。真的,我喜欢服装的某些部分不要过分突出,例如有时法国人习惯穿特别宽松的衣服,德意志人习惯穿特别紧身的衣服,而是将这两种服装进行修改,改为最适合意大利人体型的服装。我觉得,穿着始终应该既庄重又朴素,而不是浮华。但我觉得,比较优雅的服装是黑色服装,而不是其他颜色的服装。如果不是黑色,至少应该是趋于深色的。当然,我这里说的是通常穿的服装,因为很显然,带兵器时应该穿浅色和显得活跃的颜色,节日服装应该是有佩饰的,显得华丽而有气派。在节日公众娱乐活动、游戏、面具舞会以及类似的场合也应如此。因为如此五彩缤纷的服装可以带来相当欢快和生气勃勃的气氛,与佩戴兵器和游戏更加协调。但在其余场合,我认为服装应当显得像西班牙人非常注重的那样庄重,因为外在事物常常是内在事物的体现。"这时切萨雷·贡扎加老爷说:"我觉得这有些太无聊,如果一位绅士在其他事情上值得佩服,怎样穿衣服既不使他显得愚蠢,也不能抬高他的声誉。"费德里科老爷答道:"您说的不错。但是,如果我们看见一位绅士穿着五颜六色的服装或者身上还横七竖八地挂了许多带子,就这样从我们面前经过,难道不会认为他是疯子或小丑吗?"彼得罗·本博老爷说:"既不是疯子,也不是小丑,或许是曾经在伦巴第生活过的人,因为那里的人都是这样穿戴的。"公爵夫人笑着说:"这样说来,如果都是这样,那就不能说这一定不好,他们觉得这样合适,有特色,就像威尼斯人穿袖口小胳膊肘肥大的衣服,佛罗伦萨人喜欢戴兜帽。"费德里科老爷说:"我不再谈伦巴第或别的什么地方的衣服,因为每个地区都有愚笨的人,也有聪明的人。我想说的是穿衣服的重要性这一话题,在这方面我希望,我们的廷臣穿的衣服一定要干净、精致,一定要既朴素又雅致,但不要女里女气或显得轻浮妖艳,也不要在某一方面过分在意而不顾其他方面,像我们看到的好多人那样,他们特别在意发型,其他的就全忘记了,有的人则在意牙齿,有的人在意胡子,有的人特别关注靴子,另一些人又特别关注帽子,还有的特别关注护耳帽。这样一来的结果是,这些特别在意的少数东西却使他们显得不协调不自然,除此之外的所有东西使他们显得极为愚蠢。我希望,我们的廷臣按我的建议远离这样的习惯。我还要补充的是,对于你想要显得像什么、希望成为什么样的人以及为此就要如何穿戴,要自己考虑定夺,要让服装有助于显示出你是你心目中的那种人,让人们在听到你的声音和看见你的行动之前就已经知道你是什么人了。"

28

这时加斯帕罗·帕拉维奇诺先生说:"对于有才华的人,从他们的衣着而不是从言行来判断其社会地位,我认为这不合适,因为许多人会弄错;'人不可貌相'这一谚语我认为不是没有道理。"

费德里科老爷答道："我不是说仅凭这一点来判断人的社会地位，也没有说不要通过言行，而是通过衣着来判断。我说的很清楚，衣着不过是穿衣服的人的想象力的一个微不足道的信号，尽管有时会是虚假的信号。不仅如此，除了言行之外，所有的行为方式和习惯都是判断所见到的人的品质的依据。"加斯帕罗先生答道："您觉得还可以凭什么来判断人？"费德里科老爷答道："您真是一个思维缜密的人。我想告诉您，在人的行为中，有些是可以保留下来的，如建筑、文字作品等；而有一些是无法保留的，比如我现在想说的以下这些，虽然这些不切题，比如散步、笑、观望等，它们同样是行为，这些外在的表现常常传递出内在的信息。请告诉我，如果您看到我们今天上午谈到的那个朋友摇头晃脑，全身扭动，恳求大伙向他脱帽致意，您不认为他轻浮吗？同样，当您看到一个人傻乎乎地盯着什么，或者看到贝加莫山区患甲状腺病的哑巴傻里傻气地笑着，虽然他没有说话或做什么，您不认为也是大笨蛋吗？因此，您可以看到，这些方式和习惯，我这里区别于他的行为，很大程度上可以看出他是什么样的人。

29

"我认为，另一件事可以带来声誉，提高声誉，这就是结交知心朋友，因为理智无疑要求这样的朋友，不仅与之保持密切的、不可分的友朋关系，而且在愿望、思想、判断和智慧方面都有相同之处。同无知者或坏人交往会被认为是无知者或坏人；相反，同好人、有智慧的人、谨慎的人交往会被认为是同样的人。

因为从自然本性上说都是物以类聚，人以群分。因此我认为，刚开始建立友谊关系时要特别注意，两个关系密切的朋友互相认识后，很容易想象对方同自己一样。"这时彼得罗·本博老爷答道："正如您所说，对于如此亲密的友谊，在我看来应该特别小心，不仅因为这关系到提高声誉还是威名扫地，还因为今天真正的朋友已很少，我不相信在世界上还能找得到像皮拉得斯和俄瑞斯忒斯、忒修斯和庇里托俄斯、西庇阿和拉里乌斯①那样的朋友。而且我不知道为什么每天都会发生这样的事情：两位多年来亲密的老友，最终反目成仇，要么是由于恶意，要么是由于嫉妒，或者是因轻率或别的什么不好的缘故；每一方都把责任归于对方，也许双方都有责任。我就曾不止一次被骗，被最喜欢和最信任的人欺骗。有时我对自己说，最好永远别相信世上任何人，不要同人相交过深，无论是亲近的人还是相爱的人，都不要毫无保留地将自己的思想和盘托出。因为我们的内心有太多的秘密和太多的奥妙②，人类的智慧无法洞察其伪装，那些秘密和奥妙正是在这些伪装之下滋生、存在。因此我认为，一个人更爱另一个人并为他效劳，应该依据后者的功德和才略，而不要过于相信友谊的亲密，不然事后会后悔不已。"

30

这时费德里科老爷说："确实，如果人类社会没有高尚的友谊

---

① 这是古代作家经常提到的几对著名的好友。

② 拉丁文是：In animis hominum tantae latebrae et tanti recessus，西塞罗的说法，见《为玛尔刻珥路斯辩护》(*Pro Marcello*)，VII，22（参见 Cian，p. 182）。

真是一大缺失,我觉得,高尚的友谊本身就会给我们的生活带来很多好处。但是,我完全不能同意您的看法,而且我可以大胆地下结论:如果没有完美的友谊,人类会比其他所有动物更加不幸,其间的道理再明显不过了。即使有些人亵渎了友谊的圣名,比如那些渎神的人的所作所为,也不应该把友谊从我们的心灵中根除,不能因为坏人滥用了友谊,就剥夺好人如此巨大的幸福。我认为,我们在场的人彼此之间胜过了友谊,我们的爱是坚定的、坦诚的、不可或缺的,大家怀着共同的愿望,直到生命的终结。我们的友谊不亚于您刚才提到的古人。人不会像星球那样自然就相互影响,人总是选择习性相近的人为友。总之,友谊是好人、有德之人的事,坏人之间没有友谊可言[①]。我希望,不超过三两人建立如此紧密的关系,否则或许会有危险。因为正如你们所知道的,三种乐器比两种乐器更难奏出谐音。因此,我祝愿我们的廷臣要有一个挚友,如果可能的话,要有我们所说的那类朋友。按照功德和才略爱护和尊重其他所有人,始终设法与受人尊敬的、高贵的、一心为善的人保持关系,而不结交无知和无德之人。这样,他自己也会得到高贵的人的尊敬。这并不难做到,只要同他们往来时彬彬有礼,仁慈、慷慨大方、和蔼可亲、温柔亲切,无论朋友是否在场都履行和维护其荣誉和利益,敢做敢为,容忍他们天生的缺点,不因小事同他们争吵,能改正自身那些被善意指出的缺点。永远不先于他人追求显赫地位和更多荣誉,也不像某些人那样蔑视整个世界,对谁都发号施令。要知道,这些做法令人讨厌。"

[①] 在拉尔修的书中,西塞罗说,在有德性的人之外不会存在友谊。这一观点在这里得到反映。

31

说到这里费德里科老爷缄默了。加斯帕罗·帕拉维奇诺先生说："我希望，关于交友您讲得比此前更具体一些。因为您前面所说的都非常简略，一带而过。"费德里科老爷答道："怎么说一带而过？难道您想让我告诉您如何具体措辞吗？您不觉得我们在这方面已讲得够多了吗？"加斯帕罗答道："是讲得够多了。但我还希望了解同人们交往的方式有哪些特殊要求，我觉得这一点非常重要。廷臣的大部分时间都是在宫廷中度过的，如果表现总是那样单调，很快就会使人厌烦。"费德里科老爷答道："我认为，我们要求廷臣懂得的事太多了，最好广泛结交，还能适应结交的各种人的特性，设想他们有良好的判断力，受判断力的左右。按照判断，有时要处理一些严肃的事情，有时要参加庆典和娱乐。"加斯帕罗先生问："什么样的娱乐？"此时费德里科老爷笑着答道："我们来问问塞拉菲诺修士，他每天都能找到新花样。""不要开玩笑，"加斯帕罗先生说，"您认为廷臣玩扑克牌和掷骰子是恶习吗？""我认为不是，"费德里科老爷答道，"除非沉溺于此，耽误了要事，或者不为别的，真的只为了赢钱，而且欺骗玩伴，赌输时又痛苦万分，后悔不已，表现得很小气。"加斯帕罗先生又问："您对下棋有什么要说的？"费德里科老爷答道："下棋自然是一项高雅的、需要智慧的活动，但我认为唯一的缺点是，如果想成为高手，就需要花费许多时间多学多下，而这些时间也可以用来学习其他高贵知识，或做另一些更有价值的事情。结果，尽管付出了很大的辛苦，学到的不过是一种娱乐而已。我想，浅尝辄止比追求精通更值得赞扬，这样的要求不同于常情，实不多见。"加斯帕罗先生回击说："许多西班牙人在这方面和其他许多游戏上都是高手，他们并没有花许多时间去学习，也没有耽误做其他事情。"费德里科老爷答道："您要相信，他们还是用了好多时间去学习的，只不过是悄悄地而已。至于您说的其他娱乐，除了下棋以外，我偶尔看到，他们或许也参与其他娱乐活动，仅仅是为了让下人连连叫好而已。我认为，除了亚历山大大帝奖给远方的人那串鹰嘴豆之外，不值得奖给他们其他什么奖品了。

32

"但是，看来正如在许多事情上一样，命运在影响舆论方面具有很大的作用，我们有时会看到，一位绅士尽管才华横溢，也很文雅，但就是不讨君主喜欢，如常言所说的，得不到好脸色看，这种情况找不到任何明显的理由。他出现在君主面前，别人并不了解他，虽然他在君主面前应对裕如，言谈举止无可挑剔，可君主对他还是不感兴趣，甚至挑他的毛病。因而其他人也迅速迎合君主的意思，觉得此人才疏学浅，不值得器重或尊敬，要么对他的睿智言辞讥笑讽刺，要么断章取义。所有人都嘲笑他，对他吹毛求疵。对于这个可怜的人来说，他那些机敏的回答根本无济于事，众人把他的话当作戏言，甚至把一些童仆安插在他身边，即使他是世界上最能干的人，也会受到命运的羁绊和嘲笑。与此相反，如果君主偏爱一个既不会说话也不会做事的无知之人，此人的习惯和行事方式尽管愚蠢和无能，却能受到赏识，让每个人都感到愕然；好像整个宫廷都关注他、仰慕他。每个人都会因笑他的笑话和粗话而发笑，他的笑话很快又让人感到厌恶而不是欢笑。总之，君主对某人的好恶会在人们的心中形成顽固的看法。所以，我希望我们的廷臣最好能做到，除了自己的才能外还善于借助智慧和天生的美德。到一个不了解自己的陌生地工作，去之前就设法建立良好声誉，让那里的人知道你在别处就得到君主、贵妇和骑士的称赞，因为众人口口相传的赞誉会使人对你的才干深信不疑。人们对你抱以好感，敞开心扉与你交往，而你的品行也维护和增加了你的声誉。此外，廷臣也避免了每逢被问及你是谁、你从何而来时产生的烦恼。

33

贝尔纳多·比别纳老爷答道："我不知道这怎么会有好处，因为我好几次遇到这样的情况——我相信许多人也如此，在没有看到某件东西之前就听到权威人士的盛赞，他们的意见深入我心。可是我亲眼目睹后却大失所望，很长时间内觉得自己上了当。只是因为我事先过分听信耳闻，在心中形成一个夸大的观念，将这一观念同真实的情况一对比，结果是，尽管某人很伟大、很杰出，可比我原先想象的要渺小多了。于是我担心廷臣也会有这种情况。但我不知道如何引导这些期盼并维护声誉，因为我们的内心常常形成一些观念，事后发现这些观念与现实不符，结果必然是弊大于利。"这时费德里科老爷说："你们好多人觉得，与名声相比，好多事无足轻重，这要看是哪类事，有些事一眼就可以做出判断，比如你们没有去过那不勒斯和罗马，听人介绍会产生许多想象，后来亲临其境，也许果真如此。但识人就未必如此了，因为外表看到的东西很有限。比如前一天听到对一位绅士的议论，你们不知道，他的才能并非如你们以前的想象，你们不能一下子就改变对他的好感，随着时间的推移，才能发现这个人身上隐藏的才能。另外，这个人（我假设就是我们的廷臣）品质优良，你们会坚信他名不虚传，因为他以自己的行动提供了信任他的依据，你们总会看到某些前所未见的东西。

34

"当然，不能否认最初的印象也有强大的力量，不可小觑。为了让你们理解这一点，我讲一个故事。我认识一位绅士，他外貌俊秀，为人诚信，且武艺高强，像他那样优秀的人确实难找，遑论百里挑一的俊杰了。命运遂他所愿，一个女人热恋上他。这位青年也表达了同样的爱意，女人的爱与日俱增。由于没有机会倾诉衷肠，那个女人情不自禁，把内心的思慕吐露给另一个女人，希望后者穿针引线。而这位女友也出身高贵，容貌相当。听她如此热情地谈论那个青年，尽管从未谋面，以她了解那个女人之精明，其判断一定不会错，所以这位女友马上想到，男青年一定英俊、聪明、举止大方，总而言之，是世界上最值得爱的人。于是，虽未谋面，也热恋上了这位青年。但想方设法拢住青年，并诱使他回应自己的爱。没有费多大周折，她就如愿以偿了，因为她确实是一个值得爱，值得别的男人追求的女人。现在，你们听听这场好戏吧：没多久就发生了这样一件事，那位女友写给那个可爱男人的信，落在了前一个同样高贵、同样美貌的女人手里，她自然比别的女人更好奇，更急于知道其中的秘密。她手忙脚乱地拆开了信，一读才知道，这是一封情感炽热的情书。读完那火一般的甜言蜜语，初时颇同情其女友，因为她清楚地知道这封信是谁写的、是写给谁的。此后，一股强大的力量令她陷入沉思，她认为看到是那个青年引诱她的女友坠入了爱河，才写了这封热情的信，如果那位青年没有先给她写信，她是不可能写出这么一封信的。于是，就像有时会发生的那样，她为那位先生准备了一杯毒饮料。可是，这杯毒饮料杀死的却是最先品尝它的人。就这样，这个可怜的女人急于品尝而喝下了本来为他人准备的这杯爱情的毒药。还要我说什么呢？事情很清楚，这是那时流行的风气，除了这两个女人之外，很多女人——有的是为了捉弄他人，有的是为了模仿他人——都费尽心机去赢得他人的爱，像孩子喜欢樱桃一样把这种事当成时髦的烈酒。一切是从那个女人的最初印象开始的，另一个女人也爱上了他。"

35

这时加斯帕罗·帕拉维奇诺笑着答道："您为了说明您的观点，举了这些女人的例子，她们做事时常常失去理智，如果您要说普遍的情况的话，很多女人看重的必然是不值一提的人，不中用的人，因为她们总是喜欢坏男人，就像绵羊跟着别的羊行事，不管那是好事还是坏事。除此以外，她们还相互嫉妒，即使男人是个恶魔，她们也要你争我夺。"这时许多人，几乎所有人都反对加斯帕罗先生的说法；而公爵夫人则要大家静下来，接着也笑着说："您说女人的坏话，如果与真实情况相差甚远，应承担责任和感到羞耻的是说话人，而不是她们，我要您作出回答。但我不想找许多理由来驳斥您，您应克服这种坏习惯，您会为您的罪过而受严厉惩罚，那就是众人对您的恶评。"这时费德里科老爷答道："加斯帕罗先生，如果女人常常是根据别人的判断而不是自己的判断去爱一个人，请您不要说只有她们不理智，因为一些君主和聪明男人也是这样。如果这样说确实符合实际的话，您自己和我们所有人在很多情况下——现在也一样——更相信别人的意见而不是自己的意见。不久前在这里举办的诵诗会，据说朗诵的是萨纳扎诺的作品①，所有人都认为这些诗极美，大感惊异，称颂不已，热烈鼓掌。后来得知，这些诗出自另一个人之手，称颂戛然而止，以为不过是平平之作。有一次朗诵一首诗，公爵夫人也在场，没有人欣赏，并不认为有多好。后来知道那是若斯坎·德普雷②的作品，才改变了态度。这不就是你们想知道的舆论的分量的最明显证明吗？还得你们喝同一种酒，有时说是醇醪，有时又说寡淡吗？因为你们得知这是两种酒，一种来自热那亚的里维拉，另一种是本地酒，乃至发现说错了，还要极力维护，虽然这种意见来

---

① 萨纳扎诺（Sannazzano, 1456—1530），那不勒斯诗人。
② 若斯坎·德普雷（Josquin de Prez, 1450—1521），来自法兰西的孔代家族（Condé），为教皇、豪华者洛伦佐、费拉拉宫廷服务的著名音乐家。

自别人。

36

"因此,我们的廷臣一开始就要注意给别人留下好印象。要认识到,如果留下不好的印象,那是有害而致命的。身为廷臣,自以为可以随意说话,自由行事,认为这合乎情理,不必顾虑,往往要冒这样的风险。可是,这样的人常常善始而不能善终,只好借助笑声来摆脱尴尬处境。结果,他们不幸依然无法解困,引得那些听其言观其行的人极为不快,他们的处境无疑更为尴尬。有时,他们当着贵妇人的面讲些污言秽语,自认为这样做机警而诙谐,越是弄到她们脸红,越觉得自己是能臣,为此沾沾自喜。他们做这些愚鲁的蠢事不为别的,只为了被人视为良臣。其实良臣不过是个名头,他们觉得是最佳的褒奖,值得自豪,为了得到这个名头竟不惜讲世界上最失礼、最不体面的粗话。他们常常在下楼时你推我搡,互扔砖块和木片,向对方眼里扬尘,骑着别人的马跳过土坑或沟坎,让马匹受伤。有时在餐桌上,把菜汤、佐料、肉冻等等抹到对方脸上,以此取笑。有人做这种事更出格,就自觉更为光宠。有时他们也邀请某位绅士参与他们的嬉戏,要是受邀者不愿掺和他们粗野的玩闹,他们立刻就会说此人太清高,自以为是大师,所以不堪为伍。我想告诉你们,还有更糟的呢。有一些人竟然打赌,看谁能把恶心的东西吞进肚子,只要是人就会觉得这些东西太恶心,想一想这些东西都会让人作呕。"

37

卢多维科·皮奥先生说:"这可能是些什么东西呢?"费德里科老爷答道:"让费布斯侯爵说说吧,他在法国经常见到这样的现象,也许还亲历过类似的事情呢。"费布斯侯爵答道:"我在法国和意大利都没有经历过这类事,但是,意大利人很在行的事情,比如穿衣、庆典、宴会、比武以及廷臣应该做的其他事情,法国人都会做。"费德里科老爷答道:"我不是说法国人当中没有高雅又谦逊的骑士,我也认识许多确实值得称赞的人,但也有人在这些方面不太注意。总的来说我觉得,在风俗习惯上意大利人更接近西班牙人而不是法国人。因为西班牙人特有的庄重我觉得更适合于我们,法国人的举止中随处透着活泼。这对于他们来说并非不合适,反而显得迷人,因为他们天性如此,在他们身上看不到任何矫揉造作。意大利有很多人极力模仿法国人的样子,但是,说话时摇头晃脑,笨拙地行屈膝礼,在街上行走如飞,仆从亦步亦趋都跟不上,除此之外别无所得。他们觉得这才是优秀的法国人,才有那种随心所欲的自由。真正学会这一套的人很少,自幼生活在法国、从小耳濡目染的人才行。学习语言同样如此,我希望我们的廷臣要学习语言,尽可能学会西班牙语和法语,因为这两个国家同意大利的交往都很频繁,我们的语言同他们的语言更接近。在这两个国家的王宫里,为了战时的强大与平时的繁荣,优秀的骑士比比皆是,他们遍及世界各地,我们也必须同他们交往。

38

"现在我不想继续细谈明显太琐碎的事,例如我们的廷臣不应成为饕餮之徒、酒鬼、满身坏习气的骄奢淫逸者、伤风败俗者、生活上杂乱无章的人,不要沾染上隔老远就让人想到锄头和犁的那些农民习气。因为这样的人不仅没有任何希望成为优秀廷臣,除去牧羊外不能委以任何重任。最后我想说,我们的廷臣最好精通我们所说的廷臣应当掌握的技能,无论什么事他都轻而易举,人人对他赞叹不已,认为他无人可及。但他要知道,在这种情况下切莫骄傲,冷漠无情,对别人做的事漠然置之,自认为可以做得更好,用无言来表示对别人的蔑视,似乎他人做的事不值一提,几乎像在向别人发出这样一个信号:没有人可同他旗鼓相当,而他却洞悉别人的能耐。因此,廷臣必须力避这些让人憎恨的姿态,以慷慨和善意赞扬别人的成就。即使自感应受称赞,出类拔萃,也要表现得自谦。因为人无完人,人不应感到有某些不足而丧失更上层楼的希望,即便不能达到所期望的完美。每一种技艺,除了上品之外,还有很多值得称赞的品级。取乎其上,至少达于其中。因此,我希望我们的廷臣于习武之外仍有所擅,就要重视以良好的方式为自己增光。要谨慎,明辨,用灵活而恰当的方式让人们见识到自己最出色的技艺,却始终表现内敛,只在坚邀下才略微展示,绝非刻意为之。总之,我们的廷臣做事说话必须经过深思熟虑,有所准备,外表上却显得完全是临机应变。有些事似懂非懂，要点到为止，不必深究，让别人以为他所知道的比他表现出来的要多，就像一些诗人有时会涉猎哲学或其他学科一些精妙问题，想让别人知道他们对此略知一二，正是此意。至于那些完全不懂的事，我希望我们的廷臣不要不懂装懂，博取虚名，如有必要，坦承自己的无知。"

39

卡尔梅塔说："尼科莱托①不会这样做，他是一位杰出的哲学家，但对法律却不在行，帕多瓦最高行政长官决定授予他法学教席，但他一直不愿意接受。众多门生劝说后，他向行政长官坦承自己不懂法律，虽然他总说不同意苏格拉底的观点，自己一无所知，这不是哲学家应该说的话②。"费德里科老爷答道："我并不是说，廷臣在没有人询问的情况下，主动说自己什么都不懂，因为我不喜欢这种自责或自贬的愚蠢行为。有时我还笑这些人，他们不必要地主动讲一些事，尽管这些事不是由于他们的过错而造成的，可还是给自己的名声蒙上了不光彩的阴影。例如你们都认识的一位骑士就是这样，经常讲他在帕尔马地区同查理国王军队打仗的故事③，他迫不及待地说他怎么逃跑的，好像那天他什么也没有看见，什么也不知道。另外某次谈起一场著名的马上比武，但

---

① 保罗·尼科拉·维尔尼亚（Paolo Nicola Vernia），别名尼科莱托（Nicoletto），出生于基耶蒂（Chieti），帕多瓦大学的哲学家，1499年去世。
② 这是化用苏格拉底的名言：我唯一所知的是我一无所知。
③ 指1495年发生在福尔诺沃（Fornovo）的一场战斗，查理八世的军队被意大利各地联军打败。

讲的依然是他怎样坠马。他谈话时仿佛在找机会告诉你,某夜他去会一位女士,却挨了一顿棍子。我不希望我们的廷臣讲这些蠢事,相反,为他提供了说话的机会,但所谈的事他实在不懂,就要设法避而不谈;如果迫不得已非谈不可,应该坦承不懂,以避免堕入险境,这样就可以避开责难。今天好多人应该受到责难,他们不知出于何种乖张的本性或不理智的动机,总是做他们不懂的事而不做他们懂的事。为了验证这一点,我讲了一位音乐家的故事,我认识他,他在音乐方面颇有造诣,却把音乐撇在一边,专心致志于写诗,相信自己能成为大诗人,结果引来大家的嘲笑,而音乐也荒废了。另一位堪称世界一流的画家,他瞧不起这门艺术,尽管他可能成为画坛巨擘,而去学习哲学,提出了许多古怪的概念和新奇的想法,最后根本不会画画了[①]。这类人还可以找到许多。有些人明明知道自己在某一方面擅长,却把另一方面作为主要职业,虽然后一方面他们并非一无所知。他们不时有机会展示其所长,表演十分卖力,招来人群的围观,大家看到这些人在非其专业的领域尚且如此出色,便认为他们在专业领域一定更出色。有了这门技艺,再加上才识明断,我就绝不会感到遗憾了。"

40

这时加斯帕罗·帕拉维奇诺先生答道:"我认为这并非艺术,而是欺骗;我也不相信,想要做好人就要去欺骗。"费德里科老爷

[①] 根据沃尔皮(Volpi)的猜测,奇安说这里指的是列奥纳多·达芬奇。参见Cian, p.197。

说:"这与其说是欺骗,还不如说文饰。即使是欺骗也不值得指责。两个人比武,一人把对手打倒了,您该不会说这是欺骗吧!只不过是他的技艺比对手更高而已。如果您有一颗宝石,未事雕琢,有一种朴质之美,后来经雕工之手,愈发丰润绚丽,您不会说那位雕工欺骗了观众的眼睛吧!即使那是欺骗也值得赞扬,因为他以慧眼和妙手雕刻象牙、镶金错银,给宝石掐丝。因此,我们不能说,这样的技艺或您所说的欺骗应当受到任何指责。一个人觉得他在某一领域很有造诣,便极力找机会表现,同时又在他自认为不太值得夸赞的领域藏拙,且总是刻意遮掩,难道您不记得斐迪南多[1]国王好像不经意似地瞅准机会脱掉外衣,因为他觉得这样很敏捷吗?因为他的手不太好,所以很少或几乎从未脱下过手套。很少有人察觉他的狡狯。我记得还读到过[2],朱里奥·恺撒老是戴着桂冠,那是为了掩盖他的秃顶。但采用这些方法必须谨慎,判断良好,不要失度。因为很多人为了避免一个错误而犯另一个错误,想获得赞扬却招来了指责。

41

"因此,在生活方式和交往中最可靠的做法始终是自律,诚实而中庸,这是对付嫉妒的真正可靠盾牌,要尽可能地避开嫉妒。我还希望我们的廷臣不要背上说谎和夸口的名声,有时候不免有人会枉担此名声。但在讨论问题时,始终要注意不要离真实情况

---

[1] 这里指的是前面提到过的那不勒斯国王斐迪南多二世(Ferdinando II)。
[2] 参阅苏埃托尼乌斯(Svetonio)的《恺撒传》(*De vita Caesarum*)。

太远，更不要讲那些貌似虚妄的真理①。好多人希望语不惊人死不休，他们希望树立权威，任何希奇事他们都敢确认。还有一些人，在交往之初，为了博得新朋友的欢心，赌咒发誓，说世界上除了他再也没有更值得敬重的人了，誓死为他效劳，哪怕是不合理的事也愿为他而做。而当离开此人时，他们假装哭哭啼啼，痛苦得说不出话来。这样做只是为了让对方觉得他们关系亲密，却会被认为是虚情假意和愚蠢的谄媚。要探讨交友时的所有毛病，说来话长，让人疲惫不堪。但我寄希望于廷臣的，除了已经说过的外，我只想说，要始终保持理性的思维，迎合与之交谈的人，用亲切的语言鼓舞听者的心灵，说一些人们爱听的格言，谨慎引导对方享受节庆的喜悦和欢笑，不要令人厌烦，而要予人快感。

42

"我想，现在埃米莉娅夫人应该允许我住口了。如果她拒绝我，我会因我说过的话而被判为不够格的良臣。这不限于议论精辟，但我之所言的确是不够格的，过去和现在你们都未听到我发表这样的高见，不管意愿如何，终究我是完全不够格的。"总督先生笑着说："我不想给人一个错误的看法，认为您不是优秀的廷臣，您欲沉默是您想逃避辛劳，而不是无话可说。今天我们相聚在一起，上下议论，无所不谈，您应当高高兴兴地教我们如何使用您那些妙语，展示优雅的语言，引导人们快意畅谈。我真的觉得，

---

① 引用但丁的话，原话是："ver che ha faccia di menzogna"，见《地狱篇》(*Inferno*)，XVI，124。

这对于廷臣来说至关重要。"费德里科老爷答道:"我的先生,善于说妙语和格言,与其说是一种技艺,毋宁说是天性的优雅和禀赋。在这方面某些地方的人比其他地方的人更擅长,比如托斯卡纳人,生性幽默,西班牙人好像也很会逗趣。有好多人——既包括上述两地的人,也包括其他地方的人——夸夸其谈而不知有度,反而听起来平淡无味,不得要领。因为他们不看交谈的对象,不考虑时间和地点,不知道秉持恰当的稳重和谦逊。"

43

这时总督先生答道:"您否认妙语连珠是技艺,主张持重和谦逊,还要考虑谈话的时间、对象及其身份,我觉得,您这样说就表明,这方面大有讲究,有规矩可循。"费德里科老爷答道:"我的先生,这些规矩普遍适用,事事皆宜。但是,我说妙语连珠不是技艺,是因为我认为只有两种技艺[①]:一种是长篇大论,例如,有时会看到一些人,他们以优雅和令人愉悦的方式讲述他们的经历或所见所闻。他们用手势和语言把那件事呈现在你眼前,几乎触手可及。这或许可以称为'精巧'或真正的'文雅',因为我们找不到恰当的称谓。另一类妙语非常简短,是我们中间经常听到的那些张口就来的、机敏的嘲讽。刻薄有余而似乎优雅不足。这些在古人那里称作'成语',现在有些人称之为'妙语'。因此我说,在第一种节日般欢乐式的叙述中,不需要什么技艺,因为自

---

① 按照西塞罗的划分是,机敏的叙述和简短的俏皮话(见 *De oratore*)。

然已为人造就了进行叙述的功能,使人们拥有面部表情、手势、声音和恰当词语去描摹想要描述的事物。在另一种运用妙语的方式中,需要什么技艺才能成功呢?因为这属于幽默的语言,所以必须随口而来,张口就说,像是在说出口之前就可以想到它了,不然的话就显得冰冷,显得没有味道。因此,我认为,这一切都来自于聪慧和天性。"这时,彼得罗·本博老爷又开口说:"总督先生并不否认您所说的,不是说聪慧和天性不占重要地位,特别是在创造发明方面。但可以肯定地说,在每个人的心中,即使他是非常聪明的人,都会多多少少产生一些好想法,也会产生一些坏想法。然后再运用判断力和技艺进行打磨和修正,挑选好的,拒绝坏的。因此,请您撇开属于聪慧的部分,给我们讲讲技艺所包含的东西,即在引人发笑的妙语和格言当中,哪些适合于廷臣说,哪些不适合,应当在什么时间和以什么方式运用,这才是总督先生想要问您的。"

44

这时,费德里科老爷也笑着说:"我不是在任何事情上对我们中某些人都不谦让,特别是在说笑话方面,除非是那些蠢话,蠢话比好的谚语更能让人发笑,这样的蠢话还没有被视为妙语。"然后他转向卢多维科伯爵和贝尔纳多·比别纳老爷说:"这两位正是这方面的大师,如果我想说些什么笑话,首先就要请教于他们。"卢多维科伯爵答道:"我觉得您已经开始运用您的那句'我什么也不知道'的格言了,也就是说,您这是在通过取笑贝尔纳多老爷和我的方式来让这里的先生们开心，因为大家都知道，在您向我们所称颂的事情上，实际上您才是最优秀的。但是，如果您累了，最好您向公爵夫人请求恩准，把要说的剩余部分推迟到明天，而不是采用欺骗的手段逃避辛劳。"费德里科老爷刚要回答，埃米莉娅夫人立刻打断了他的话说："探讨变成了你们之间的相互吹捧，这不合规矩，只要你们彼此熟稔就不难做到。可是我还记得，伯爵您昨天晚上还指责我分配任务不公，这样说来，让费德里科老爷休息一下是最好不过了。我们委托贝尔纳多·比别纳老爷来谈谈妙语，因为这不仅使我们在继续探讨中了解他极善戏谑，而且我们还记得，他曾多次表示想就这一议题写一本书。可以相信，他对此已经深思熟虑，因此他能让我们完全满意。等他讲完妙语之后，费德里科老爷继续谈前面讲过的廷臣议题。"这时费德里科老爷说："夫人，我不知道再怎么讲下去，我像一个在中午时分走得疲累不堪的长途旅人一样，如果在贝尔纳多老爷讲述间歇休息一下，就像在一棵大树的浓阴下，惬意地听着泉水潺潺，或许可以振作起来，继续讲些什么。"贝尔纳多老爷笑着答道："如果我让您看看这个光秃秃的脑袋①，您就可以看到，在我这棵大树下可以期待什么样的阴凉了。听着泉水潺潺，也许您来了灵感可以继续讲下去，因为我已经溶入了泉水之中，不是被古代的某个神灵推进去的，而是被马里亚诺②修士推进去的，从此之后我就永远不缺水了。"这时，大家都开心地笑了，因为贝尔纳多老爷这个玩笑所指为何，大家都心知肚明，那

---

① 比别纳拿他的秃顶开玩笑。
② 此人是谁一直不清楚，博学的奇安（p. 204）也没有澄清。

是在罗马的圣彼得镣铐教堂当着红衣主教加莱奥托①的面发生的一件事。

45

笑声停止后，埃米莉娅夫人说："不要逗我们发笑了，告诉我们怎样使用和收集妙语，把你知道的都告诉我们吧。不要浪费时间，现在就开讲吧。"贝尔纳多老爷说："天色已晚，不如推迟到明天再讲，免得我讲的东西你们觉得索然无味和厌烦。"这时许多人立刻答道，现在还没有到通常结束讨论的时候，同时这也用不了太长的时间。这时贝尔纳多老爷便转身向公爵夫人和埃米莉娅夫人说："我并不是想免于劬劳，正如我对有些人当着歌唱大师贾科莫·桑塞孔多②的面敢于在提琴伴奏下一展歌喉感到惊奇一样，我也不想在妙语方面比我博学的人面前班门弄斧。但是，为了不给这些先生提供他们拒绝承担义务的借口，我尽可能简单地谈一下对引人发笑的事物的看法。笑是我们的天性，人们通常描述人是一种会笑的动物。只有在人身上才能看到笑，笑几乎总是内心感受到愉快的表现，其本质是使人高兴，企望休息和恢复体力。因此，我们看到，人们为了达到这样的效果，设计了许多事情，比如节庆和各种表演。我们喜爱那些为我们提供消遣的人，古代的国王、罗马人、雅典人等等，为了获得民心，满足人们眼与心

---

① 即加莱奥托·德拉罗维雷（Galeotto della Rovere）。
② 贾科莫·桑塞孔多（Giacomo Sansecondo），著名的歌唱家和音乐家，卡斯蒂廖内的朋友。

的需要，修建了宏伟的剧场和其他公共建筑，在那里表演新奇的游戏，赛马，赛车，角斗，斗兽，上演喜剧、悲剧、阿拉伯的摩尔人舞。严肃的哲学家也并非不喜爱看这些，他们大多认为，参加这类活动可以让疲于高论和覃思的心灵得到休息。各种各样的人也都喜欢这类让人愉悦的活动，不仅包括农民、海员、所有从事重体力劳动的人，而且包括受人尊敬的教士以及随时会被处死的囚犯，他们也想设法或找药物来放松一下。总之，能带来欢笑的一切都可以让心灵愉悦，可以带来快乐，让人忘记生活中处处皆是的烦恼和忧伤。正如你们看到的，人人都爱欢笑，在适当的时候以适当的方式带来欢笑，值得称赞。但是，笑是什么，笑在哪里，有时笑占据我们的血管、眼睛、嘴唇和腰部，有时笑突然爆发出来，无论如何也无法控制。所有这些我都留给德谟克利特去解释吧，即使他同意，也可能说不出个所以然来。

46

"因此，产生笑或者说笑之源泉，存在于某种反常之中。因为人们只有感觉到事物之非同一般才会发笑，看上去令人不快，其实并非如此。我不知道怎样来解释它。但是，如果你们想想，会看到那些可笑的事情有点乖僻，但又不真的令人生厌。因此，廷臣以何方式让人发笑，到什么程度为止，我想就我的判断，尽力谈谈我的看法。因为让人发笑对于廷臣来说并不总是相宜，更不应当像疯子、醉鬼、白痴和无能之辈、特别是小丑那样行事，尽管宫廷里好像需要这类人，但这些人不配称为廷臣，这几类人各有其称谓，倒也名实相符。靠取笑人来引人发笑，要考虑其限度，什么人可以取笑，需要慎思。因为嘲弄穷人和不幸者无法引人发笑，嘲弄流氓和臭名昭著的恶棍也是如此，流氓和恶棍应该得到更严厉的惩罚而不是嘲笑。人们的心灵也不愿嘲笑穷人，除非这些人夸大不幸，自大而蛮横。应尊重那些受所有人和有势力者欢迎和喜爱的人，嘲笑了这些人就会给嘲笑者带来危险的敌意。但可以调侃、嘲笑这些人的恶习，这些人既不可怜而激起同情，也不是邪恶而应处以极刑，也不是了不得到一发怒就能造成巨大伤害。①

47

"你们要知道从什么地方发掘令人发笑的语句，既可用于褒奖，也可以用以贬斥，有时这些语句甚至用的是相同的词汇。例如，为了赞扬一个人慷慨，把他的所有与朋友共享，人们常说，他的东西不是他的，但同样的一句话，也可以用来贬斥窃贼或某个以不正当手段获得财物的人。又比如，说'她是个了不起的女人'，这是赞扬她持重又善良，但同样这句话也可以用来贬损她，暗指她一女御多夫。但更多的情况是，我们常引用典故而非用同样的说法。例如最近有那么一天，三位骑士和一位夫人一起在一个教堂望弥撒，三位骑士中的一位正在向这位夫人求爱，这时来了一个可怜的乞丐，他走向那位夫人，向她乞求施舍。他用令人厌烦的抱怨口气反复恳求这位夫人。尽管如此，夫人一直没有施

---

① 参阅西塞罗的《论演说家》(De oratore)，蓬塔诺(Pontano)的著作《论言语》(De sermone)。

舍，也不示意让他走开，而似乎专心致志地在考虑别的事情。这时这位求爱的骑士对他的两位同伴说：'你们瞧，我能从夫人得到什么，她那么狠心，不仅不给这个一直在恳求她的可怜的、快要饿死的乞丐一点施舍，也不把他赶走，还在享受眼前这个可怜人带来的快感，这个可怜的人因其恳求得不到满足却在忍受折磨。'一位同伴答道：'这不是狠心，而是在无声地教育你，表示她不喜欢以讨厌的方式向她乞求的人。'另一位又说：'她这是在告诉你，尽管她喜欢被人追求，但她就是不肯答应你。'你们看，这位夫人没有把乞丐赶走就有三种说法：一是严厉的贬斥，一是适度的称许，一是尖刻的戏谑。

48

"还是回来谈谈我们所说的妙语的种类吧，费德里科老爷只提到两类，而我认为有三类。一类是文雅的、让人爱听的长篇叙述，它有头有尾地讲述一个故事；另一类是脱口而出的锐评。但我们还可以加上第三类，即人们所说的'笑话'，其中既有长篇叙述，也有简短的评论，甚至是某些动作。第一类长篇叙述实际上就像小说。我给你们举一个例子吧：在教皇亚历山大六世去世、庇护三世当选的那些日子里[①]，在罗马和梵蒂冈宫中，你们的曼托瓦人安东尼奥·阿涅洛[②]老爷和公爵夫人同朋友们在一起议论，大家各抒己见，安东尼奥老爷对他的朋友们说：'先生们，在卡图

---

① 具体说是1503年8月18日—9月23日之间。
② 安东尼奥·阿涅洛（Antonio Agnello）是曼托瓦的一位贵族。

卢斯时代，门开始没有舌头而说话，没有耳朵而倾听，就这样发现了一些奸情。[1]现在，如果人们的素质还不及那时，也许这些门中的许多门，至少是罗马的门，是用古代的大理石修建的，还具有那时的监听和叙述的功能。我相信这两扇门能解开我们心中的所有疑团，只要我们希望从它们那里了解情况。'这时绅士们都十分疑惑，想看看结果如何。安东尼奥老爷走来走去，突然他抬起眼，不经意地在他们来回走动的那个大厅的两扇门前停了下来，指着门上的铭文让同伴们看，门上写着教皇亚历山大的名字，最后是两个字母，V和I。你们知道，这是六世的意思，安东尼奥说，铭文是：ALEXANDER PAPA VI［教皇亚历山大六世］，但这也意味着教皇动用武力超过了运用理智。[2]现在我们再看看另一扇门对另一位教皇说了什么。他不经意间转身指着另一扇门上的铭文，上面是一个N，两个P，一个V，意思是：NICOLAUS PAPA QUINTUS（教皇尼古拉五世），他立刻叹道：'哎呀，这又是一个不幸，铭文告诉我们：

Nihil Papa Valet［教皇一无是处］'。"[3]

49

"现在你们可以看到这类妙语的妙处了，不管故事是真是假，

---

[1] 参见卡图卢斯（Catullo）的《颂歌》（*Carme*）LXVII。
[2] VI是罗马数字六，也可以表示动用武力获得的"胜利"。
[3] Nihil Papa Valet：是建立梵蒂冈图书馆的教皇尼古拉五世（Niccolò V, 1447—1455）最初用的名字，这个名字使人预感到下一任教皇的无足轻重，下一任教皇是庇护三世（Pio III），他在位仅26天。

它都适合于廷臣运用。因为在这种情况下,为了取悦听众,做一点粉饰并不为过。讲述一个真实的事件,根据需要可以做一点虚构,可以增饰或删减。但完美的优雅和真正的优点在于毫不费力地使用手势和文字来表达自己想要说的内容,使听者有身临其境之感。① 这种表达方式具有很强的感染力,有时会使一件索然无味的平庸事情显得有趣。虽然这样的叙述需要加上手势和言说的力量,但写成文字有时也可以产生奇效。读过乔瓦尼·薄伽丘的《十日谈》第八天讲的瓦隆戈镇那名修士的故事,谁不发笑?贝尔科洛蕾这个娘们儿一到教堂,修士便大声唱《求主怜悯》和《三圣颂》。在卡兰德里诺的故事和其他故事中也能找到这类令人发笑的叙述。正如我们所说的,这类妙语采用诙谐和模仿的方式逗人发笑。在这方面,我还没有看到有谁比我们的罗贝托·达巴里老爷更加出色。"

50

"过奖了,"罗贝托老爷说,"如果真是这样,我当然要开动脑筋,模仿好的,而不是模仿坏的,把熟人模仿得惟妙惟肖,我就太高兴了。但是,我担心我只知道模仿那些令人发笑的东西,你刚刚说缺陷才会引发笑声。"贝尔纳多老爷答道:"是的,缺陷让人发笑,但不会令人不快。要知道,我们所说的模仿,不是不动脑筋的模仿,因为除了表情要同语言和手势相配合之外,还要把

---

① 讲述者所讲的东西并不重要,是否真实以及讲述者的能力也不重要。

谈论对象的面容和习惯展现在听众面前，这就需要严谨，考虑到谈话的时间、地点和与之谈话的是什么人等等，要避免陷入插科打诨，也不要超出限度。这些都需要你们仔细考量，但我认为你们都已了然于胸。因为对于一位绅士来说，模仿他人的面部表情肯定不合适，像贝尔托那样模仿哭、笑、各种声音、捶胸顿足等等；或像斯特拉希诺①那样，以农夫的装束示人。这很适合他们，因为那是他们的职业。但如果我们这样做，只能在始终保持绅士尊严的情况下，悄悄而迅速地偶一为之，不要污言秽语，举止不雅，不要做怪脸或行为放肆。行有示范，以让我们的听众和观众产生联想的方式，引他们发笑。但是，模仿时要避免过于刺激，扭曲面容和身体，因为取笑他人的身体缺陷，不仅显得轻浮，还会引起敌意。因此，在这个问题上，正如我说过的，必须照我们罗贝托老爷的做法，虽然这很难。他模仿别人，也当面模仿别人的缺陷，但从未引起他人的不快或恶感。对此，我就不再举例了，因为大家每天都可以看到无数这样的实例。

51

"优雅地模仿他人的某些缺陷也能引人发笑，尽管是在叙述过程中进行模仿，但模仿的应该是那些不严重、不应受到太严厉惩处的缺陷，例如偶尔的愚笨和窘迫，有时还有随口而来的刻薄

---

① 尼科洛·坎帕尼（Nicolò Campani, 1478—1523）的艺名，锡耶纳的滑稽演员。

的疯话。某些夸张的装模作样也能引人发笑。有时精心编造的弥天大谎也有同样的效果。例如几天前，切萨雷老爷说了一个笑话：他看到一个农民来向乌尔比诺的长官诉苦，说自己丢了一头驴，还大讲他如何穷，小偷如何欺骗了他。为了说明他的损失有多大，农民说：'老爷，如果您看见我的驴，您就会知道我有理由抱怨了，您要是骑在驴背上，就会觉得自己像西塞罗了。'又如我们当中的一个人，他看到一群山羊，领头的是一头大公羊，他停下脚步带着惊讶的表情说：'你们瞧那头漂亮的公羊！它真像圣保罗。'[①]加斯帕罗先生说了另一个故事。他认识一个人，过去曾在费拉拉的埃尔科莱公爵那里效劳，此人答应把两个儿子送给公爵当童仆，但这两个孩子未能效力就夭亡了。公爵知道后亲切地慰问这位父亲，他说，他也很痛心，因为他只和孩子见过一面，他们既漂亮又敏感。这位父亲答道：'我的老爷，您没有看到，他们前不久还那么漂亮，那么出色，我都不敢相信他们的歌声还像雀鹰一样悦耳。'最近，我们这里的一位饱学之士在广场上看到有人受鞭笞，他非常同情这个人。可是，那个可怜的家伙尽管背上流血，还是那么从容不迫，悠然信步，像在消磨闲暇时光。博士便对他说道：'可怜的人啊，快走呀，快点摆脱痛苦吧。'那人转过身来，好奇地望着他，稍顿，他说：'将来你挨鞭子的时候，就照你的方式走吧，现在我照我的方式走。'你们大概还记得不久前公爵[②]先生讲的那个修道院院长的笑话。一天，他参加费德里科公爵主持的会议，研究如何处理修建这座宫殿时挖出的大量泥土。这

[①] 意思是说那头公山羊的表情严肃。
[②] 即圭多·巴尔多·迪蒙泰费尔特罗。

位修道院院长说：'我的君主，那些泥土如何处理，我想到了一个绝好的办法。您只需要吩咐挖一个大坑，把这些泥土装进去，就万事大吉了。'费德里科公爵笑着答道：'那么挖这个坑时挖出的土又放到哪里去呢？'修道院长说：'那您就让他们把坑再挖大一些，把两处挖出的泥土都放进去。'就这样，尽管公爵反复说，坑挖得越大，挖出来的土也就越多，可院长的脑瓜就是不明白，坑挖得再大，也装不进从两处挖出来的土。修道院院长始终只是一句话：'让他们把坑再挖大一些。'你们看看，这位修道院院长想得多妙。"

52

这时彼得罗·本博老爷说："为什么您不讲讲你们那位佛罗伦萨的民兵队长？他被卡拉布里亚公爵[1]围困在卡斯泰利纳城堡[2]的时候，一天，他发现一些从外面营地射进来的毒箭，他致信公爵：如果你打仗如此下狠手，那我可要在炮弹上涂药粉[3]，谁挨上谁倒霉。"贝尔纳多老爷笑着说："彼得罗老爷，如果您不住嘴，我也讲一讲关于你们威尼斯人的见闻，特别是他们想当骑兵的故事，这些故事为数可不少啊。""好了，求求您别说了。"彼得罗老爷答道，"我保证，讲完佛罗伦萨人的两个最好听的故事我就住口。"贝尔纳多老爷说："应该先讲讲你们锡耶纳人的事，常常一

---

[1] 指阿方索（Alfonso），卡拉布里亚公爵。
[2] 位于佛罗伦萨和锡耶纳之间的康蒂城堡。
[3] 妙在取药粉（medicame）这个词的双重含义：既指药，也指毒药。

不留神就溜到嘴边。最近，有个人在市政府开会时听别人读文件，为了避免反复提文件中某人的姓名，文件用'前者'代之，此人对读文件的人说：'等一下，请告诉我，这位叫'前者'的人是不是我们市的朋友？'"彼得罗老爷笑着说："我讲的是佛罗伦萨人，不是锡耶纳人。"埃米莉娅夫人接着说："你们可以随便讲，不必有那么多顾忌。"彼得罗老爷说："佛罗伦萨的君主们同比萨人作战的时候，有时会感到军费紧张。一天，政府开会讨论如何筹措军费，人们提出许多方案之后，一位最年长的市民说：'我想到两个办法，不用大费周折就可以很快弄到很多钱。一个办法是，我们的收入主要是靠佛罗伦萨城门收的进城费，现在有十一座城门，再快速修建另外十一座城门，收入就可以增加一倍。另一个办法是，立刻下令，在皮斯托亚和普拉托两地开设造币厂，规模同佛罗伦萨的一样，日夜不停地铸造新币，一色的公爵金币。我认为，这是见效最快、花费也不多的办法。'"

53

大家对这位市民的妙计大笑不止，笑声停止以后，埃米莉娅夫人说："贝尔纳多老爷，彼得罗老爷如此讥笑佛罗伦萨人，您能克制而不报复吗？"贝尔纳多老爷也笑着答道："我原谅他的不敬，因为如果他不喜欢我嘲笑佛罗伦萨人，他会很高兴我服从您，我愿永远听您的吩咐。"这时切萨雷老爷说："我听布雷西亚人讲过一个笑话，他今年到威尼斯参加耶稣升天节[①]，当着我的面给同

[①] 威尼斯在这一天举行名为"大海的婚礼"的节日活动。

伴讲述他看到的盛况：商品琳琅满目，金银器闪亮，杂货店林立，布店和绸缎店比比皆是。君主身着华服，登上大型画舫，同大海举行婚礼。船上已有许多衣着华丽的绅士，这时鼓乐喧天，歌声四起，宛如天堂。君主的一位侍从问君主，在听到的音乐中，他喜欢哪一种，君主答道：'所有的都很好，但是我看见一位吹铜号的，铜号很怪，他一会儿把号管塞进喉咙，深度有大约两掌长，立刻又拉出来，然后再次塞进去，没有见过比这更奇怪的事了。'"这时，所有人都大笑起来，知道那人想象那段铜管插进喉咙里去了。

54

贝尔纳多老爷补充说："虽然低劣的装腔作势让人讨厌，但夸大限度后让人大笑不止。例如，听到某些人大谈伟大、能干以及高贵，有些女人大谈美丽、敏感等等时，就是这样。最近有位贵妇人不情愿地出席了一场庆典，别人问她为何显得不高兴，她答道：'总有一桩事在我脑海挥之不去，有那么一天，最后的审判到来时，所有人裸身起立，接受上帝的审判，一想到我也要光着身子被别人看就感到无法忍受。'如此装腔作势，引起的是大笑而不是反感。你们都熟悉那些让我们发笑的精巧而夸大的谎言。最近，从不让我们缺这类乐子的一位朋友又告诉我一个妙事，只好留待他日再讲了。"

55

这时,豪华者朱利亚诺说:"也许是这样,再没有比我们的一位托斯卡纳的朋友讲的故事更精彩、更妙不可言了,这位朋友是卢卡的商人。"公爵夫人说:"那您就讲讲吧。"豪华者朱利亚诺笑着说:"这位商人是这样讲的,有一次他到波兰去购买貂皮,想贩回意大利赚一大笔钱。多次洽谈之后,由于当时波兰国王和莫斯科公爵正在交战,他不能亲赴莫斯科,波兰人安排在某一天,由莫斯科商人带着貂皮到波兰边境,在边境交易。于是,卢卡人在同伴陪同下,便向莫斯科方向进发。到了一个名叫波里斯特内①的地方,发现河里的冰结得很厚,坚硬如大理石。他远远看到莫斯科人,但由于战争,莫斯科人怀疑他们是波兰人,不敢靠近。双方隔河相望,莫斯科人在河的对岸。他们通过手势相互认识后,莫斯科人便开始高声喊话,问他们购买貂皮出价多少,天太冷,双方都听不清楚,声音传到卢卡人和他的翻译所在的对岸之前,已在空气中冻僵了,停留在河的上空。波兰人知道当地的习俗,很快在河中间点起一堆大火,因为他们认为,此前尚有温度的声音在传到他们所在的地方前被冻住了。河里的冰是那样坚固,完全经得住在上面点火。经过烘烤以后,已被冻僵一个多小时的语言开始融化,像五月山头的积雪一样飘落下来,发出叽里咕噜的声音,听得清清楚楚,尽管对岸的人已经无影无踪。可是,卢卡

---

① 现在的第聂伯河。

商人认为，莫斯科人的意思是，貂皮要价很高，他不能接受，只能无功而返。"

56

这时，大家都笑起来。贝尔纳多老爷说："真的，我想给你们讲的故事虽然算不上妙不可言，但也很精彩。故事是这样的，几天前，几位葡萄牙水手闲谈，说他们新发现的一些地方或者说新世界，以及从那里带回葡萄牙的动物和别的东西，我对你们提过的那位朋友说，他看见一只长相奇特的猴子，同我们平常所见大不一样，很会下棋。有一天，一位绅士带着它觐见葡萄牙国王，让它同国王下棋。猴子走了几步好棋，就是让对方招架不住的妙手，最后把国王将死了。绅士惶恐不安，因为按葡萄牙人玩这种游戏的习惯，输家要被赢家在头上敲一下。此时绅士拉过国王硕大的手来，在猴子的头上狠敲了一下。猴子立刻跳了起来，发出强烈的抗议声，好像在问国王，为什么这样错待它。绅士邀猴子同自己下一盘，猴子起初示意拒绝，后来还是同意了。同上次一样，它又把对方置于困局。最后，眼看绅士也快要输了，猴子又来了一招：为了防备自己再挨打，它悄悄地将右手伸向绅士的左腋下，突然将垫在绅士胳膊下的丝绒垫抽了出来，放在自己的头上当盾牌，与此同时，左手举棋狠狠一将，然后高兴地跳到国王面前，好像在夸耀自己获胜。现在你们知道这个猴子是不是聪明、机智、考虑周全了。"切萨雷·贡扎加老爷说："这个猴子在猴群中一定是最聪明、最有权威的。我想印度的猴子共和国派它到葡萄牙去,一定是为了在异国赢得名声。"这个虚构故事和切萨雷老爷的补充引得大家哄堂大笑。

57

大家纷纷议论着,贝尔纳多老爷说:"现在你们知道妙语的效果了,它存在于持续的讲述中,持续讲述就是我在我们的探讨中应该承担的责任。现在最好还是谈谈另一种妙语,即那些一句话的妙语,这样的妙语在短短的一词一语中包含着机敏和尖锐,这种尖刻仅仅包含在简短的一句话或一个词里。像第一类引人发笑的讲述一样,我们在讲述和摹仿中要避免像弄臣和清客,不要摹仿以自己的愚蠢讨人发笑的家伙。因此,我们的廷臣必须注意不要显得邪恶,不要显得刻薄,不要使用那些意在捉弄人、刺伤人的言词,因为这样的家伙常常会因为口舌之误而导致全身受到应有的惩戒。

58

"因此,短语中的诙谐——也是机敏——源自语义双关,但这些妙语并不总是引人发笑,它们更多的是因其机敏而不是引人发笑而值得赞赏。例如,几天前我们的阿尼巴莱·帕莱奥托[①]老爷讲了一个故事。某人向他推荐一位教师教他的孩子们语法,先是盛

---

① 阿尼巴莱·帕莱奥托(Annibale Paleotto)是博洛尼亚的贵族。

赞教师非常博学，随后便谈到薪酬和待遇。说除了薪水之外他还需要有一间带家具的房间，供睡觉用，因为他没有床（letto）。阿尼巴莱老爷脱口而出：'如果他没有读过（letto）书，怎么会有学问呢？'这是利用了letto一词的不同含义。①但是，由于这样的双关语非常微妙，使用时取义与别人不同，如前所述，首先引起的是新奇而不是笑声，除非有其他表达技巧予以补充。那种习惯上引人发笑的妙语是：当我们期待着听到一种回答时，对方却作出了另一种回答，我们谓之'答非所料'。如果再加上语义双关，那么意味就更足了。例如前天，讨论如何给公爵夫人的小房间铺地砖，你谈了很多意见之后，乔瓦尼·克里斯托福罗说：'如果我们把波坦察市（Potenza）*的主教叫来，把他用力压扁，就再合适不过了，因为他是我见过的最好的地砖（mattonato）*。所有人都大笑不止，因为把'地砖'这个词拆开就产生了含混的意思，又说把这位主教用力压扁，用他来做地砖，就出乎意料了。这样的笑话既机智，又好笑。

59

"但是，语义双关造成的笑话也有很多种；选词要慎重，避免讲那种无聊的笑话，生硬的笑话，或者像我们所说的，那种刻薄

---

① Letto作为名词指"床"，作为leggere"读"的过去分词，则指"读过"。

* Potenza是意大利南方的一个城市，但这个词也有"力量"的意思。——译者

* 砖（mattonato）一词分开写后，是matto nato，是"天生的疯子"的意思。——译者

的笑话。例如，几个人到朋友家小聚，这位朋友的一只眼睛失明，他留大家在他家吃饭。饭后别的人都告辞了，只有一个人没有走，他指着主人那只失明的眼[1]说：'我要留在这里，因为我看见这儿有一个空处可以容下一个人。'你们瞧瞧，这个人也太冷酷，太不礼貌了。这是无缘无故地伤害别人，别人此前并没有伤害他，而且他所说的是针对所有盲人，这样说是事先预谋的，因此也不会给他带来什么愉悦。还有类似的说法，比如对一个没有鼻子的人说：'你的眼镜架在什么地方？'或者说：'每年你怎么闻玫瑰花的香味？'

60

"另外一些诙谐中也有一种讲究：这就是，谈话时对方的用语很刻薄，那就用他的原话来回敬他，而原来用语的意思并不改变，这正是以其人之道还治其人之身。例如，两个人吵架，对方请来一位法官问他：'你狂吠什么？'他立即反唇相讥：'我看到一个小偷。'又如，加莱奥托·达纳尔尼[2]经过锡耶纳时，在一条街上停下来打听旅馆，一个锡耶纳人看见他大腹便便，就笑他说：'别人把行囊背在背后，你却把它抱在胸前。'加莱奥托立刻回击说：'这样小偷就无从下手了。'

---

[1] 这一轶事来自西塞罗，见《论演说家》(*De oratore*), II, LX, 246。
[2] 加莱奥托·达纳尔尼（Galeotto da Narni, 1427—约1490），人文主义者和冒险家。

61

"还有另一类,我们称之为'文字游戏'(Bischizzi),就是有意增减一个字母或一个音节来改变词义。例如有人说'你的拉丁文比希腊文更好'时,把拉丁文(latina)说成是'厕所'(latrina),便改变了原意。埃米莉娅夫人,比如说给您写信吧,抬头应该写Pia Emilia[仁慈的埃米莉娅],却写成了Impia Emilia[残暴的埃米莉娅][①]。还可以在文字中插入一行诗或一句名言,改变作者原来的意思,这也很逗乐。有时是同一个意图,但出自不同的说法。例如一位绅士有位刁而丑的夫人,有一次别人问他:'你好吗?'他答道:'你想想,复仇三女神的第一位就睡在我身旁啊。'又如,耶罗尼莫·多纳托[②]老爷同另外好几位绅士一起到罗马参加四旬斋活动,走到教堂时,迎面来了一群漂亮的女人,旁边一位绅士说:

'Quot coelum stellas, tot habet tua Roma puellas.'
[天上有多少星星,罗马便有多少美女][③]

他指着从另一边来的一伙青年,答道:

---

① 本来是说所爱的人仁慈,却成了说她"残暴"。
② 耶罗尼莫·多纳托(Ieronimo Donato,1457—1511),威尼斯贵族。
③ 见古拉丁诗人奥维德(Ovidio)的《爱艺》(*Ars amatoria*),I,59。

'Pascua quotque haedos, tot babet tua Roma cinaeds'
［牧场上有多少羊，罗马就有多少花花公子］

"又如，马尔科·安东尼奥·达拉托雷①，曾经说过帕多瓦主教②的一个笑话：帕多瓦的女修院由一位德高望重的教士主持，这名神父经常光顾这个修道院，听修女们忏悔，修女当中有五个人怀了孕，五个人都离开了修道院。这件事暴露后，那个神父逃跑未成。主教派人把他抓来，他立刻招认了，说是在魔鬼的引诱下他让那五名修女怀了孕。主教决定严惩此人。但是，由于这个人学识渊博，结交了很多朋友，这些朋友都想帮他一把。马尔科·安东尼奥老爷同那些人一道找主教，恳求给予宽恕。一边告诫那个罪人，一边又以环境为由替他开脱，说人性本来就脆弱，再加上其他好多原因，难免犯错。主教说：'我并未做什么，这事只能听上帝裁决。'大家反复恳求，主教说：'到了最后审判的那一天，上帝要求我，把你所经管的交代明白③，我怎么回答？'马尔科·安东尼奥老爷立刻说：'我的蒙席大人，福音书上说④：主啊，你交给我五个塔兰。请看，我又赚了五塔兰*。主教忍不住笑起

---

① 马尔科·安东尼奥·达拉托雷（Marc'Antonio dalla Torre），维罗纳贵族，在帕多瓦任医学教授，在威尼斯和帕维亚任哲学教授。
② 据查考，此人是彼得罗·巴罗兹（Pietro Barozzi），1487年任主教，1507年去世。
③ 《路加福音》（Luca, XVI, 2）'Dammi il rendiconto della tua amministrazione'。
④ 《马太福音》（Matteo, XXV, 20），'Signore, mi desti cinque talenti; ecco altri cinque guadagnati.'。塔兰是古希腊货币。
* Talento是古希腊货币单位，但又有"天才"的意思。——译者

来，他的愤怒也就烟消云散，从轻处罚了那个犯坏的神甫。

62

"释名，为何某人取这个名字，为何事物是这个理，也是很有意思的。例如，几天前，普罗托·达卢卡①问教皇卡里奥（Caglio）地区的主教②用什么名称好，你们都知道，普罗托是个讨人喜欢的人，教皇答道③：'你不知道在西班牙语中caglio是'我沉默'的意思吗？你却是个健谈的人。但如实命名一位主教，即把卡里奥的主教称为'沉默主教'，恐怕又不合适。这时普罗托马上答话，虽然这回答不属于同一类型，但作为建议也很妙。他说，他已多次提出这个问题，但没有起作用，接着他说：'教皇阁下，如果您把这个教区给我，对您并非没有好处，因为我将给您两个职位（officii）④。''你将给我什么职位？'教皇问。普罗托答道：'我给您一部《日课经》（*ufficio grande*），还有一部《圣母经》（*ufficio della Madonna*）。'教皇平时不苟言笑，此时也不禁笑起来。还有一个帕多瓦人，他说卡尔福尔尼奥（Calfurnio）⑤叫这个名字，是

---

① 普罗托·达卢卡（Proto da Luca），Luca是一个城市的名字，Proto是罗马宫廷的一个著名小丑的名字。
② 卡里奥（Caglio）即现在的卡里（Cagli），是乌尔比诺附近的一个小镇。
③ 可能是教皇儒略二世。
④ Officii这个词，既可指职位，也可指经书。
⑤ 卡尔福尔尼奥（Giovanni Calfurnio da Bergamo，1503年去世），帕多瓦的修辞学教授。

因为他习惯于用烤箱（calescit furnos）。有一天，我问费德拉[①]，为什么教堂做耶稣受难节祈祷时，不仅为基督教徒祈祷，也为异教徒和犹太教徒祈祷，但没有提到红衣主教、主教和其他高级教士。他回答我说，红衣主教认为那段经文的意思是'我们为异教徒和裂教者祈祷'（Oremus pro haereticis et scismaticis）。我们的伯爵卢多维科说，我曾取笑过一位夫人，因为她用的一种化妆品太闪亮，她抹在脸上后，我可以从她脸上看到我自己，就像照镜子一样。可是，我长相丑陋，我不愿意看到我的尊容。卡米洛·帕莱奥托[②]老爷对安东尼奥·波尔卡罗[③]老爷也讲了一个类似的笑话。后者说，他的一个同伴对神甫忏悔，说他愿意斋戒、望弥撒和诵经，愿意做世上的所有善事。他说：'这个人不是在自责，而是在自夸。'卡米洛老爷答道：'他不是在赞扬自己，而是在忏悔，因为他认为，做这些事是很大的罪过。'你们还记得那天总督大人怎么说的了？乔万托马索·加莱奥托[④]说某人有一匹马，竟然要价两百杜卡托，乔万托马索十分吃惊。他说，那匹马实际上一文不值，因为它有好多缺陷，其中之一是，一看见武器就东躲西闪，使人无法接近。总督大人想要揶揄那个无耻的卖马的家伙，于是说：'既然这匹马具有躲避武器的本领，不要一千杜卡托太让我吃惊

[①] 费德拉（Fedra）是托马索·英季拉米·迪沃尔特拉（Tommaso Inghirami di Volterra，1470—约1516）的艺名，著名演员。因演古罗马作家塞涅卡的《伊波利托》（Ippolito）一剧中伊波利托之母费德拉一角而闻名，还是一位诗人，担任过教皇的驻外大使。

[②] 卡米洛·帕莱奥托（Camillo Palleotto），博洛尼亚的修辞学教师。

[③] 卡米洛·波尔卡罗（Camillo Porcaro），罗马贵族。

[④] 乔万托马索·加莱奥托（Giovantomaso Galeotto），现在不知此人是什么人，但他当年在乌尔比诺宫廷很有名。

了。'

63

"还有，有时说话用的是同一个词，但表达的却非通常的意思。有一次，公爵先生要淌过一条湍急的河，便向号兵下令说：'过（Passa）！'号兵脱下帽子拿在手里，转身恭恭敬敬地对公爵说：'请大人先过（Passi la Signoria vostra）。'①某人听懂了字面意思，而不解整句的意思，这样也很好笑。就在今年，一个德意志人来到罗马，一天晚上见到他的老师，就是我们的菲利波·贝罗阿尔多老爷，②他说：'老师，上帝赐予您晚一点平安！'（Domine magister, Deus det vobis bonum sero），贝罗阿尔多立刻答道：'赐予你快一点倒霉！（Tibi malum cito）'。又如一位名叫迭戈·德基诺内斯的副官，同雇佣兵队长③一桌吃饭，同桌的另一位西班牙人想要葡萄酒，便喊道：'vino'［葡萄酒］！但这个词在西班牙语也有'他来了'（venne）的意思。迭戈立刻答道：'Y no lo conocistes'［你也不认识他］④，咬住他是一名马拉诺。还有，如贝罗阿尔多说，他无论如何都要到博洛尼亚去，雅科莫·萨多莱托⑤老爷问他：

---

① 当时的礼貌做法是，必须让上级走在前面。
② 年轻的菲利波·贝罗阿尔多（Filippo Beroaldo il Giovane）是同名的人文主义者的孙子，继英吉拉米（Inghirami）之后任梵蒂冈图书馆馆长。
③ 孔萨尔沃·费尔兰德兹·迪科尔多瓦（Consalvo Fernandez di Cordova, 1443—1515），西班牙雇佣兵队长。
④ 这句话是说基督降临了，讽刺那些刚转变信仰的犹太人。
⑤ 雅科莫·萨多莱托（Iacomo Sadoletto, 1477—1547），摩德纳人，著名的人文主义者，教皇利奥十世和克莱门特七世的秘书。

'什么原因促使您现在离开如此美好的罗马，去至今仍处于混乱之中的博洛尼亚？'贝罗阿尔多说：'我去博洛尼亚是基于三个盘算（tre conti），'他竖起左手的三个手指正想细说时，雅科莫老爷打断了他的话说：'让您去博洛尼亚的三位伯爵（tre conti）*一位是卢多维科·达圣博尼法奇奥①，另一位是埃尔科莱·兰戈内②伯爵，第三位是德·佩波利伯爵。③这时，大家都笑起来，因为这三位伯爵都是贝罗阿尔多的学生，是三个英俊的年轻人，正在博洛尼亚学习。这类笑话能使人发笑，因为其回答与人所期待的正好相反，我们自然会为自己的犯错或上当感到好笑。

64

"谈论严肃话题的方式和隐喻，用在幽默和诙谐上也有同样的效果。你们可以看到，针锋相对会产生适当的效果。这种方式非常机智。例如，有位热那亚人挥霍无度，一个吝啬的放高利贷者想奚落他，便对他说：'什么时候你才能停止挥霍你的财富？'热那亚人答道：'当你不再偷别人钱的时候。'正如我们说过的那样，同样的情形可以引来尖刻的讽刺，也可以引来认真的赞美，无论哪种情况，都是合宜而诚实的态度。一个人同意或确认谈某人所说的意思，但解释却与原意不同。例如不久前，一名乡村神甫为

---

* Conti 既指考虑、打算，也有伯爵的意思。——译者
① 卢多维科·达圣博尼法奇奥（Ludovico da San Bonifacio），帕多瓦人，教皇利奥十世宫廷的贵族。
② 埃尔科莱·兰戈内（Ercole Rangone），摩德纳人。
③ 德·佩波利（De'Pepoli）伯爵，博洛尼亚贵族。

教区的信徒做弥撒,他宣布那个星期有哪些祝典后,便开始以公众的名义进行总忏悔,他说:'我言语有失、做事不妥和思考不周,这都是有罪的。'接着他举了神甫的一个亲近的友人为了取乐,便对在场的人说:'你们大家要为他忏悔时亲口说的话作证,我要把他告到主教那里去。'萨拉扎·达拉·佩德拉达①赞扬一位夫人时用的也是这种方式。他在同她谈话时除了称赞她品德高尚之外还称赞她美丽,夫人答道他过誉了,因为她已经老了。对此萨拉扎说:'夫人,您的老就像天使的老,天使可是上帝创造的最早也是最老的造物啊。'"

65

"像用于称颂的严肃话语一样,同样戏谑的话则很伤人,设喻巧妙的隐喻也是如此,在回击别人的时候,如果再用同样的隐喻,就更是这样了。例如,科西莫在回答巴拉·德斯特罗齐②老爷时就是这样。巴拉当时身处外地,他派了一名亲信去谈别的事,他以几乎是威胁的口气嘱咐这位亲信道:'你代表我转告科西莫·德·美第奇,母鸡正在下蛋。'③这位亲信把话带到后,科西莫不假思索,立即回击道:'你替我转告巴拉老爷,离开了窝母鸡是不可能下蛋的。'又如,卡米洛·波尔卡罗④曾优雅地用隐喻赞扬了马克·安

---

① 萨拉扎·达拉·佩德拉达(Sallaza dalla Pedrada),西班牙军官。
② 巴拉·德斯特罗齐(Palla de'Strozzi),佛罗伦萨贵族,出名的美第奇家族的对手,后来流亡到帕多瓦。
③ 德斯特罗齐想让对方知道,他想复仇。
④ 卡米洛·波尔卡罗(Camillo Porcaro),特拉莫(Teramo)的主教,演说教授,本博和萨多莱托的朋友。

东尼奥·科隆纳[1]先生,后者知道卡米洛老爷在一次讲话中赞扬了一些著名的意大利军人,自己也荣幸地被提到,便在向他致谢后说:'卡米洛老爷,您把您的朋友比作商人手中流通的货币,商人发现某个假币时,便把它夹在许多真币中花出去。同样,您为了赞扬我,把我这个平庸之辈放在那些杰出之士当中,这样,我也就厕身优秀者之列了。'这时卡米洛老爷答道:'造假杜卡托金币的人习惯于把假币镀得金光闪闪,看起来比真币还漂亮。但是,一旦到了炼金术术士手里,就像杜卡托金币到了一般人手里一样,他们就会怀疑,你是不是做了假,可你是闪亮的真金铸就的,所以胜过其他人。'你们看,在同一种情况下,两种妙语有相同的效果。还可以举出许多这样的例子,特别是谈论严肃的话题。例如,有一次执政官举行宴会,大家入席后,他发现有两位在战争中表现英勇的意大利绅士没有座位还站在那里。他立即起身,并让其他所有人也起立,为这两位绅士挪出座位,他说:'请让这两位先生入席用餐,如果他们两位没有用餐,我们就不能用餐。'另一次,有人建议迪戈·加西亚[2]离开危险地带,那里容易遭到炮击,他说:'上帝让你无惧,你何必让我有惧。'当今的法兰西国王路易十二[3]刚登基不久,有人对他说,是时候惩处那些他还是奥尔良公爵时冒犯他的人了,他答道,奥尔良公爵报仇雪恨之事不应由法国国王来实施。

---

[1] 马克·安东尼奥·科隆纳(Marc'Antonio Colonna),罗马贵族,军人,出名的波吉亚家族的对手。
[2] 迪戈·加西亚(Diego Garzia)是一名西班牙军人,以勇敢和幽默闻名。
[3] 法兰西国王路易十二(Luigi XII,1462—1514),在查理八世去世后于1499年登上王位。

66

"庄重但不至引发笑声的讥讽常常也很尖刻。例如被囚在罗马监狱的奥斯曼苏丹的兄弟盖因·奥斯曼①说，意大利流行的那种比武更像闹着玩而不像认真的比试。他还说，小斐迪南多国王的身体如何健壮，如何灵活，跑、跳、攻、防，无所不能。不过，这些事情在他的国家只有奴隶才去练习，君主自幼就要学会宽宏大度，这才是他们感到骄傲的。佛罗伦萨大主教②对亚历山大里亚诺③红衣主教说的话，几乎也是这种口气，但更为逗乐，他说：'人只有三样东西：财富，身体，心灵。财富被律师弄得越来越少，身体被医生弄得弱不禁风，心灵被神学家弄得混乱不堪。'"这时豪华者朱利亚诺答道："还可以加上尼科莱托④说的话，他说，很少看到律师不争吵，医生不吃药，神学家是虔诚的基督徒。"

67

贝尔纳多老爷笑了，然后说："在大君主和重要人物的讲话中，这样的例子太多了。然而，一些比喻常常更为逗乐，例如，

---

① 盖因·奥斯曼（Gein Ottomanni, 即 Gjem 或 Gem, 1459—1495），穆罕默德二世的小儿子。
② 罗贝尔托·福尔科（Roberto Folco），1481年被选为佛罗伦萨大主教。
③ 乔瓦尼·安东尼奥·迪圣乔治（Giovanni Antonio di San Giorgio），皮亚琴察人，亚历山大城（Alessandria）的主教。
④ 尼科莱托（Nicoletto da Orvieto），利奥十世的廷臣。

我们的皮斯托亚①给塞拉菲诺②写的信中说:'请把很像你的那只大行李箱送回。'因为如果你们还记得不错的话,塞拉菲诺的形象确实很像一只行李箱。还有一些人喜欢把某个男人或女人比作马、狗、鸟、柜子、椅子、车子、烛台等等,有时这样的比喻很优美,但有时也很令人不爽。因此,在使用这样的比喻时,必须注意时间、地点、针对什么样的人以及我们已经反复说过的另外那些因素。"这时加斯帕罗·帕拉维奇诺先生说:"我们的乔万尼·贡扎加③先生的比喻就不错,他把他的儿子亚历山德罗先生④比作亚历山大大帝。"贝尔纳多老爷答道:"我不知道有这么回事。"加斯帕罗先生说:"乔万尼先生参与掷三个骰子的赌博,像通常那样,他输了许多杜卡托金币,而且依然在输。这时他的小儿子亚历山德罗还是个孩子,不像他父亲那样嗜赌,小家伙在旁边仔细观看,显得很悲伤的样子。在场的有很多绅士,包括皮亚内拉伯爵,⑤这位伯爵说:'先生,您瞧,亚历山德罗先生对您屡输很不高兴,盼着您赢一次,好赢回一点。别再让他伤心了,您最好在把余下的钱输光之前至少先给他一个杜卡托,这样他就可以找他的同伴玩了。'这时乔万尼先生说:'你们受骗啦,亚历山德罗才不操心这种小事哩。倒是相反,正如书上所写的那样,亚历山大大帝儿时

---

① 安东尼奥·卡梅利(Antonio Cammelli),皮斯托亚人,别名皮斯托亚(1440—1502),埃斯特家族的廷臣,诗人。
② 塞拉菲诺·拉奎拉诺(Serafino l'Aquilano,1466—1500),廷臣和诗人。
③ 乔万尼·贡扎加(Giovanni Gonzaga,1474—1523),贵族,本博的朋友,在乌尔比诺宫廷已生活了一段时间。
④ 即亚历山大·贡扎加(Alessandro Gonzaga,1497—1527)。
⑤ 即贾科莫·达尔蒂(Giacomo d'Arti),他是皮亚内拉的伯爵。

获知他的父亲菲利普打了大胜仗,征服了某个王国的时候哭了。别人问他为什么哭,他答道,因为他怀疑,他的父亲征服了这么多国家,是不是没有留下一个国家让他去征服。① 现在我的儿子亚历山德罗也是这样,他很痛心,看到父亲输了他就哭,因为他也怀疑,是不是我输得太多了,没有留一点钱让他去输。'"

68

在场人都在大笑时贝尔纳多老爷又补充说:"开玩笑时也要避免不厚道,否则就变成了挖空心思、想方设法来侮辱别人,以展现自己的机灵。另外,有些人当受重罚,而非仅仅是讥讽,结果似乎反倒使他感到荣耀了。这都是令人讨厌的事情。此外还有一些人,他们用轻慢上帝的方式来显示他们善开玩笑,这样的人应当被逐出任何绅士圈。还要避免污言秽语,有女士在场,要尊重女性,不要用让她们脸红害臊的办法来逗乐,特别是通过这样的办法开玩笑或显示机灵。例如,今年在费拉拉举行的一次宴会上,有许多贵妇人出席,男士中有一位佛罗伦萨人和一位锡耶纳人,不巧的是,你们也都知道,这两位相互敌视。那个锡耶纳人便讽刺那个佛罗伦萨人说:'我们把锡耶纳嫁给了皇帝,把佛罗伦萨送给他作陪嫁。'他这样说是因为,他认为当时锡耶纳人送了许多钱给皇帝,皇帝答应为他们提供保护。那位佛罗伦萨人立刻回击说:先是锡耶纳这个新娘'被骑',然后才有陪嫁得便'吵架'。

---

① 可能来源于普鲁塔克,Apoftegmi di re e capitani。

你们看，这个玩笑是很机智，但在女士面前说就显得粗鄙和不体面了。"

69

　　这时，加斯帕罗·帕拉维奇诺先生说："女士们就喜欢听这些，你不能剥夺了她们的乐子。而且，在我看来，女士们说的话比男人尤甚，令我羞愧难当。"贝尔纳多老爷说："这样的女人我就不说了，我要说的是那些德行端正，值得所有绅士尊敬的女士。"加斯帕罗先生说："应当确定一些细则，以便甄别，因为很多时候有些女士貌似优秀，但实质却相反。"这时贝尔纳多老爷笑着说："如果我们那位以妇女保护人而闻名的豪华者不在这里的话，我倒愿意回答您的问题，我可不想得罪他。"埃米莉娅夫人也笑着说："对那些无名之辈的指责，女士们不需要任何保护人，还是让加斯帕罗先生持有恶意的见解吧，他这么认为主要是因为他没有遇到喜欢的女人，因为缺女人，大家还是接着谈妙语这一话题吧。"

70

　　这时贝尔纳多老爷说："夫人，说真的，我感觉已经谈到许多话题，从中可以发掘妙趣横生的智语，这些智语如果伴以优美的叙述就越发显得美妙。还可以说说其他事情，例如，谈论一些事，或夸大或缩小，人们所说的话与真实就相距甚远了。马里奥·达沃尔泰拉[1]所讲的高级教士的故事就是这样的笑话，这位教士自认为伟大，但他进圣彼得大教堂时还是不得不把头低下来，以免撞到大门框上。我们的朋友豪华者在这里讲过，他的仆人戈尔皮诺瘦小枯干，一天早上，他蹲在炉子下面生火，用力吹火，结果被浓烟卷进了烟囱，直到烟囱口，由于顶端格栅的阻拦，才幸运地没有随浓烟一起飞出去。奥古斯蒂诺·贝瓦扎诺老爷[2]还讲了一个吝啬鬼的故事，此人不肯卖他的小麦，后来小麦价格一路下跌，他失望极了，便在自己的房间里悬梁自尽。仆人听见房间里有动静，便跑去查看，见主人已经吊在梁上，急忙把绳子剪断，救了主人。可是，吝啬鬼苏醒后，却要仆人赔偿那被剪断的绳子。洛伦佐·德·美第奇讲了一个类似的故事，他对一个呆板的家伙说：'即使你挠我痒痒，也不可能让我发笑。'还有一个蠢人，有一天早上他看到洛伦佐起床很晚，便指责他贪睡，对他说：'这个时候我已去过新市场和老市场，然后出圣加洛门，回来又绕着城墙锻炼一番，另外还做了很多别的事情，而你怎么还在睡觉？"洛伦佐立刻答道："我做了一小时的梦胜过你四个小时做的事。'

71

"一个人以讥讽的口气来回话，而又不像是有意讥讽，这种做法更好。就说我们的公爵夫人的父亲费德里科·迪曼托瓦[3]侯爵

---

[1] 马里奥·达沃尔泰拉（Mario dei Maffei da Volterra），先后任阿奎诺（Aquino）和卡瓦永（Cavaillon）的主教，1537年去世。

[2] 奥古斯蒂诺·贝瓦扎诺（Augustino Bevazzano），特雷维索人，本博的秘书。

[3] 费德里科·贡扎加一世（Federico I Gonzaga，1440—1484），曼托瓦公爵。

吧，有一次他同几位绅士一起吃饭，其中一人几乎喝完一碗汤后说：'请原谅，侯爵先生。'他边说边继续小口地喝剩余的一点汤。此时侯爵立刻答道：'你还是请求猪的原谅吧，因为你一点也没有伤害我。'尼科洛·莱奥尼科[①]老爷在批评一个虚有慷慨之名的暴君时说：'您想想他有多么慷慨大方吧，他不仅捐赠自己的东西，还捐赠别人的东西。'

72

"俏皮话还有一种表达方式，就是加以一定的掩饰，人们言在此而意在彼。我并不是指完全反着说，比如把侏儒说成是巨人，把黑人说成是白人，把丑说成是美，那样反差太大，尽管有时候能引发笑声。我是指谈严肃的事情，你可以以轻松的口吻来掩饰真实的想法。例如一位绅士对奥古斯丁·福列塔[②]老爷撒了一个明显的谎，他也觉得对方很难相信，便极力说这是真的，奥古斯丁老爷答道：'绅士，我请您满足我一个心愿，给我一个大的恩典，这就是允许我不相信您说的话。'此人赌咒发誓说确实是真的，最后奥古斯丁说：'既然您这么认为，那我看在您的份上就相信您吧，说实在的，本来我可以为您做比这更大的事。'唐·乔瓦尼·迪卡尔多纳[③]谈某人时的说法也属于此类。此人想去罗马，他

[①] 尼科洛·莱奥尼科（Nicolo Leonico Tolomeo，1456—1531），威尼斯人，帕多瓦的哲学教授。
[②] 热那亚贵族。
[③] 西班牙军官。

说:'我认为此人的想法不对,他那么恶,待在罗马可以成为一名红衣主教。'阿方索·圣克罗切①的说法也与此类似,他遭受帕维亚的红衣主教②侮辱后不久,同几位绅士一起路过博洛尼亚郊区,正好遇见对一个罪犯行刑,罪犯刚被绞死,阿方索朝他沉思片刻,然后提高嗓音让每个人都听得到:'你真有福,不必再同帕维亚的红衣主教打交道了!'

73

"这类暗藏讥讽的俏皮话大人物也可以说,因为它既严肃又辛辣,开玩笑可以说,谈正事也可以说。因此,许多古人和受人景仰的人都说过,例如加图、小西庇阿·阿弗里卡诺。但在所有人中最出色的是哲学家苏格拉底,我们这个时代则是阿拉贡的阿方索一世③国王。一天早上,国王饭前要洗手,为了避免打湿了戒指,他把几枚珍贵的戒指从手指上取下来,递给了第一个出现的侍从,似乎未注意这人是谁。侍从心想,国王没有细看是谁就递过来戒指,一定是在考虑要务,会把这件小事忘得一干二净。侍从的想法后来得到了证实:几天、几个星期、几个月,国王再也没有提起此事,他想这下心里可以踏实了。

第二年的某天早上,又轮到他伺候国王用膳,他又伸过手去

---

① 可能是另一位西班牙军官。
② 即弗朗切斯科·阿利多西(Francesco Alidosi),被教皇儒略二世任命为主教和红衣主教,此人以残忍闻名。
③ 即"威武的"阿方索一世(Alfonso I il Magnanimo),1443—1458年为那不勒斯国王。

接国王洗手时从手指上取下来的戒指，这时国王靠近他的耳边低声说：'你有上次的那些就够了，这些留给别人吧。'你看，这段笑话是多么有味、聪明和严峻，完全适用于表现一位亚历山大大帝式人物的雅量。

74

"另一种方式与带着讥讽的笑话相似：反话正说。例如，切里尼奥拉①战役的指挥官同一位绅士的谈话就属于这种方式。战役结束的第二天，形势似乎已经平静，但突然又遇到一名全副武装的骑士，指挥官转身对唐·乌戈·迪卡尔多纳②说：'你不必再害怕海上的风暴了，因为圣埃尔莫神③已经出现。'他用这样正面的词语来激励乌戈，因为众所周知，风暴过后，圣埃尔莫神总会出现，表明即将风平浪静。指挥官这样说的意思是，那位绅士的出现预示着危险已经完全过去。又如，奥塔维亚诺·乌巴尔迪诺④先生的故事也是这样。他在佛罗伦萨的时候同一些有威望的市民谈论军人的事，一位市民问他是否认识安托内洛·达弗利⑤，这个雇佣兵队长从佛罗伦萨逃走了，奥塔维亚诺先生答

---

① 切里尼奥拉（Cerignola）在阿普利亚地区，这场战役发生于1503年4月28日，西班牙人击败法国人。
② 一名西班牙军官。
③ 圣埃尔莫（Sant'Ermo），水手的保护神。
④ 奥塔维亚诺·乌巴尔迪诺（Ottaviano Ubaldino），费德里科的侄子，圭多·巴尔多·迪蒙泰费尔特罗的保护人。
⑤ 安托内洛·达弗利（Antonello da Forli），一名不怎么样的雇佣兵队长。

道：'我根本不认识他，但总是听人说他是一个行动敏捷的军人。"此时另一位佛罗伦萨人说："您看他多敏捷，还没有请假就跑了。'

75

"还有一种俏皮话是基于对某人言语的解释，而不是基于他的本意。我理解这是我们的公爵先生回答那个失去圣莱奥城堡①的人②的讲法。教皇亚历山大③剥夺了这个人的城堡，转授予瓦伦蒂诺公爵。其时我们的公爵先生正在威尼斯，他的许多臣民络绎不绝，前往报信，其中也包括那位失去城堡的人。他讲完自己所知道的一切之后也谈到了自己的不幸，说：'公爵先生，请您不要忧虑，只要制造一个机会就能收复圣莱奥。'公爵先生答道：'你不用费心了，失去它你已经制造了一个收复它的机会。'另一些说法也是这样，大家都认为某人很聪明，说的话却很愚蠢。比如，某天，卡米洛·帕莱奥托老爷谈到某人时说：'那个疯子嘛，他要开始致富，除非他死了。'类似的是一种尖刻、但巧妙掩饰的俏皮话。某人就像我说的那样谨慎，他明明知道却装作不懂。比如，费德里科·迪曼托瓦侯爵。有个讨厌的家伙纠缠他，此人抱怨说，他的邻居下套偷他笼里的鸽子，说时手里拿着一只鸽子，鸽子的腿上套着绳子，这只鸽子就是这样被勒死的。侯爵

---

① 圣莱奥（San Leo）城堡在乌尔比诺附近。
② 即拉坦齐奥·达贝加莫（Lattanzio da Bergamo）。
③ 这个教皇是波吉亚家族的亚历山大六世（Alessandro VI Borgia）。

回答他说，那就小心点吧。那个讨厌的家伙手上拿着被勒死的鸽子，反复絮叨讲他的损失；还说：'先生，您看这只鸽子该怎么处置？'侯爵说：'依我看，这只死鸽子不该葬在教堂里吧，因为它是自缢而死的，可以相信它太孤独了。'西庇阿·纳西卡[①]也以同样的方式回应恩尼乌斯[②]。有一次西庇阿去恩尼乌斯家找他谈天，他在屋前的街上喊恩尼乌斯，此时恩尼乌斯的女仆回答他说，恩尼乌斯不在家。他清清楚楚地听到是恩尼乌斯告诉女仆，要她这样回话的。于是他就走了。过了没多久，恩尼乌斯到西庇阿家找他，也站在街上喊他，此时他高声回答恩尼乌斯他不在家。恩尼乌斯说：'怎么回事？难道我还听不出是你的声音？'西庇阿说：'你也太无礼了，前天我相信你的女仆说你不在家，今天你却不相信我亲口说的话了。'

76

"某人讽刺别人，别人反唇相讥，这也很有趣。例如西班牙宫廷的阿隆索·卡里略[③]，犯了年轻人犯的一点不太严重的错误，国王下令把他投入监狱，囚禁了一夜。第二天他被提出监狱，他一早来到王宫，大厅里有很多骑士和贵妇人，大家都拿他坐牢开玩笑。博阿迪拉[④]夫人说：'阿隆索先生，对您的不幸遭遇我很难过，

[①] 西庇阿·纳西卡（Scipioine Nasica），罗马政治家。
[②] 恩尼乌斯（Ennio），拉丁诗人。
[③] 阿隆索·卡里略（Alonso Carillo），按照 Maier 的解释是"同名同姓的爱开玩笑的、乐天的托莱多（Toledo）主教的侄子"。
[④] 博阿迪拉（Beatrice de Bobadilla），莫亚（Moya）的侯爵夫人。

认识您的人都认为国王会把您绞死。'阿隆索立刻答道:'夫人,我也很害怕这个,不过,我还有希望您会求我做您的丈夫呢。'你们看,这一回答多么尖刻和机敏。因为当时的西班牙和其他许多地方一样,流行一个风俗,即一个人被送上绞刑架时,如果有一名妓女提出要这个人做她的丈夫,这个人就可以被赦免。画家拉斐尔回答他熟识的两位红衣主教时也采用了这种方式。这两位红衣主教为了让拉斐尔发表意见,当着他的面批评他画的一幅画,画面上有圣彼得和圣保罗,他们说两位圣徒的脸画得太红了。拉斐尔立刻答道:'先生们,你们不要奇怪,我是经过认真研究才这样画的,要让人们相信,圣彼得和圣保罗在天国也像你们在画上看到的脸这样红,因为他们感到害臊,为教会被你们这样的人管理而脸红。'

77

"还有些俏皮话本身就暗含幽默的意味,例如,有一位丈夫,他正为他的妻子吊死在一棵无花果树上而伤心不已,此时有个人走近他,拉了拉他的衣襟说:'兄弟,你能赏给我这棵树上的一根树枝吗? 我拿去嫁接到我果园的一棵树上。'还有一些笑话,一本正经地缓缓讲来,需要琢磨一下才可领会。例如,一个农民肩上扛了一只箱子,箱子撞了加图一下,他说:'小心!'加图答道:'你肩上除了这只箱子还有没有别的东西?'[①]还有一种笑话,一个

[①] 加图意为那个农民没长脑袋。

人说错了话，为了挽回面子，便去讲一件他精心编造的蠢事，为了达到眼前的目的，他必须沉着镇定。例如，最近，在佛罗伦萨议会开会的时候，有两位分别属于相互对立的家族的人参加，这在那些共和国屡见不鲜。一位属于阿尔托维蒂家族，开会时他却在打瞌睡，另一位属于阿拉马尼家族，就坐在前者旁边，望着对手发笑。他不想说话，也没有说话，用胳膊肘碰醒了打瞌睡的那位，说：'你听到他说什么了吗？快回答，先生们在征求你的意见呢。'这时，阿尔托维蒂家族的那位睡眼惺忪，不假思索地起身说道：'先生们，我的意见同阿拉马尼家刚刚说的完全相反。'阿拉马尼家的人答道：'噢，我还什么都没说呢。'阿尔托维蒂家的人立刻说：'那同你将要说的完全相反。'乌尔比诺的医生塞拉菲诺对付一个农民也用类似的方式，这个农民遭到别人毒打，伤得很重，一只眼差不多蹦了出来。他来找塞拉菲诺医治，这个医生看了看农民的伤情，明知无能为力，但为了榨取这个农民手里的钱，像把眼睛从他的头上挖出来时一样，便满口答应说能够治好。这样，每天都要他付钱，许诺过五六天就可以恢复视力了。这个可怜的农民把不多的一点积蓄都给了医生。眼看治疗进展缓慢，农民便开始抱怨，他对医生说，他并未感到病情有任何好转，连那只幸存的好眼睛也开始视物模糊了。最后塞拉菲诺看到从这个农民身上再也榨不出油水，便说：'我的兄弟，你要有耐心，你已经失去一只眼睛，无法挽回了，但愿上帝保佑你不再失去另一只眼睛。'听他这样说，农民开始哭起来，大声抱怨说：'医生，你毁了我，还偷了我的钱，我要到公爵那里去告你。'他撕心裂肺地大哭大闹起来。塞拉菲诺为了逃避责任，便恼怒地说：'你这个不讲道理的奸诈之徒,你还想如像城里人和善良人那样有两只眼睛吗?见鬼去吧!'医生的一席话和怒不可遏的态度震慑住了这个农民,他不敢再吭气,安静平和地离开,相信自己真的错了。

78

"以玩笑的口吻解释或讲述一件事也很好玩。例如在西班牙宫廷,一天上午来了一对夫妇,丈夫是骑士,相貌丑陋,而他的妻子却是个美人,两人穿的都是一身白色锦缎(damasco)。此时王后对阿隆索·卡里略说:'阿隆索,你觉得这两个人怎么样?'阿隆索答道:'夫人,我觉得女的是贵妇(dama),而男的只是一副皮囊(asco)。'意谓男的是个讨厌鬼。① 又如,拉斐尔·德·帕齐②看到墨西拿的执政官③写给妻子的一封信,信封写着'请将此信交给令我寝食难安的人',他说:'这封信好像是写给保罗·托洛萨的。'④你们可以想见,在场的人听了这话都笑了,因为大家都知道,保罗·托洛萨借给这位执政官一万杜卡托金币,后者挥金如土,至今无力偿还。相似的方式还有,以亲密的口吻提出劝告,

---

① 这个俏皮话在于,将damasco[缎子]这个词分为两部分:dama[贵妇人]和asco[皮囊,也有讨厌鬼的意思]。
② 拉斐尔·德·帕齐(Raffaello de'Pazzi,1471—1512),佛罗伦萨贵族,美第奇家族的对手。
③ 即唐·彼得罗·德库纳(Pietro de Cuña)。
④ 据奇安的解释,此人应该是"帝国军队的一名军需官",有能力借钱给唐·彼得罗。(p. 263)

但话中别有意味。比如科西莫·德·美第奇①有位朋友。这位朋友有钱但无知，通过科西莫在佛罗伦萨城外弄到一个职位，临行前他问科西莫如何履职。科西莫答道：'你穿玫瑰红的衣服②，少说话。'类似的还有卢多维科伯爵对一位想乔装打扮，化名通过一个危险地带的人所说的话。这个人不知道该如何乔装打扮，问该怎么办，伯爵答道：'你要穿得像个饱学之士，或者像个文人。'③还有詹诺托·德·帕齐的话也是这样，某人想做一件迷彩服，但不知道用什么布料，詹诺托答道：'你就仿照帕维亚的红衣主教的言行就可以了。'④

79

"我们谈到一些互不洽合的事物也会带来笑声，例如，前天，一个来自弗利的人对安东尼奥·里佐老爷说：'您看，那人是不是疯了，竟然取名叫巴尔托罗梅奥。'⑤还有一个人说：'你在找斯塔拉（Stalla）师傅⑥，可你连马都没有。'以及'那人缺的只不过是财富和头脑。'⑦讲到一些明显不一致的事物时也是如此。例如，最近，

---

① 老科西莫·德·美第奇（Cosimo de'Medici il Vecchio, 1389—1464），王朝的缔造者和"祖国之父"。
② 玫瑰红色是佛罗伦萨贵族喜爱的颜色。
③ 因为经济上拮据，知识分子在穿着上都很随意。
④ 当时，这个主教因像变色龙一样善变而闻名。
⑤ 当时著名的雇佣兵队长。
⑥ Stalla在意大利文中的意思是"马厩"。
⑦ 即一无所有。

让人怀疑的一件事是,我们的一个朋友伪造了一份放弃财产申明,不久,正好另一位神甫病了,安东尼奥·托雷洛①便对那人说:'还不赶快让你的公证人去,看看还能骗到些什么财产?'有些事物相互并不一致时也是这样。例如,前天教皇派人去找乔万·卢卡·达潘特雷莫洛老爷和多梅尼科·达拉·波尔塔老爷,要任命他们为教廷圣轮最高法院的法官,说是要他们纠正圣轮法院的事务。你们都知道,这两个人都是驼背,拉蒂诺·焦瓦纳莱②老爷说:'基督耶稣搞错了,竟然派两个驼背去矫正轮子。'

80

"一个人全盘接受别人的要求,且更进一步,但他是从反面来理解对方的话,这也常常让人发笑。例如,雇佣兵队长佩拉尔塔要同另一位队长阿尔达纳决斗,他们来到了郊外。阿尔达纳的见证人莫拉尔特③队长要佩拉尔塔发誓,没有随身携带符咒或护身符保护自己不受伤害。佩拉尔塔发誓,他既没有携带符咒或护身符,也没有携带证实自己宗教信仰的任何圣物或象征物。这时,莫拉尔特便刺激他,说他是个背教的人,莫拉尔特说:'你当然不必为此操心,即便你没有申明,我也知道你不信基督的。'另外,在某些情况下适当运用隐喻也是妙事。例如,我们的马尔科·安东尼

---

① 安东尼奥·托雷洛·迪福利尼约(Antonio Torello di Foligno),教皇儒略二世和利奥十世的机要侍从。

② 拉蒂诺·焦瓦纳莱(Latin Iuvenale,1486—1533),罗马贵族,诗人和大使。

③ 佩拉尔塔(Peralta)和阿尔达纳(Aldana)都是西班牙雇佣兵队长,莫拉尔特(Molart)是一位法国军官。

奥师傅有一次同博托内·达切塞纳开玩笑说：'博托内啊博托内[1]，总有一天你会成为扣子，扣眼就是绞索套。'马尔科·安东尼奥[2]师傅写过一出多幕的长篇喜剧，博托内就回敬马尔科·安东尼奥说：'上演你那出喜剧，需要砍光斯拉沃尼亚地区的树木来搭建舞台和布景。'马尔科·安东尼奥师傅答道：'如果上演你那出悲剧，三根树桩就够了。'

81

"常常有这种情况，我们用一个词暗含的意思，同我们想要表达的意思相差很远，例如这里的总督听人谈论一个雇佣兵队长。那个队长屡战屡败，但也偶尔打一次胜仗。议论他的人说，那天他进入那个被他征服的地方时，身着一件漂亮的绯红色丝绒战袍，这个队长打胜仗后总是穿这样的战袍，此时总督先生插话说：'那战袍一定是新的。'[3] 如下这种情况也令人发笑：答非所问或者假装相信他们做的是他理应做的。例如安德雷亚·科夏去看望一位绅士，这位绅士无礼地让他站着，自己却坐着，科夏说：'阁下叫我来，我该坐着听您的盼咐。'于是他就坐下了。"

82

"一个人大大方方地自责其缺点时，也能引来笑声。例如，有

---

[1] 博托内的原文 Bottone 意为"扣子"。
[2] 乌尔比诺的一位医生。
[3] 意思是说，从来没有穿过的新战袍，因为从来没有打过胜仗。

一天，我对公爵先生的本堂神甫说，我的蒙席大人①的本堂神甫做弥撒比他快，他回答我说：'不可能。'然后跟我耳语说：'您要知道，三分之一需要低声念的经文我都没有念。'米兰的一位神甫去世了，比亚京·克里维洛②便请公爵将这一职位给他，而公爵却另有打算，准备给别人。最后，比亚京见再怎么说也无用，便说：'如果是我把他杀了，我也不该享有他的职位？'希望得到的东西却又得不到，说出来常常也很好笑。例如，有一天我们的一个朋友看见先生们在练武，而他却躺在床上，便说：'唉，如果我能像健全人和一名优秀的士兵那样操练该多好呀！'还有一种说法也很有趣和辛辣，这就是，对方希望的，你就答以相反的，回答时语速要慢，带着机警的怀疑和疑惑的口气，对大人物来说，就更是如此了。例如，阿拉贡的阿方索一世国王送给他的一个仆人武器、马匹和服装，因为这个仆人告诉他，头天晚上梦见国王送给自己这些东西。过了没几天，这个仆人又告诉国王，他又梦见国王送给他许多弗罗林金币，这回国王答道：'从现在起，你别再相信这些梦了，因为那不可能是真的。'教皇③对切尔维亚主教④的回答也属于这种类型。这位主教想试探教皇的想法，便对他说：'教皇陛下，整个罗马和梵蒂冈宫都在传说您要任命我当总管。'教皇

---

① 指乔瓦尼·德·美第奇（Giovanni de'Medici），比别纳（Bibbiena）曾是他的秘书。
② 法国入侵之前为卢多维科·伊尔·莫罗（Ludovico il Moro）服务的米兰雇佣兵队长。
③ 儒略二世。
④ 即托马索·卡塔内伊（Tommaso Cattanei），1486—1515年任切尔维亚（Cervia）的主教。

答道:'让他们说吧,因为他们都是些无赖。不要担心,没有一句是真的。'

83

"先生们,也许我还可以举出智语和幽默的其他许多来源,比如以羞怯、惊异、威胁和愤怒的语言来谈论事情。除此以外,某些怪异的情况也会引人发笑,有时是令人奇怪的沉默,有时只不过是笑本身而已。不过,我觉得我说的已经够多了,我认为,构成俏皮话的那些言语不会超出我们议论过的范围。当然,在任何场合都有可能出现俏皮话,但这些俏皮话可以归纳为几种类型。不管是哪种类型,主要是一语双关,答非所问。俏皮话如果要真的精彩,就要带着玄虚、掩饰、嘲讽、抢白、对比以及其他所能用到的方式。虽然俏皮话无不使人发笑,却又分为不同的类型,因为有的本身温和优雅,有的含有或明或暗的讽刺;有的轻佻香艳;有的一听就让人发笑;有的略微思索后才能会心;有的使人脸红;有的还使人略感愤怒。但所有这些方式都需要留意听者的心态,因为俏皮话会使痛苦的人更痛苦,就像某些病越治越重一样。因此,廷臣说俏皮话时要注意时间、对象和自己的地位,不过于频繁(因为整天不分话题、不合时宜地开玩笑会令人生厌),那么,他还可以称为妙人。切忌艰涩和尖刻,不然会被认为不怀好意。不要无缘无故或带有明显的恨意;或者讽刺强者,这很不明智;或者讥讽弱者,这太残忍;或者攻击真正的恶人,这样不会有效果;或者冒犯并不想冒犯的人,这样做太幼稚。总有一些人相信自己可以不管不顾，口无遮拦，不管后果如何。在这些人中，有的想抖机灵，却不在意这样说会玷污一位贵妇的名声，这种恶行应当受到严厉惩处，因为在这方面，女士属于弱势群体，她们没有自卫的手段，不应当受到嘲弄。另外，廷臣要想有趣而机智，必须赋有讲笑话的天性，与其行为、姿态和表情协调一致，越是严肃、认真、稳重，越能使其言语耐人寻味，明慧机智。

84

"可是，费德里科老爷，待在这棵叶子已经掉光的树下乘凉，听我这些枯燥无味的议论，您感觉如何？我相信您已经后悔了，您好像进了蒙特菲奥雷旅店①，不过您会像一名经验丰富的邮差一样，尽快离开这家讨厌的旅店，继续走您的路。""不，"费德里科老爷答道，"这家旅店挺好，我想比原计划多住些时日，我会一直待到您把这个话题讲完。开讲时提到的作弄人的事，您还没有讲，您要是糊弄我们这些人就不好了。但关于俏皮话您教给我们很多好东西，使我们敢于说俏皮话，例如，您举了许多大人物、君主、国王、教皇展现其天才的具体实例。我相信，关于作弄人您也同样会给我们以勇气，使我们也敢于作弄您一番。"这时，贝尔纳多老爷笑着说："那你可成不了头一份，或许你还作弄不了我，我已经被作弄过很多次了，所以我特别谨慎，如同被热水烫过的狗，见到凉水也害怕。不过，既然您要我谈谈这一点，那我就简单地

---

① 一家名声不好的旅店。

说几句吧。

85

"我认为,作弄人不是别的,是一种并无冒犯或只有很少一点冒犯的善意的欺骗。就像俏皮话说点出乎意料的话一样,作弄人是做点出乎意料的举动,引人发笑。在这方面,表现越是机敏和谨慎,越会让人觉得好笑,越会得到赞赏。因为作弄人要是不懂得尊重别人常常会冒犯人,会产生争执和严重的敌意。作弄人的场合几乎和说俏皮话的场合相同。但是,为了不再重复,我只谈谈两类作弄,每一类又可再分为几种。一种是善意的作弄,另一种几乎像撒网,投一点诱饵,引人上当。第一种方式有如下例:几天前,有两位贵妇,姑隐其名①,接待了西班牙人卡斯蒂略。"这时公爵夫人插话道:"为什么您不提他们的名字?"贝尔纳多老爷答道:"我不想冒犯他们。"公爵夫人笑道:"有时候作弄一下大人物并无不妥,我听过好多关于费德里科公爵、阿拉贡的阿方索国王、西班牙的伊莎贝尔王后和许多大君主被作弄的故事,他们不仅不觉得冒犯,还重赏了作弄他们的人。"贝尔纳多老爷答道:"即便如此,也别指望我提他们的名字。"公爵夫人说:"那就随您的便吧。"于是,贝尔纳多老爷继续道:"几天前,我在宫里听说,贝加莫的一个农民入宫,做一位廷臣的仆人。但是,他穿着整齐,打扮入时,只有最注重穿衣打扮的人才会这样穿着,他除了做仆

---

① 奇安(Cian)认为,手稿上写的是公爵夫人和埃米莉娅·皮娅(Emilia Pia)。

人之外别无其他技能，不听他开口说话，还会以为他是一位帅气十足的骑士呢。那两位贵妇只听说红衣主教波吉亚[①]的一位西班牙臣下来到宫廷，名叫卡斯蒂略，此人聪明，懂音乐，能歌善舞，尤擅芭蕾舞，是整个西班牙最睿智的廷臣。这两位贵妇很想同他谈谈，于是立刻召见。热情欢迎之后请他落座，当着众人以极敬重的态度同他交谈。但在场的大多数人知道他只不过是贝加莫放牛的农民，看到这两位贵妇如此尊重和盛情款待这个人，便都大笑起来。更有意思的是，这个老实的农民一直用贝加莫农民的土话搭腔。不仅如此，有意作弄人的那些绅士事先还对两位贵妇说，此人多才多艺，善调笑逗乐，能操各地方言，特别是伦巴第地区农民的土语。这样一来，两位贵妇便以为那人假装愚拙，不时互示惊叹：'您瞧，他模仿这种语言多么惟妙惟肖啊！'总之，在这一过程中大家都笑弯了腰。这个农民充分展示了他的'高贵'之后，费了好大力气才让两位贵妇相信他是个农民。

86

"像这样作弄人我们屡见不鲜，但有一种开始时让人感到害怕，最后却让人愉悦，被作弄者本人也笑了，觉得只是虚惊一场。比如，一天晚上，我投宿帕里亚河边[②]一家旅馆，另有三个客人，

---

① 弗朗切斯科·波吉亚（Francesco Borgia，1441—1511），亚历山大六世任命他为红衣主教。

② 帕里亚（Paglia）是台伯河（Tevere）的一个支流，这里是指住在帕里亚河边上的一个旅馆。

其中两个来自皮斯托亚，一个来自普拉托。像通常一样，吃完晚饭后他们就开始玩牌，不一会，两个皮斯托亚人中的一个就把钱输光了，手上再无分文，开始垂头丧气、说粗话、咒骂，咕哝着独自上床睡了。其他两人又玩了一会后，决定戏弄一下那个径直上床睡觉的伙伴。于是，他们确认他已经入睡后便把房里的灯盏全部熄灭，用灰把火星盖严，然后大声讲话，制造巨大的声响，显示他们因玩牌而发生了争吵，一个说：'你从下面偷了一张牌。'另一个否认说：'一开始你就把牌发错了，这盘算你输。'你一句我一句，吵得不可开交，终于把那个睡觉的家伙吵醒了。他听见那两个人一边玩牌一边争吵，似乎他们能看清楚手里的牌。他略微睁开眼，看到房间里没有一点亮光，便说：'真是活见鬼了，半夜三更的你们吵啥！'说完又躺下接着睡他的觉。那两个同伴不理他，继续按计行事。这样一来，那个家伙完全醒了，不免吃了一惊，看到房间里没有一点亮光，他们两个却在玩牌，还在争吵，诧异道：'没有灯你们怎么能玩牌啊？'其中一人答道：'你一定是输了钱，把眼睛也输掉了，你没看见我们点了两支蜡烛吗？'那人用双手撑着半坐在床上，生气地说：'啊，是我喝醉了，还是我瞎了，要么是你们在说谎。'这两个人站起来摸着床笑着说，他在开他们的玩笑。那人答道：'我说我看不到你们。'最后，这两人表现出震惊的样子，一人对另一个说：'哎呀，也许他说的是真的，快把那支蜡烛拿过来，让我们看看他是不是什么也看不到了。'这时，那个可怜的家伙真以为自己瞎了，一边大哭一边说：'啊，我的兄弟们呀，我真的瞎了。'接着开始呼唤'我们的洛雷托圣母'，请求她饶恕他输了钱以后说粗话和骂人。两个同伴安慰

239

他说:'你不可能看不见,只不过是你心里产生了一种幻觉。'那人答道:'哎呀,不是幻觉,我看不到你们,要么就是我脸上没有眼睛了。''你的眼睛挺亮的。'两人齐声说。另一个又补充说:'你瞧瞧,他眼睛睁得多大,这双眼睛多美啊!谁能相信他看不到东西啊?'这个可怜虫越哭越厉害,嚷着请求上帝宽恕。最后,两个人对他说:'你就向我们的洛雷托圣母祈愿吧,你要赤着脚光着身子虔诚地祈愿,这是最好的挽救办法。我们到阿夸彭登特去①,看看那边有没有医生,我们将尽力帮你。'那个可怜的家伙立刻跪在床上,泪流满面,痛悔骂了他们,并庄严地许愿说,他要赤身裸体地去朝拜'我们的洛雷托圣母',如果圣母恩典让他恢复视力,他将献给她一双银做的眼睛,并且为我们的圣母的名誉每逢星期三不吃肉,星期五不吃蛋,星期六不吃面包不喝水。两个同伴来到另一个房间,点燃一支蜡烛,大笑着回到这个可怜的家伙面前,这人虽然不再那么恐惧,你们可以想象他该是多么害怕,他依然对刚才发生的事吃惊不已。他不仅没有笑,连话也说不出来。但他的这两个伙伴还在继续逗他,说既然你向圣母乞求的恩典已得到满足,那你一定要还愿。

87

"另一种作弄人是自我作弄。我只讲不久前亲身经历的一件事,别的实例我就不一一列举了。在最近的一次狂欢节中,圣彼

---

① 拉齐奥大区北部一小镇。

得镣铐教堂我那位蒙席大人①知道我喜欢戴着面具作弄修士,为他要做的事先做好了准备。一天,他同阿拉贡蒙席大人②和另外几位红衣主教一起,在邦基大街③找了个窗口看热闹,欣赏罗马的习俗:戴面具游行。我戴着面具在街上闲逛,看见一个修士在街角东张西望,我觉得机会来了,像一只饥饿的老鹰一样扑向猎物,询问他的名字,他回答后我假装认识他,又说了一大堆花言巧语,设法让他相信,警察局长接到举报,正在找他。接着我安慰他说,只要他同我一起去文书院宫一趟,我可以保证他平安无事。修士闻言吓得浑身颤抖,不知如何是好,担心如果沿着圣切尔索大街逃跑,一定会被抓住。我说了许多话让他尽管放心,他骑到我的马背上,这时我觉得我的计谋可以完美实现了。于是我立即策马在邦基大街上跑起来,马儿又跑又跳,还尥蹶子。你们可以想象这个场景多好玩:一个修士骑在一个面具人的马背上,披风扬起,人前仰后合,眼看就要掉下马来。窗口的先生们开始向我们扔鸡蛋,邦基大街的人也都加入进来。从窗口扔下的鸡蛋像冰雹一样向我们袭来,但大部分鸡蛋是对着我来的。我戴着面具,对此并不在意,心想,人们开心主要是冲着修士而不是我。因此,我在邦基街上跑过来跑过去,身后是喧嚣的人群。虽然修士几乎是哭着求我让他下马,不要让他穿着修士服受辱。此时,一个雇佣兵悄悄把鸡蛋递给一些马夫,这

---

① 加莱奥托·德拉罗维雷(Galeotto della Rovere)。
② 路易吉·迪阿拉贡(Luigi d'Aragona)红衣主教。
③ 邦基大街(Via dei Banchi)是罗马市中心区的一条大街,商铺、钱庄林立,经常在那里搞节日游行活动。

些马夫是事先安排好的，以便实现他们的计谋。那个雇佣兵还示意这些人把我抱紧，以免我坠马，好把鸡蛋扔到我的胸部、头上，有时还打到前额上，弄得我浑身污秽不堪。最后，人们玩累了，笑够了，鸡蛋也扔完了，修士从马上跳了下来，脱下披风，露出一头长发，他对我说：'贝尔纳多老爷，我是圣彼得镣铐教堂的马倌，也照管您的骡子呢。'这时我羞愧难当，愤怒而痛苦。好在我很快逃回了家里，第二天上午也没敢露面。这场恶作剧引起的笑声不仅持续到第二天，直到现在依然隐约在耳。"

88

讲述这个故事的时候，又引起了大家的哄笑，贝尔纳多老爷接着说："还有一种作弄方式也很好玩，我们假装相信某人要做某事，但实际上并非如此。例如有一天晚饭后，我同切萨雷·贝卡德洛[①]在里昂的桥上散步，那时桥上还没有人，我们相互抓住对方的手好像要打架。正在这时突然来了两个法国人，他们看见我们的样子，以为我们要打架，便问怎么回事，要把我们劝开。我们将计就计，做出真的吵架的样子。于是我故意说：'先生们，帮帮我，这个可怜的绅士一到明月当空就犯精神病，这不，他现在要从桥上跳下去。'那两个法国人立即跑过来，同我一起把切萨雷紧紧抱住，而切萨雷则不停地说我是疯子。他愈是想挣脱那两个人，

---

① 博洛尼亚的绅士。

那两个人把他抱得愈紧。这样一来,人们看到这里吵吵闹闹,都跑了过来。可怜的切萨雷手脚不停地挣扎,真的开始生气了,而围拢的人越来越多。他竭力要挣脱,于是人们更坚信他要跳河,因而把他抓得更紧。就这样,这群人把他抬回了旅馆,弄得他衣衫不整,帽子也丢了,又气又臊,脸色苍白。因为无论他怎么解释都无济于事,那些法国人听不懂他的话,而我在引他们去旅馆的路上一直在叹息这家伙的不幸,好像他真的疯了。

89

"正如我们所说的,对作弄人有很多话可说,但只需重复一句就够了:凡是可说俏皮话的场合也可以作弄人。实例多得很,日日常见。别的不说,薄伽丘的小说中就有许多佳例。例如布鲁诺和布法尔马科作弄他们的朋友卡兰德里诺和西莫内医生,以及许多人被聪明、美丽的女人作弄的故事。我记得的这类妙人还不少,其中一位是在帕多瓦学习的西西里学生,名叫蓬齐奥[①]。一次,他看到一个农民在卖两只大公鸡,便假装要买。他对那个农民说,如果现在到他家去,除了付钱以外,还请农民吃一顿饭。于是,他带着农民来到一座钟楼前,钟楼同教堂并不相连,可以绕钟楼转一圈,钟楼的一面正对着一条小街。这时,蓬齐奥想好了主意,他对农民说:'我同我的一个朋友打赌,他说钟楼一周的长度足有四十英尺,我说没有那么长,赌注就是几只鸡。刚才我想买你的

[①] 奇安认为,他就是墨西拿(Messina)的卡伊奥·卡洛吉罗(Caio Calogero,或 Caloria,参阅 Cian, p. 283)。

鸡的时候顺便买了一团测量的绳子,因此,到我家之前我想弄清楚我和他谁说的对。'他边说边从袖筒里掏出那团细绳,把一头交给农民说:'你拿着,站在这里。'蓬齐奥拿起公鸡和绳子的另一头像要测量钟楼,待他绕到钟楼的另一面,也就是正对着小街的那一面时,便在墙上钉了一个钉子,将绳子拴在钉子上,提着公鸡悄悄顺着小街溜走了。那个农民牵着绳子,一直等着蓬齐奥返回。等了好一阵仍不见他的踪影,不止一次地高声叫喊:'您在那边干什么?'见无人回答,便跑过去看,原来牵着绳子另一头的不是蓬齐奥,而是敲进墙里的一枚钉子。他还傻等着蓬齐奥付给他买鸡的钱呢。蓬齐奥玩的这类把戏不可胜数。许多喜欢寻开心的人也乐此不疲,比如,过去有戈内拉[1]和梅利奥洛[2],现在有我们这里的马里亚诺修士、塞拉菲诺修士等好多人,大家都认识他们。无业人员搞点作弄人的把戏就够了,廷臣应当远离粗俗。另外还要注意,不要让作弄人演变成欺诈,比如我们可以看到在世上游来荡去的许多无赖,他们用各种诡计来骗钱,一会儿装成这样,一会儿又装成那样。同时要注意,作弄人不能太无礼,如同在所有事情上一样,首先要尊重女性,尤其不要损害她们的名誉。"

90

这时加斯帕罗先生说:"贝尔纳多老爷,看来您太偏向女性

---

[1] 其中一些人确有其人(如彼得罗·戈内拉[Pietro Gonella]是佛罗伦萨人),后来成为爱开玩笑者的代称。

[2] 卢多维科·梅利奥洛(Ludovico Meliolo)是曼托瓦的一个爱开玩笑的人。

了。为什么您要我们男人更尊重女性而不是女性更尊重男人呢？难道我们的荣誉就没有她们的重要吗？因此，您认为女性在任何事情上都可以毫无顾忌地嘲讽和作弄男性，而男性就应当好好地听着听之任之，并且感谢她们吗？"贝尔纳多老爷答道："我并没有说，讲俏皮话和作弄人时，可以不像我们说过的那样尊重男人，我说的是，她们可以更自由地讽刺不正派的男人，而男人就不应该讽刺她们。因为我们制定了一条规则：男人的荒淫生活既非罪行，也无过错，也不耻辱，而女性要这样就会被认为是丢脸和可耻的，一旦有人说了她们的坏话，无论是真是假，是不是污蔑，她们都将终身受辱。因此，谈论女性的贞洁是危险的事情，会重伤她们。我认为，我们可以在其他方面讥讽她们，但不要在这方面胡言乱语，因为太尖刻地嘲讽她们、作弄她们，超出了我们所说的绅士应当止步的界限。"

91

贝尔纳多老爷稍微停顿了一下，奥塔维亚诺·弗雷戈索先生笑着说："加斯帕罗先生可以这样回复您，您说的我们自己制定的这一规则或许并不像您想象的那样不合理。因为女性是一种不完美的动物，在男人看来很少有尊严，自身很难有什么德行，必须用羞耻心和名誉来制约她们，她们的一些良好品德都是借外力所促成的。为了子女的可靠，她们的贞洁比其他任何事都更重要。因此，必须想方设法、通过一切可能的途径保证女性的贞洁，其他事情则听任她们做不值得做或不应该做的事。所以，既然我们允许她们在其他方面犯错而不受责备,那么,如果我们用那些(我们说过)允许她们犯的错误来嘲弄她们,对她们来说无妨,她们也并不在乎。因为您说过,只有不合宜的事情才会引人发笑。"

92

这时公爵夫人说:"奥塔维亚诺先生,您这样谈论女性,如果她们不爱您,您不是又会抱怨吗?"奥塔维亚诺先生答道:"对此我并不抱怨,相反,我还要感谢她们呢,因为她们就不能通过爱我而强迫我爱她们了。我不想就此发表意见,不过我要说,加斯帕罗先生可以陈述这些理由。"贝尔纳多老爷说:"您[①]和加斯帕罗先生对女性都怀有敌意,如果她们能处理好同你们这两个敌手的关系,那她们将获益良多。"加斯帕罗先生答道:"我不是她们的敌人,您倒真是男性的敌人,因为如果您主张在贞洁方面不要讽刺女性,您也应当给她们定一条规矩,在我们认为可耻的事上也不要讽刺我们,就像女性失节不讽刺她们那样。为什么阿隆索·卡里略对博阿迪拉夫人说,如果她愿意做他的妻子,他就有望活命这样的回答不合适呢?她说所有认识他的人都认为国王要吊死他。里恰尔多·米努托利欺骗菲利佩洛的妻子,让她到澡堂[②]去为什么就不合理呢?贝阿特里切欺骗丈夫埃加诺离开卧室去挨

[①] 奥塔维亚诺·弗雷戈索(Ottaviano Fregoso)和加斯帕罗·帕拉维奇诺(Gasparo Pallavicino)一样,都表现出对女人有敌意。

[②] 参阅《十日谈》(*Decameron*),第三天,第六个故事。

阿尼基诺的棍子，自己却同阿尼基诺同床共枕又该怎么说？[①]还有那个用细绳子拴着脚趾头，让丈夫相信那种事不是自己的女人干的又该怎么说？[②]另外，您也说，乔瓦尼·薄伽丘在《十日谈》中描写的那些女人的作弄，既机智又高妙。"

93

这时，贝尔纳多老爷笑着说："先生们，本来我只谈俏皮话，我并不打算超出这一范围，我认为我已经说过，在贞洁方面无论用语言还是用行动来讽刺女性都不合适，而且也给她们定了规矩，即她们不要在男人敏感的事上刺痛他们。至于加斯帕罗先生提到的俏皮话和作弄，我已经明确表示，阿隆索对博阿迪拉夫人的回答涉及了贞洁问题，对此我并不感到不快，因为这远远不够，加之如此隐晦，只可以简单理解，他可能会加以掩饰，肯定他不是为了这个目的而说的。而他讲的阿隆索的另一件事我却认为很不合适，他说，王后经过博阿迪拉夫人家时，阿隆索看到大门上有一些炭笔画的淫兽，就像色情酒馆门上画的那样。他便与卡斯塔涅托伯爵夫人耳语道：ّ夫人，瞧瞧，这就是博阿迪拉夫人每天猎杀的野兽的头。'你们看，这是借自猎人的一种聪明的隐喻，猎人为了炫耀，把猎杀的猛兽的头挂到自家门上，但这种说法粗俗而下流，而且这也算不上是什么应答，如果是答话会更礼貌一些，因为这让人觉得是在挑衅，肯定是脱口而出的。好了，还是回到

[①] 《十日谈》，第七天，第七个故事。
[②] 同上，第七天，第八个故事。

女性的作弄这一话题吧。我并不是说她们欺骗丈夫做得对,而是说乔瓦尼·薄伽丘的著作中描述的那些骗术实在太机智、太高明了,特别是您刚才提到的那些。可是,我觉得,里恰尔多·米努托利的玩笑开过头了,比贝阿特里切的作弄冷酷得多,原因在于,里恰尔多·米努托利骗的是菲利佩洛的妻子,这比贝阿特里切骗自己的丈夫埃加诺更恶劣,因为里恰尔多用欺骗的手法迫使她做她不愿做的事,而贝阿特里切欺骗自己的丈夫是为了做她喜欢做的事。"

94

这时加斯帕罗先生说:"除了为爱之外,贝阿特里切没有任何理由可以得到原谅,也应当允许男人像女人一样为了爱而这样做。"贝尔纳多老爷答道:"确实,爱的激情肯定会成为各种错误的最大借口,在我看来,一位真正的绅士热恋时方方面面都必须真诚、忠实。如果背叛,哪怕是敌人的背叛,真的是卑鄙而可憎的罪行,那么想想,当这种罪行发生在我们所爱的人身上时,是多么令人发指。我认为,任何一个热恋的人,经历了千辛万苦,忍受了好多不眠之夜,冒了各种各样的危险,流了很多眼泪,费尽心机取悦心爱的女人,主要不是为了得到她的肉体;而是为了占领那心灵的堡垒①,打碎坚硬的钻石,融化寒冷的坚冰,总之是常常隐藏于女人娇嫩胸脯中的这些东西。我认为,这才是真正的、

---

① 把精神上的爱置于首位是文艺复兴时期来自柏拉图的观念。

稳定的爱情，才是一颗高贵的心灵追求的目标。当然，我更愿选择这样的爱，作为一个热恋中的人，我必须清楚地知道我所爱的人也会把她的心掏给我，把她的灵魂交给我，别无他求，我绝不会在违背她的意愿的情况下占有她，追求自己最大欢乐。因为我觉得，在那种情况下只不过是占有了无生命的身体。而通过这些作弄——更应称之为背叛而不是作弄——所导致的是对他人的伤害。违背对方的愿望而占有其肉体，不会获得热恋所应有的满足。对另外一些人，我的意见也是这样，这些人求爱时使用巫术、魔法，有时使用暴力，有时又用催眠术和其他方法。你们都知道，送礼会大大减少爱的欢愉，因为男人会怀疑自己真的得到对方的爱，怀疑女方的爱是为了追求某种实际利益。但是，你们看看某些杰出女性的爱是多么值得珍视，因为那是没有任何别的动机的真爱，除非是真爱，否则一位贵妇不会爱上比她地位低的人。"

95

于是加斯帕罗先生回击说："我不否认热恋的男性的追求、努力和甘冒风险主要以征服女性的心灵而不是其肉体为目的，但我要说，您认为对男性来说是不忠、对女性来说是诡计的这些戏弄，确实是达到这一目的的最好手段，因为谁占有了女性的肉体，就占有了她的心灵。您一定还清楚地记得，菲利佩洛的妻子上了里恰尔多的当后十分后悔，但在明白情人的亲吻比起丈夫的更有味之后，便一改以往的冷淡转而对里恰尔多充满了柔情。打那以后，她一直温柔地爱着里恰尔多。因此你可以看到，频献殷勤、反复送礼和长时间做出的各种表示都未能打动她,但短短一个小时就同她心心相印了。这种作弄或您所说的不忠,确实是占领心灵堡垒的最佳途径。"这时贝尔纳多老爷说:"您的出发点基于一个虚假的前提,如果女人把自己的心灵交给占有她们的肉体的人,那么世上的女人都爱自己的丈夫胜过爱别的男人了,而实际情况正好相反。乔瓦尼·薄伽丘,像您一样,冤枉了女人,是女人的敌人。"①

96

加斯帕罗先生答道:"我不是她们的敌人,但一般来说把女人放在心上的尊贵男士并不多,如果有时他别有图谋,会表现出相反的态度。"贝尔纳多老爷答道:"您这样说不仅伤害了女性,而且伤害了所有尊重女性的男士,也包括我。正如我说过的,现在我并不想谈关于恶作剧以外的话题,而去展开一场捍卫女性、反对您这位伟大斗士的艰难事业。但是,我要把我现在的话题讲完,我的谈话也许很长,也不像你预期的那么有趣。我看到女士们都如此安静、耐心地忍受您对她们的侮辱,我觉得,您和奥塔维亚诺先生所言真的不错,那就是,只要不是讽刺女性不贞,她们就不太在意在其他任何事情上说她们的坏话。"这时,在公爵夫人的暗示下,在座的大多数女士都站了起来,笑着向加斯帕罗先生跑去,像是要去打他,就像酒神的女祭司们撕碎俄耳甫斯②一样,并且说:"您瞧瞧,如果说我们的坏

---

① 对这一看法应该反复斟酌,特别是,它涉及《十日谈》。
② 酒神的女祭司们撕碎了俄耳甫斯(Orfeo)。

话，看看我们在意不在意。"

97

人们笑着，起身，一些人的眼里和情绪中充满了倦意。但加斯帕罗先生开始说："你们看，如果她们讲不出道理了就要动用武力，像通常说的，用武力把我们赶跑来结束讨论。"这时埃米莉娅夫人答道："那倒不会，您看到贝尔纳多老爷懒得长篇大论了，就开始说女人的许多坏话，认为没有人能反驳您。可是，现在我们派了一位生力军，让这位骑士同您较量，这样，您的错误就不至于长期不受惩处了。"于是，她转向很少讲话的豪华者朱利亚诺，说："您号称是女人名誉的捍卫者，现在是表明您名实相符的时候了。如果说您至今还没有得到任何报答的话，那么您现在就应该击败我们的这些劲敌，让所有女性感谢您，除了感激还是感激，可是，这一义务必定一直存在，永远不会消失。"

98

于是，豪华者朱利亚诺答道："夫人，我觉得你给你们的敌人的荣誉太多，而给保护你们的人的荣誉却太少。因为到目前为止，对于加斯帕罗先生所讲的反对女性的话，贝尔纳多老爷还没有很好地回击。我相信，我们每个人都知道，作为廷臣应当尊重女性，慎重和懂礼貌的人决不应讽刺她们不贞，无论是玩笑还是认真的都不应该。因此，在这样明白的事上争论，像是在鸡蛋里挑骨头。

我觉得，奥塔维亚诺先生说女性是一种不完美的动物，自身很难有什么德行，在男人看来很少有尊严，这样说显然太过分了。因为人们常常相信权威人士的话，即使他们讲的不完全是真的，或者他们是以玩笑的口吻说的。加斯帕罗先生就受了奥塔维亚诺先生的影响，说聪明的男性不把女性放在心上，这种说法大错特错。相反，我认识的优秀男士中很少有人不爱护、不尊重女性。我认为，她们的品德和自重并不亚于男性。确实，如果把男性和女性进行对比，女性可能会远不及男性，因为君主们塑造出了具有崇高地位的优秀廷臣，想到优秀的廷臣，人们就会认为，女性的品德难以达到如此崇高的地步。但是，如果要讲平等，首先要像卢多维科伯爵和费德里科老爷那样聪明和雄辩，由这样的人来塑造完美的女官，就像他们塑造完美的廷臣一样。如果为女性辩护的人智力低下和辩才平庸，我认为，实情有助于清楚地证明，女性与男性一样是明德的。"埃米莉娅夫人答道："不是一样，远胜过之，你们看，'美德'（la virtù）这个词是阴性的，而'恶习'（il vicio）则是阳性的。"

99

这时，加斯帕罗先生笑了，转身对尼科洛·弗里焦老爷说："弗里焦，您有何高见？"弗里焦答道："我同情豪华者朱利亚诺先生，他被埃米莉娅夫人的许诺和奉承欺骗了，所以他在受骗后说了那些我为他感到害臊的话。"埃米莉娅夫人也笑着答道："如果您看到加斯帕罗先生为他和您的错误表示忏悔并恳求我们拒绝给他的原谅,您肯定会为您自己感到惭愧的。"这时公爵夫人说:"现在为时已晚,我想,还是明天再说为好。而且我认为,应当采纳豪华者朱利亚诺先生的意见,在争论之前,像君主塑造出完美的廷臣一样,先塑造出一位完美的女官。"这时,埃米莉娅夫人说:"夫人,但愿我们别把这件事交给加斯帕罗先生,他塑造的女官只会煮饭和纺织。"弗里焦说:"但这正是她的本分啊。"公爵夫人继续道:"我想把重任委托给豪华者朱利亚诺先生,他既聪明又明断,肯定能想象出完美的女性是什么样的,并用优美的语言表达出来,这样我们就可以驳斥加斯帕罗先生的诬蔑了。"

100

豪华者朱利亚诺答道:"夫人,我不知道您让我来担此重任是否明智,我深感力有不逮啊。我也不能像伯爵和费德里科老爷那样,用渊博的学识塑造了一个前所未有或许也不可能有的廷臣形象。如果我担此重任能让您高兴,至少让我拥有其他先生所拥有的同样条件,即任何人只要愿意,都可以反驳我,我认为这不是反驳,而是帮助,或许,通过纠正我的错误,我们可以找到我们所寻找的完美女官。"公爵夫人答道:"我希望您的发言无可辩驳,这样就可以全神贯注于为我们塑造这样一位女性,让我们的对手无颜再说女官的德行不能与廷臣媲美,费德里科老爷也就无话可说了,尽管他将廷臣大大美化了一番,他就是尽再大的努力也无法将他心目中的廷臣与这样一位女官相提并论了。"费德里科老爷说:"夫人,关于廷臣我已经没什么可说了,由于贝尔纳多老爷谈到了笑话，我又有了一些想法。"公爵夫人说："如果是这样，那我们明天早一点再聚，就有时间探讨这两个问题了。"她讲完后，大家都站起身来，恭敬地与公爵夫人道别，各自回自己的房间。

第三卷

第三卷

致阿方索·阿廖斯托阁下

1

通过阅读可知,[①]毕达哥拉斯用巧妙的方法精确测量了赫拉克勒斯的身高,赫拉克勒斯知道每隔五年要在亚该亚靠近伊利亚的奥林匹亚宙斯神庙前举办一次奥林匹克运动会后,便以自己的625步长修建了一座竞技场。后来希腊的所有竞技场,均按此标准修建,但是实际上却比赫拉克勒斯修建的那座要小。按照这一比例,毕达哥拉斯轻松地计算出赫拉克勒斯的脚比别人的脚要大得多。这样便可以推断出他的身体按比例都超过常人,正如他修建的竞技场比其他人修建的更大一样。因此,我的阿方索老爷,同样道理,从这个躯体的整体与部分关系的例子就可以清楚地知道,乌尔比诺宫廷比意大利的其他所有宫廷要大,通过游戏来爽怪为劳碌所累的心灵,也胜过其他宫廷。如果确实如此,那么您就可以想象在其他德行方面会如何了。在乌尔比诺宫廷,人们都集中精力从事这些活动,我对此深信不疑,并敢于满怀信心地把它说出

[①] 参阅奥卢斯·盖利乌斯(Aulo Gellio)的著作《阿提卡之夜》(*Noctes Atticae*),I, I, 1—3。

来。我并不是想赞扬那些遥远的、我可以想象的事物,而是证明那些仍然健在的可信之人向我讲述的一切,他们亲眼看到、了解那时乌尔比诺宫廷的生活和习俗。我觉得我有义务尽最大努力保留这些美好记忆并形诸文字,使之活在未来的人们心中。说不定将来会有人因而羡慕我们这一时代,因为没有人读过古代的奇绩,没有人的心目中会对这些事物形成卓见,即使这些书是神灵所写,它们似乎也无法表达清楚。①因此,我们希望,所有人持有这本书,即使未在书中看到堪称高贵的骑士和贤德的仕女,他们也会推论和确信,乌尔比诺宫廷是出色的宫廷,这里拥有我们的文字也无法表现的众多优秀人物。我们这本书越是具有说服力,就意味着这些人越是杰出,我们就不需要其他证据让那些没有亲睹这一宫廷的人相信我们的话了。

2

第二天同一时刻,大家又来到老地方,静静地坐着,把目光投向费德里科老爷和豪华者朱利亚诺,等着他俩谁先发言。这时,一直沉默的公爵夫人说话了:"豪华者朱利亚诺先生,大家都想看看您设想的那位美好女性,如果您不把她的美丽展示给大家,我们就认为您太自私了。"豪华者朱利亚诺答道:"夫人,如果我认为她漂亮,那么我就用帕里斯裸观美惠三女神的方式②来展现她。如果美惠三女神的做法无助于我美化我塑造的女性,我担心,不

---

① 与古典世界那个完美世界相比。
② 帕里斯(Paris)要判断美惠三女神谁更美时,要求她们脱掉衣服。

仅加斯帕罗先生和弗里焦,在座的诸位先生都会找到说她坏话的理由了。但是,如果有人认为她是美的,或许最好让她保持神秘,用费德里科老爷谈论廷臣的那些话来看待她,毫无疑问,这样的廷臣肯定比我塑造的女性更美。"费德里科老爷答道:"我心里所想的不只是与廷臣相关,心所想不仅与廷臣密切相关,不能给别人带来伤害;而且,它与迄今所谈有所不同。"公爵夫人问:"那有什么不同呢?"费德里科老爷答道:"我想尽可能讲一讲各大君主以不同的方式培育骑士和骑士团的渊源,例如,法国宫廷的圣米迦勒骑士团①,英国宫廷以圣乔治命名的嘉德骑士团②,以及勃艮第宫廷的金羊毛骑士团③;他们如何获得这一高贵称号,还有那些本应获此荣誉的人为何未能获得;这些团体如何产生,谁是其创始人,建立的目的是什么;为什么在大的宫廷里这些骑士们总是受到尊敬。我还想,如果时间允许,除了谈一谈在信奉基督教的主要宫廷里廷臣们如何效力、如何参与节庆活动、如何在公共娱乐活动中表演以外,还要谈一谈奥斯曼苏丹④宫廷的情况,特别是波斯国王苏菲⑤的宫廷的情况。我是从长期生活在该国的商人们那里听来的,那里的贵族才华出众,风度优雅,他们的谈吐、对待女性和其他各种活动都礼貌而得体。必要的时候,他们举行比武、游戏和规模宏大的庆典,他们个个器宇轩昂,文质彬彬。我很高

---

① 法国路易十一(Luigi XI)1469年建立的骑士团。
② 英国爱德华三世(Edoardo III)14世纪建立的骑士团。
③ 勃艮第(Borgogna)公爵善良的菲利普(Filippo il Buono)1429年建立的金羊毛(Toison d'oro)骑士团。
④ 奥斯曼苏丹,即君士坦丁堡的苏丹(il Sultano di Costantinopoli)。
⑤ 苏菲(Sofi)是萨菲(Sawafidi)王朝的后代。

兴地知道在这些活动中他们更喜欢哪种方式,展示他们的仪礼、华服和佩剑;在哪些方面和我们有何异同;他们的女性如何自娱,面对爱慕者如何端庄自重。但是,现在不宜谈这个话题,因为还有别的话题要说,比我们现在所谈的要重要得多。"

3

加斯帕罗先生说:"并非如此,此事以及其他很多事对我们的目的远比如何塑造宫廷仕女更重要,给廷臣制定的规矩同样适合于仕女,仕女虽然有柔弱的一面,但也应当像廷臣一样注意时间、场合,遵守我们谈论过的所有其他行为规范。在这里,也许更应该讲讲伺候君主时的某些特殊规则,因为廷臣也应该了解这些规矩,优雅地按规矩办事,或者谈谈锻炼身体,像骑马、使用兵器、摔跤等等,以及在这些活动中会遇到哪些困难。"公爵夫人笑着说:"君主不需要可与如此优秀的廷臣相媲美的人,另外,锻炼身体、力量和灵活性等等,留给我们的彼得罗·蒙特老爷来讲授,等他方便的时候再讲吧。因为现在豪华者朱利亚诺要讲的只是仕女,即我觉得您已经开始感到有点害怕的仕女,可您却想让我们离开这一话题。"弗里焦答道:"当然,现在谈论女性都无关紧要,尤其是我们对廷臣还有很多要说的,不应该把二者混为一谈。"切萨雷·贡扎加老爷说:"您犯了一个大错,因为任何宫廷即便很大,如果没有仕女,就不可能华丽、辉煌,也不可能营造欢乐气氛;如果没有仕女的爱、喜悦和参与,无论廷臣多么优雅、风趣和勇敢,无一可能做出骑士的壮举;与廷臣进行探讨时,如果仕女置身事外，对完善廷臣的优雅无所贡献，那么我们对廷臣的讨论就是不全面的。"奥塔维亚诺先生笑着说："这就是你那点让男人发疯的诱饵啊。"

4

这时豪华者朱利亚诺先生转身对公爵夫人说："夫人，只要您高兴，我就讲讲需要我讲的东西，但我担心大家会不满意。我觉得，塑造一位世界女王肯定比塑造一位完美的宫廷女官更容易，因为对于后者我不知道以何人为榜样，而对于前者，我不用舍近求远，想一下我认识的一位夫人①的不世才华，集中精力表达清楚许多人对她的所见所闻就足够了。如果我有所疏忽，您只需提示一下，我将遵命照办。"这时公爵夫人说："请不要跑题，朱利亚诺先生，您要按照既定的日程，塑造出一位宫廷女官，这样，尊贵的夫人就有合适的侍者来侍奉她了。"朱利亚诺接着说："夫人，这就是说，您是吩咐我去做我不知该如何做的事，那我就描画一番我心目中的优秀女性形象吧。这一形象不可能是别的形象，只能是我像皮格马利翁②那样塑造的形象。虽然加斯帕罗先生说过，适合于廷臣的规则也适合于女性，对此我不敢苟同。因为尽管有些素质对男性和女性都不可或缺，但也有一些更适于女性而非男

---

① 指公爵夫人伊丽莎白。
② 关于这个神话故事，参见奥维德（Ovidio）的《变形记》（*Metamorfosi*），x，243—297，叙述的是，塞浦路斯（Cipro）国王皮格马利翁（Pigmalione）爱上了他自己雕刻的一尊女士塑像。

265 性，有些更适于男性而非女性。我认为，在锻炼身体方面男女相同，但最重要的是，在身心素质、仪容、语言、动作、举止等方面，男女有别。因为男性应当表现出一定程度的坚定和阳刚之气，女性则应显得温婉而娇美，行止、言语，一颦一笑都应有女范，不同于男性。因此，如果要在诸位教导廷臣的规则之外再加条一个忠告，我想最好是像加斯帕罗先生说的那样，女性应当遵守这些规则，并以良好的素质运用这些规则。因为我认为，许多心灵的美德无论对于男性还是女性都很重要，例如高尚、朴实、做任何事都要自然文雅、养成良好习惯、聪明、谨慎、谦恭、大度、不诽谤、不轻浮、不争执、不愚钝，善于如何获得并保持同贵妇和其他所有人的好感，做好女人的本分。我还认为，女性不能缺了美貌，美貌对女性比对廷臣更重要，因为缺少美的女性肯定会缺少很多东西。她还要十分小心谨慎，注意不给别人以说自己坏话的机会，不仅不要因过失而留下污点，而且不要让人产生怀疑，因为女性不像男性，面对不实的诬蔑，女性缺乏自卫的手段。但是，由于卢多维科伯爵已经详细描述了廷臣的主要职责，即他认为的军事职责，那么，我应当说一说，按照我的看法，宫廷女官

266 的主要职责是些什么，说清楚了这一点，我想我就完成了大部分任务，可以交差了。

5

"因此，女性要具有廷臣所具有的心灵美德，比如明智、高尚、克制等等之外，还应具备女性都应当具有的那些素质，比如

善良、明理等，如果嫁了人成了家，要像贤妻良母那样相夫教子，操持家务①。我要说，我觉得宫廷里的女人首先应当和蔼可亲，同各式男性交往，彬彬有礼。交谈时迷人而诚恳，注意时机和场合以及对谈者的身份，要谦恭、随和，始终正派而坦诚，参加所有活动都要机敏灵活，切忌毛糙、鲁莽，要善良仁慈，不要让人觉得轻佻、莽撞、不通情理，而要让人觉得可亲可爱、机智灵活、得体有分寸。必须保持某种微妙的平衡，调和对立的事物，恰到好处，而又不过分。因此，这样的女性不能为了让人觉得自己善良、正派，遇到别人议论时语言略带淫秽，就表示厌恶、选择离开。这样，很容易让人觉得她假装正经，实际上是担心别人对她的非议，而如此古怪的做派总是让人生厌。但另一方面，也不应为了显得开放、可爱而言语粗俗，行为放纵，过分亲昵，不然的话，人们会不知道她到底是何种人。如果她碰巧遇到那样的场合，她应略带羞赧地听听拉倒。同样，她也必须避免犯很多女性常犯的错误，即喜欢在背后说其他女性的坏话，也喜欢听别人嚼舌根。她们一听到其他女性的丑闻，就义愤填膺，觉得难以置信，认为那个不知羞耻的女人是个怪物，犯了弥天大罪，暗示她们决不会重蹈覆辙。但是，那些总是喜欢打听其他女人风流韵事的女性，讲述这些绯闻时绘声绘色，眉飞色舞，显得既嫉妒又希望人尽皆知，以免人们误认为她们会犯这样的错误。她们讥笑和得意洋洋，证明她们心里感到十分满足。这样，男士们虽然好像愿意听她们这样说，但多数情况下都不会对她们产生好感，不大瞧得起她们，

---

① 完美的女性要做家庭的贤妻良母，但不止于此。

认为她们好像是以这种方式鼓励男人越轨,她们往往言过其实,最后声名狼藉,让人不尊重她们,不愿同她们交往,甚且觉得她们令人生厌。相反,如果她们的表现不是这样,男士倒并不那么无耻和傲慢,会尊重他们认为善良和正派的女性。因此,庄重、智慧和善良几乎就是抵御纨绔子弟的蛮横和粗俗的盾牌。可以看到,正派女性的一言一笑、一个善意的举动,哪怕很小,也会得到大家的赞扬;人们不会称赞那些不知羞耻,行为放肆的女性的爱抚;即使她们并非寡廉鲜耻,但她们放荡的笑声、喋喋不休、傲慢无礼和下流的习惯也会揭示她们似乎是那样的人。

6

"由于缺少重要话题的语言,是空虚和幼稚的,宫廷仕女除了必须了解交谈者的身份之外,为了谈吐文雅,还必须有广泛的知识。要善于选择符合对方身份的话题,留意不要在无意间伤害对方。不要轻率地夸耀自己,即使真的值得夸耀也不要啰唆,使对方感到厌烦。不要把严肃的话题和有趣、可笑的事混在一起,也不要把严肃的警句同玩笑话放在一起。不懂的事绝对不要装懂,但在知道的事情上也不要为求美名而故作谦虚,避免——像通常所说的那样——在什么事情上都装模作样。这样她就养成了良好的习惯,加上适合女性的体育锻炼会使她更加优雅,她的思考会丰富、谨慎、真诚和令人愉悦。这样的女性不仅可爱而且值得全世界尊重,或许在心灵和身体素质方面可以同那位伟大的廷臣相媲美了。"[①]

[①] 诙谐的语调是为了引起争论。

7

说到这里,豪华者朱利亚诺停了下来,显出有些疑惑的样子,像是他的谈话已经结束。这时加斯帕罗先生说:"朱利亚诺先生,您真的把这样的女性美化到家了,让她拥有优秀的素质。我原以为您只是泛泛而谈,列举一些高尚的事,不愿做进一步的说明。但您很快就进行了澄清,把她们当作渴望完成不可能的超自然任务的人那样教育她们。但是,我想请您更清晰地说明,哪些身体锻炼更适合于宫廷仕女,以什么方式进行锻炼,您说过的许多事其中哪些是她们必须掌握的。您说的谨慎、高尚、克制和另外好多美德是仅仅有助于她们持家和相夫教子(虽然您认为这并非她们的首要职责),还是有助于她们消遣使自己更优雅。看在老天的份上,为了您的信仰,请不要把她们的几种美德用在她们羞于从事的卑微之事上。"豪华者朱利亚诺笑了笑说:"加斯帕罗先生,您总是对女性怀着阴暗的心理,但我觉得,我说的已经够多了,而且是在这些听众面前说的。因为我并没有想到,听众中竟还有人不知道,在身体锻炼方面,女性不宜从事男人从事的习武、骑马、打球、摔跤等运动。"这时乌尼科·阿雷蒂诺说:"据说在古代,让女人裸体同男人摔跤[1],但我们已丧失了这种好习俗。"切萨雷·贡扎加老爷补充说:"我曾见过女人打球、练武、骑马、打猎以及骑士所能做的几乎所有的事情。"

---

[1] 参见柏拉图的《理想国》(*Repubblica*),V,III。

8

豪华者朱利亚诺答道："我可以按照我的方式塑造这位女性，我不希望她做这些艰难剧烈的只适合男性的身体锻炼，且做适合女性的锻炼也要小心谨慎，做我们说过的那些适合女性的柔美锻炼。跳舞时，我不希望看到她过于用力；唱歌或演奏乐器时不想听到她使用装饰音和重复，那样更多地是表现技巧而非优美；同时，我认为，她所选用的乐器也要同这一意图匹配。试想，一个女人敲鼓、吹笛子或吹号等，该有多么不雅。因为这些乐器尖锐刺耳的声音遮蔽了女性的优雅温顺，使之荡然无存，而优雅温顺本来会美化她的一举一动。因此，她跳舞或演奏乐器时，都要在邀请情况下才勉强答应，略显羞涩，要与厚颜无耻之徒有别。她的衣着也应同这一意图相称，不要显得轻浮。女性要比男性更注重美丽，这是理所当然。但是，美丽有多种，所以我们的这位仕女就要有判断能力，知道什么样的衣服能衬托出自己的文雅，更适合自己在什么场合的锻炼和活动时穿着。如果她意识到自己拥有迷人的美貌，应以动作、语言和服饰来加强这种令人愉悦的美。正如有的女性生性温顺和稳重，那就在衣着上凸显自己的天性。因此，无论是略嫌肥胖或偏瘦，或过于白皙还是黝黑，都可以用服装来帮衬，尽可能地加以掩饰，但要注意在保持精致优雅时总是不留痕迹，非刻意为之。

9

"由于加斯帕罗先生还问到,一名仕女还需要知道哪些知识,怎样与人交往,美德是不是必然有益于这样的交往,我想说,我希望她掌握我们这些先生希望廷臣掌握的那些知识;以及我们说过的不适合女性的锻炼,我想她至少也要知道那些别人虽然没有实践过,但也知道的知识;这也是对骑士们评议和论功行赏的条件。为了简要说明我说过的话,我只想说,我们的仕女必须拥有文学、音乐、绘画方面的知识,[①]会跳舞,参加庆典,同时又要谦虚谨慎,要求廷臣注意的事项,她自己也要知道。这样,在谈笑、游戏和开玩笑中,总之在一切事情上,她就能表现出非常文雅,出语得体,幽默诙谐,应对周全。虽然在人际交往中,克制、宽容、温和、坚强、谨慎等等美德似乎不重要,但我希望她具备这些美德,这不仅是为了人际交往,尽管在交往中还是有用,而且是为了成为有德性的人,这些美德体现在她的一举一动中,为她赢得尊重。"

10

"让我吃惊的是,"加斯帕罗先生笑着说,"既然您心目中的

[①] 在对女性的教育中,文化并不是必要的,但卡斯蒂廖内认为,对贵妇人而言,文化应该是不可或缺的。

女性懂文学，又克制、宽容、温顺，为什么您不让她们管理城市、制定法律和统帅军队，让男人们下厨房、纺纱织布？"豪华者朱利亚诺也笑着答道："也许这并非坏事。"继又补充说："难道您不知道，柏拉图——他对女人可不友好，但他却让她们管理城市，而把军务交给男人？难道您不相信，我们可以找到许多女人有能力像男人那样管好城市、统帅军队？但我没有把这些职责交给她们，因为我塑造的是宫廷仕女，而不是女王。我很清楚，您是想暗地里耍花样，重复奥塔维亚诺先生昨天对女性的非议，说什么女性是一种不完美的动物，做不出什么体现美德的事，与男性相比她们并无多大价值，并无尊严。但是，如果你们这样想，你们就大错特错了。"

11

这时加斯帕罗先生说："我不想重复已经说过的东西，但您是在引诱我说得罪这些女士的话，让我成为她们敌视的对象，正如您想以假意的奉承赢得她们的好感一样。然而，她们比其他女性更加优秀，更爱真理，虚情假意的恭维不会得到她们的赏识。如果有人说男性更高贵，她们也会觉得不坏，并承认您所说的奇迹，把那些可笑的难以办到的事情以及诸多美德归之于宫廷仕女，让苏格拉底、加图和世上所有哲学家都相形见绌。说真的，让我惊讶的是，您对如此过头的言论竟不感到羞愧。因为您只要把这位宫廷仕女塑造成美丽、审慎、正派、和蔼、以我们宫廷日常所见的舞蹈、音乐、游戏、欢笑、俏皮话以及来自娱而不留下骂名就够了。而您却要她懂得世界上的所有知识，具备多少世纪以来在男性身上都罕见的美德，这是她难以承受也难以听从的。我不想说女性是一种不完美的动物，因而不及男性高贵，不可能具有男性的美德，因为这些女士的才华足以证明这是错的。我想清楚地表明，那些智者[①]留下的著作称，自然总是使事物尽可能更完美，因而在可能的情况下不断生出男性，生出女性是自然的缺失或错误，违反了它的本意。正如大家看到的，有人天生就目盲、腿跛，或有其他缺陷，就像树上有些果子永远不可能成熟，因此可以说，女性是意外或偶然带来的生物。看一看男女各自的活动就可以判断谁更完美。但也不能说，女性有这些缺陷，自然生出她们就有罪过，我们不应该因此而憎恨她们，或不给予她们应有的尊重，但是，对她们的评价超出了其实际状况，在我看来显然不对。"

12

豪华者朱利亚诺等着加斯帕罗先生继续说下去，看到他沉默不语后说："关于女性的不完美，我认为您难以令人信服，虽然现在也许不便就此细论，但我可以按照了解此事的人的意见以及事物本质所反映的真理来回答您。例如，就本质来讲，任何一块石头都不可能比另一块石头更完美，也没有一块木头比另一块木头更完美。因此，一个人也不可能是比另一个人更完美，结果便是，男性并不会比女性更完美，至于他们之间外表的不同，应从人种

[①] 迈尔认为，这是指亚里士多德和柏拉图。

的角度来理解，人互有区别是或然性的差别，而非本质性的差别。如果您对我说，男性比女性更完美，如果您说这不是本质性的，至少是或然性的，那么我就答道，这种或然性要么存在于身体方面，要么存在于心灵方面。如果是在身体方面，那么男性更健壮、更灵活、更轻盈或更能忍受劳累，我认为这种完美并不足道，因为就是在同样的男性中，这些特质愈多的人并不比这些特质较少的人更值得重视。例如在战争中，大部分活动需要力气和辛劳，但最强壮的人并不被特别看重。在心灵方面，我认为男性能理解的所有事女性也都能理解，男性的智力所及女性的智力同样也能抵达。"

13

豪华者朱利亚诺顿了顿，接着笑道："您知不知道哲学中有这样的话：肌肉绵软者善于从事智力活动？因此，毫无疑问，女性的肌肉更绵软，她们更适于进行智力活动，她们更聪明，比男性更适于思考。"又接着说："先不谈这个，因为您会说，我是从某书中找到女性更完美的观点。我想说，您看看自然的作用就可以发现，自然创造出女性不是偶然的，而是为了适应必要的目的。虽然自然使女性的躯体没有那么壮实，但使她们心灵恬静，其他许多素质也与男性有所不同，但是，男性和女性的素质都是为了对双方都同样有益的一个目的。由于女性的躯体比较柔弱，性格就不那么暴烈，又由于同一原因，女性更谨慎。因此，母亲的职责在于生养子女，父亲则要教育子女，通过艰辛劳苦从外部获取一切，女性则操持家务，把这些东西保存好，这同样值得赞扬。如果阅读一下古代史（虽然男性在历史书写中吝于赞扬女性）和现代史，您可以看到，女性和男性一样不乏美德。您还可以看到，一些女性发动战争并荣耀地获得了胜利。她们中有的人极其智慧和公正地管理着国家，做男人所做的一切。在知识方面，您难道没有读到过她们中很多人都懂哲学吗？不是还有一些女性是极其优秀的诗人吗？不是还有一些女性参与诉讼，在法官面前雄辩地进行控诉和辩护吗？至于她们的作品，那真是不胜枚举，无需引证。因此，如果在本质性方面男性并不比女性更完美，在或然性方面（这方面除原因之外还要看实际效果）同样并不比女性更完美，那么我就弄不懂您说的完美究竟是什么了。

14

"对于您所说的自然的意图总是想生出完美的事物，它总是能够生出男性，而生出女性更多是自然的错误和缺陷而不是出于它自身的意图，我的回答是，您的说法完全错误。我不知道您怎么可以说自然不想生女性，没有她们，人类就不能延续，因此，自然对女性所抱的希望多于其他任何事物。男女结合才能生出子女，子女在幼年时接受父母的养育，到父母年老时再把童年接受的恩惠反哺给父母。接下来他们又生出自己的子女，等到他们年老之后又收到他们的子女的反哺。自然就是这样循环往复，永恒得以实现，以此方式使有限的生命成为无限。① 因此，在这一点过程中，

---

① 人类通过繁衍子孙而永恒延续。

女性同男性一样是不可或缺的,我看不出谁比谁更是偶然的造物。确实,自然总是想生出更完美的事物,它生出男性是为了人类的延续,但不是只生男不生女。相反,如果自然总是生出男性,这是不完美的。因为肉与灵的结合产生比其各部分更完美的复合物,即人本身,因此,男女结合是维持人类的繁衍,没有这种结合,哪一方都将会殒灭。对于自然来说,男性和女性总是结合在一起的,一方不可能离开另一方而存在。没有女人就不应称另一方为男人,没有男人也不应称另一方为女人。单独的一性是不完美的,古代神学家就说上帝既是男性又是女性,①俄耳甫斯说,朱庇特是男女合一的。②我们在《圣经》中可以读到③,上帝乃是照着他的形象造男造女,诗人在谈到众神时也常常混淆他们的性别。"

15

这时加斯帕罗先生说:"我不想让我们讨论如此微妙的话题,因为这些女士并不明白我们在说什么。虽然我回答您时理由很充分,她们还是认为我错了,或至少表现出认为我错了,她们立即按照自己的方式进行判决。但是,由于我们涉猎了这一话题,我只想说,正如您所知道的,最睿智的人们认为,男性如形式,女性如质料,而形式比质料更完美,并使质料可以存在,所以男性

---

① 按照古代的神谱,上帝是男女合一的。
② 见俄耳甫斯颂歌(*Inni orfici*)。
③ 参见《创世记》(*Genesi*),1,26。

比女性更完美。①我记得有位伟大的哲学家②在他的《论题篇》中说：'为什么女人自然爱第一个从她身上享受到爱的欢乐的男人？男人则相反，恨第一个献身给他的女人？'他解释道，因为女人以这种方式从男人身上获得完美，而男人从女人身上得到的却是不完美，所以每个人都天生喜欢使他完美的事物，而憎恨那使他不完美的事物。除了这个男性完美和女性不完美的重要论点之外，每个女人都希望自己是个男性，某种本能使她希望拥有男性的完美。"

16

豪华者朱利亚诺立即答道："柔弱的女性所希望的不是自己是个男性以使自己更完美，而是为了获得自由，摆脱男性为维护自己的权威而强加给她们的压迫。同样，您所说的质料和形式的关系并非都适用于所有事物，因为并非男性使女性完美，像质料因形式而完美那样；质料因形式而存在，没有形式质料不能存在，但形式具有的质料越多也就越不完美，而它与质料分离后就完美了。另一方面，女性不是因男性才可以存在，就像女性因男性而完美一样，女性也使男性更加完美。所以，男女结合才能生育，任何一方都不能独自完成这一事业。至于女性对她的初恋念念不忘，男性则对他的初恋心怀怨恨，个中原因，我早就认为并非像

---

① 正如前文豪华者朱利亚诺所说，这些词来自被中世纪经院哲学过滤后的亚里士多德哲学。

② 见亚里士多德的《论题篇》(Problemata)，IV。

您的那位哲学家在《论题篇》中所说的那样，而是由于女性的坚贞以及男性的多变，①出于自然的原因，男性更热烈，②自然就轻浮、活泛、多变；相反，女性柔弱，自然就给人安静、稳重、更执着的印象。"

17

这时，埃米莉娅夫人对豪华者朱利亚诺先生说："看在上帝的份上，不要再谈您的'质料'和'形式'、男性和女性了，谈谈您是怎么想的，因为我们听到了奥塔维亚诺先生和加斯帕罗先生说我们的坏话，也清楚这些坏话的意思，可现在我们还不知道您怎样为我们辩护。因此，我觉得讲这些有点跑题，每个人心中会记得这些敌人给我们制造的恶名。"加斯帕罗先生答道："夫人，不要给我们冠以敌人之名，这个称谓更适于朱利亚诺先生，他假意称赞女人，但他对女人的赞美并不符合实际。"朱利亚诺接着说："夫人，您不必疑虑，我会逐条作答。但我不想无缘无故地对男人恶语相加，就像他们对女性那样。如果这里有谁记下我们的谈话，③我不想看到，以后有人会认为我们是这样理解'质料'和'形式'的，加斯帕罗先生的反对观点和理由没人予以反驳。"这时加斯帕罗先生说："朱利亚诺先生，我不知道在这个场合您怎么能否认男性从自然本性上说不比女性更完美，女性从体质上说较

---

① 这里有意颠覆关于女性心思多变的传统说法。
② 再次强调男性的性欲更强。
③ 这里间接地暗指《廷臣论》的作者记录了这些谈话。

冷淡，而男性则更热烈，热烈比冷淡更好、更完美，因而男性更主动，更有益于生育。您也知道，我们头上的青天只向我们传播热而不是冷，冷不包含在自然活动中。因此，我认为，女性体质上的冷淡正是她们胆怯和羞涩的根源。"

18

豪华者朱利亚诺答道："您还想谈微妙的东西，但您可以看到，每一次都是越来越对您不利，既然是这样，那您就接着听吧。我承认性热本身比性冷更完美，但在合成的事物中并非如此。因为如果是这样的话，那么越热的身体就越完美，而实际并非如此，因为只有温和的身体才最完美。我还想对您说，女性从体质上看比男性冷，但男人过热就远离了温和。而且，就体质本身来说，温和的或至少接近于温和的并不是男性，因为男性体内与天然之热成比例存在的湿度因过于干燥很快就挥发耗尽。而性冷却抵御和缓解天然之热，使之近于温和。男性性热很快就会把天然之热降到最低限度，天然之热得不到维持也会耗尽。因此，一般来说，男性比女性更容易枯萎，男性通常没有女性活跃。所以这种完美应归之于女性，她们的寿命比男性更长，比男性更能体现自然的意图。至于蓝天给我们注入热量，暂且不谈，因为这会混淆我们的议题。由于月光下的万物有热的也有冷的，所以不能只反对冷。当然，女性的胆怯是显得有些不完美，但这出自一个值得赞赏的原因，即理智的缜密和敏捷，表明她们更聪敏，但也更容易受到外部事物的干扰。很多时候您可以看到，有些人什么都不怕，死也不怕，但并不能说他们勇敢，因为这些人不懂什么是危险，一条道走到黑，不假思索。这是一种无智的鲁莽。因此，我们不能说傻瓜是勇者。真正的勇敢恰恰来自于深思熟虑和果决，来自于视荣誉和义务高于一切并甘冒由此带来的风险。真正的勇者，虽然明知会面临死亡的威胁，但内心和精神坚定不移，不退缩，不惧怕，无论言语和思想，冷静履行他们的职责。我们见过许多这样的伟人。古今也有许多女性，表现出崇高的心灵，在世界上成就了令人赞叹的业绩，她们的表现并不亚于男性。"

19

这时弗里焦说："那些业绩开始于第一个女人，她让另一个人违背上帝的意志而犯错，给人类留下的遗产是今日世界依然感受到的死亡、忧虑、痛苦以及所有的不幸和灾难。"豪华者朱利亚诺答道："既然您乐意谈论宗教话题，难道您不知道，那个错误已被一个'女人'纠正了吗？她不但未带来任何损害，反而给我们带来极大好处，她的功绩弥补了所谓蒙福的罪过。①但是，我现在不想对您讲，全人类的尊严也不及我们的童贞圣母的尊严，以免将神圣的东西同我们的肤浅议论混为一谈。我也不想列举那些为捍卫基督而被暴君残忍杀害的众多殉教女性，以及用学术争论使偶像崇拜者错乱的女性。如果您告诉我这是'圣灵'的奇迹和恩典，那我要说，除了上帝亲证的美德之外就再也没有什么美德更值得

---

① 参阅复活节前一天礼拜仪式中唱的《逾越颂·蒙福的罪过》(*felix culpa dell'Exultet*)。

赞扬了。另外还有许多女性,平时很少谈到她们,您认真读一读圣哲罗姆①的著作就会明白了,他那个时代的一些人受到了荣耀的颂扬,足以媲美最神圣的男人。

20

"您可以想想有多少女人默默无闻,因为这些卑微的女人隐居修道院,②不像今天许多虚伪的该死的男性那样,傲慢地喧嚷着在平民中寻求圣德的名声,那些男性很快就忘记或不关注基督的教义了,教义要求,男性禁食时,脸上要涂油,不叫人看出你在禁食。教义还要求,不可将祷告、施舍和其他善事行在人的面前,也不要在教堂内进行,要在暗中进行,不要叫左手知道右手所做的。那些男性说世上最大的好事莫过于成为好榜样。③于是,他们便歪着脖子,低垂着眼睛,宣称自己不想同女人交往,除了生菜之外什么也不吃;他们混淆视听,欺骗那些头脑简单的人。他们对伪造遗嘱也不以为然,挑动夫妻不和,有时甚至施妖术、魔法,干出一些卑鄙无耻的勾当。然后他们援引某位地位更高的权威的话说:'即使不能圣洁地生活,也要谨言慎行(si non caste, tamen caute)。'④他们觉得这可以消除万恶,并用充分的理由来规劝对罪毫不在意的人,无论罪过多么严重,只要不为人知,不成为坏榜

---

① 圣哲罗姆(San Gerolamo,340—约420)。
② 指隐修院中的修女。
③ 参阅《马太福音》(Matteo),VI。
④ 这句话是反改革的特伦托公会议宣布的严格行为规范所依据的主要原则。

样,上帝就会赦免他们。因此,在神圣和不为人知掩盖下,他们的这些想法常常玷污一些女人的纯洁心灵,煽动兄弟反目成仇,操控国家,抬高一方,压制一方,对一些人实施屠杀、监禁和流放,做恶棍的臣属,窃国者的同谋。另有一些无耻之徒,他们假装斯文,剃须修面,衣冠楚楚,走起路来趾高气扬,故意露出紧身裤,显出随时准备对人行礼的样子。还有的人望弥撒时通过眼神和动作显示自己的优雅以吸引众人的目光。这些道德败坏和邪恶的人不仅背离宗教,也伤风败俗,他们骄奢淫逸的生活受到谴责时,就戏弄和嘲笑揭露他们的人,几乎把恶行都狡辩为值得称赞的好事。"这时,埃米莉娅夫人说:"很高兴听到您说修士的坏话,这或许偏离了探讨的话题。但是,您这样背后非议宗教人士很不好,良心负累并无任何好处,因为如果没有宗教人士在上帝面前为我们祈祷,我们依然会面临比现在更大的灾难。"这时,豪华者朱利亚诺也笑着说:"夫人,您怎么会猜到我说的是修士呢?我并没有提他们中任何一个人的名字。事实上,我也不是在背后非议,因为我是公开讲的,我说的不是他们中的好人,而是他们中的坏人和罪人,我所说的只是我所知道的千分之一呢。"埃米莉娅夫人答道:"现在不要再谈修士了,因为我听着都感觉是一种罪过,所以,为了不听您讲这些,我只好离开这里了。"

21

豪华者朱利亚诺说:"我很乐意不再谈这个,还是回到赞扬女性的话题吧。我认为,加斯帕罗先生没有给我推举任何一个杰出的男性，我就没有列举堪与那样的男性媲美、甚至超过他的妻女或姐妹。她们中许多人除了是她们男人的众多善行的根源之外，有时还能纠正她们男人的许多错误。因此，正如我们说过的，女性自然能够拥有男性所拥有的那些美德，还能经常见证她们的美德的效果，我不知道，加斯帕罗先生何以为了反驳我而把她们可能拥有美德、已经拥有美德和现在也拥有美德这一事实称为奇迹。我希望世界上的女性过去和现在都接近于我所塑造的宫廷仕女，就像男性都近似于诸位先生所塑造的廷臣一样。"[1]这时加斯帕罗先生说："您反驳我的理由我觉得不充分，如果我问您，杰出女性——值得如此称赞、有资格成为伟大男性的妻女或姐妹、能促进男性行善、或者帮男性改正错误的杰出女性，古往今来都有哪一些，我想您肯定很难回答。"

22

豪华者朱利亚诺答道："除了这样的实例难以尽数外，真的没有什么难答的。如果时间允许，我可以给您讲一讲奥古斯都的妹妹、马可·安东尼奥的妻子奥塔维娅的故事，布鲁图斯的妻子、加图的女儿波尔恰的故事，塔奎尼乌斯·布里斯库斯的妻子加亚·切奇利娅的故事，西庇阿的女儿科尔内利娅的故事，以及无数个名女人的故事。这些人当中不仅有我们民族[2]的女性，还有非

---

[1] 完美廷臣和完美宫女的形象是由接近这种完美的人具体体现的。
[2] 前面列举的都是罗马历史人物。

拉丁民族的女性，比如犹太国王亚历山大的妻子亚历山德拉，①在她丈夫去世不久，她看到受她丈夫长期奴役统治的民众为了报复而愤怒地拿起武器，要杀死他的两个儿子，为了挽救孩子们的生命，正是她立即平息了民众的正当怒火，谨慎地从那些人手下挽救了两个儿子，他们的父亲多年的不公正使民众对两个孩子充满敌意。"埃米莉娅夫人答道："那您至少应该说说她是怎么做的。"豪华者朱利亚诺说："她看到两个儿子处境非常危险时，直接把亚历山大的尸体扔到广场上，对民众说，她知道他们怒火中烧，恨她的丈夫，他伤害了民众，罪有应得。她的丈夫在世时她就试图让他弃恶从善，现在他死了，她要继续证明这一点，请他们帮她戮其尸，扔去喂狗，用所能想象的最残忍的方式碎尸万段。但是，请他们可怜这两个无辜的孩子，因为孩子不可能有罪，他们即使知道父亲的恶行也无能为力。这些话非常奏效，民众的忿怒很快缓和下来，转为对孩子的怜悯，不仅同意拥立这两个孩子为他们的君主，还体面地安葬了亚历山大的尸体。"说到这里，豪华者稍微休息了一下，然后接着说："您难道不知道米特里达梯②的妻子和姐妹比米特里达梯本人更不怕死吗？不知道哈斯德鲁巴③的妻子比哈斯德鲁巴本人更不怕死的事迹吗？不知道锡拉库萨的暴君吉罗内的女儿阿尔莫尼娅④投故乡之火而死吗？"这时弗里焦说：

---

① 参阅约瑟夫斯·弗拉维奥（Giusepppe Flavio）的著作：《犹太古史》（*Antiquitatum Iudaicorum*），XIII，XV，5和XVI，1。

② 来源于普鲁塔克。

③ 哈斯德鲁巴（Asdrubale）的妻子跳进迦太基（Cartagine）的烈火自焚而死，而她的丈夫却命令人鄙夷地向小西庇阿·埃米利亚诺（Sipione Emiliano Minore）投降。

④ 阿尔莫尼娅（Armonia）是锡拉库萨的暴君吉洛内（Gelone，不是吉罗内[Gerone]）的女儿。这里把她的死同哈斯德鲁巴妻子的死混淆了。

"某些女子确实很固执，一旦打定主意，就绝不改变，例如那个临终时已无法说出'剪刀'二字的女人仍对丈夫比划着剪刀。"①

23

豪华者朱利亚诺笑着说："为高尚的目的而固执应该称之为执着。比如罗马获得自由的女奴埃皮卡里②，尽管她知道一起反对尼禄的巨大密谋，在受尽了可以想见的种种酷刑后，她依然坚贞不屈，没有供出她的任何同谋。与此相反，在同样危险的情况下，许多贵族骑士、元老院议员都吓破了胆，告发了他们的兄弟、朋友和他们在世上最亲密的人。您不是还谈到那位名叫莱奥娜③的女人吗？为了纪念她，雅典人在城堡大门前安放了一尊没有舌头的青铜母狮，表现她守口如瓶的坚贞美德。因为她也知道一个反对暴君的密谋，她的两位重要朋友④被处死，她也被折磨得遍体鳞伤，但她没有吐露有关同谋的半个字。"此时，玛格丽塔·贡扎加夫人说："我觉得您对这些女人的德行讲得太简单了，因为我们的这些敌人⑤听到和读到后，依然会表现出他们不知道或者不记得了，但如果您能让我们了解得更多一些，至少我们会感到十分荣

---

① 这是一个家喻户晓的故事，特别是在托斯卡纳地区，说一个女人非常固执，她问丈夫要剪刀，被扔到井里时仍然用手比划着向杀她的丈夫要剪刀。
② 这是塔西佗（Tacito）谈到的希腊那些获得自由的奴隶的事迹，参见《编年史》(Annales), XV, LVII。
③ 莱奥娜（Leona）是一位希腊女廷臣，她被伊比亚(Ippia)折磨致死。参见普鲁塔克的《论饶舌》(Della loquacità)。
④ 哈尔摩狄奥斯（Armodio）和阿里斯托革顿（Aristogitone）。
⑤ 指在场的三位讨厌女人的先生：帕拉维奇诺、弗雷戈索、弗里焦。

幸。"

24

这时豪华者朱利亚诺答道:"我很高兴再告诉你们一个女人的故事,我相信加斯帕罗先生也会承认,她所做的事男性也极少能做到。"他接着讲道:"在马赛流行一种风俗,可能是从希腊传过去的,就是公开使用一种从毒芹中提取的慢性毒药,如果一个人感到自己不幸,或有另外正当的理由,无论是命途多舛还是经常品尝生活的馈赠,他们不想继续下去,或做出改变,经过元老院同意,他就可以吞下这种毒药结束自己的性命。因此,当塞斯托·庞培……"①他说到这里时,弗里焦不等朱利亚诺继续往下说便迫不及待表示:"我觉得您又要长篇大论了。"豪华者朱利亚诺笑着转向玛格丽塔夫人说:"瞧,弗里焦不让我讲话了,我想告诉你们一个女人的故事②,此人向元老院表明她应该最终了结的正当理由之后,高高兴兴、毫无畏惧地当着塞斯托·庞培的面取出毒药,表现十分坚定、冷静,向她的亲人和好友作了友好的临别赠言之后,庞培和所有在场的人都看到,一个女人如此自觉和自信地迈出了走向死亡的可怕一步,无不含着眼泪惊呆了。"

---

① 塞斯托·庞培(Sesto Pompeo)是庞培·马格努斯(Pompeo Magno)的儿子,其父死后由他统率反对恺撒。
② 参阅瓦莱里乌斯·马克西姆斯(Valerio Massimo)的著作《善言懿行录》(*Factorum et dictorum memorabilium*), II, VI。

25

　　加斯帕罗先生听完后笑着说："我也记得曾经读过一篇演说词[①]，其中提到一位不幸的丈夫要求元老院允许他服毒自杀，元老院认为他的理由正当，理由就是他无法忍受妻子长时间的唠叨，宁愿吞下那种毒药，就是您说的公开服毒，而不听妻子的唠叨。"朱利亚诺回击说："有正当理由要求容许自杀的不幸女性有多少啊，因为她们无法忍受的不仅是丈夫的恶言恶语，还有他们的恶劣行径！我就认识几位这样的女人，她们在这个世界上忍受着可以说是地狱般的折磨。"加斯帕罗先生答道："难道您不相信许多丈夫遭受妻子的虐待，也是无时无刻都想死吗？"朱利亚诺说："多么遗憾，妻子对丈夫所做的一切能像丈夫对妻子所做的那样无可挽回吗？妻子即使不是出于爱，至少也会出于恐惧而服从丈夫。"加斯帕罗先生说："由于恐惧偶尔做的好事肯定很少，因为世界上在内心深处不恨其丈夫的妻子并不多。"豪华者朱利亚诺答道："恰恰相反，如果您还记得您读过的历史故事的话，所有的故事都承认，妻子爱丈夫总比丈夫爱妻子的更多。您看到或读过一个丈夫像卡玛[②]爱她丈夫那样来显示他爱他的妻子吗？"加斯帕罗先生答道："我不知道那个女人是谁，也不知道她如何表现对她丈

[①] 布鲁诺·迈尔（Bruno Maier）认为，这个故事是帕拉维奇诺自己编造的。（p. 371）

[②] "加拉太的西纳托（Sinatto）王子的贤妻。"参见迈尔（Maier, p. 371）。

夫的爱。"弗里焦说:"我也不知道。"豪华者朱利亚诺答道:"神圣的玛格丽塔夫人啊,你们听好了,你们一定要好好记着。"

26

"卡玛是一个美丽的少妇,谦和,正派,让人们赞叹的并非只是她的美丽,上述优点都是重要原因。此外最重要的是,她很爱她的丈夫,她的丈夫名叫西纳托。恰好此地还有另一位绅士,他的社会地位比西纳托高得多,几乎就是他们所生活的那个城市的一霸,他爱上了这位少妇。虽然他千方百计想把她弄到手,但都枉费心机。他认为,让他难以如愿的唯一原因是那个少妇很爱自己丈夫,因此,他便派人把西纳托杀了。此后,尽管他一再催促她,结果依然如故,毫无进展。随着他的相思越陷越深,他下决心要娶这位寡妇为妻,尽管她的社会地位比他低很多。于是,希诺里吉(就是那个坠入爱河的人的名字)把这个寡妇的亲戚们叫来,劝说她答应希诺里吉,说要是她同意有很多好处,要是拒绝则对她和所有人多么危险。在多次拒绝他们之后,最后她表示同意。亲戚们把这一新情况告诉了希诺里吉,他高兴万分,决定尽快举行婚礼。婚礼那天,双方都庄严地来到狄安娜神庙,卡玛随身带了一瓶自己配制的甜饮料。在狄安娜神像面前,当着希诺里吉的面,她把饮料喝了一半,然后按照婚礼习俗,把剩下的一半亲手递给新郎,后者喝了下去。卡玛看到自己的计谋已经成功,便愉快地跪在狄安娜神像前说:'女神啊,你知道我的内心所想,可以为我作证,自从我心爱的丈夫死后,我的生活是多么悲惨,我之所以没有赴死，忍受着艰难度日的痛苦，毫无欢乐可言，因为我的唯一希望是报仇雪恨，如今我的计划已经实现。因此，我将高兴地去陪伴无论生死我都矢志不渝地爱着的那个灵魂。'接着她转向新郎说：'而你这个邪恶之人，居然想做我的丈夫，你就命令手下把洞房改成你的坟墓吧，我现在就把你作为祭品献到西纳托的灵前。'希诺里吉听了这番话后惊呆了，同时毒药的效力已经发作，虽经多方抢救，都已无济于事。而卡玛或者是由于幸运，或者是由于别的什么原因，在她咽气之前就知道希诺里吉已死。卡玛满意地躺在床上，眼望天空，一直呼唤着西纳托的名字，说：'啊，我亲爱的丈夫，为你的死我已经做了我最后该做的事，这就是眼泪和复仇。我要离开这个世界了，没有你生活太悲痛，只有为你生活才有意义。因此，我的主人，来迎接我吧！高高兴兴地来迎接这个灵魂吧，正如她高高兴兴地奔向你，同你相聚一样。'她这样说着，张开双臂，好像要拥抱她的丈夫，就这样溘然长逝了。现在，弗里焦，说说看，您觉得这个女人怎么样？"弗里焦答道："我觉得您是想让在场的女士们痛哭流涕。就算这个故事是真的，我也要告诉您，这样的女人在世界上再也找不到了。"

27

豪华者朱利亚诺说："能找得到，真的，您听我说。不久前，我知道在比萨有一位绅士，名叫托马索。[①]我不记得他属于哪个家

[①] 这个故事让人想起《十日谈》中所写的朗多尔福·鲁福洛（Landolfo Ruffolo）的故事。见《十日谈》（*Decameron*），II，IV。

族，他是家君①的好友，我多次听父亲提到过他。有一天，这位托马索老爷需要乘坐一条小木船从比萨前往西西里，摩尔人的海盗船在后面追来，船员们事先没有发现，海盗突然现身。虽然船员们奋力自卫，但因寡不敌众，连船带人都落入摩尔人之手，有的人受了伤，有的人则侥幸没有受伤。托马索老爷也在这些人当中，他在战斗中表现英勇，海盗船长的一个兄弟死于他手。你们可以想象，船长因他兄弟之死是多么愤怒。因此，便把托马索老爷囚禁起来，每天打他，折磨他，最后把他带到荒凉的巴巴里亚，②决定把他囚禁在那里，忍受艰苦生活的折磨。其他人则通过各种渠道不久一个个全都获得自由并返回家乡。他们告诉托马索的妻子阿尔真蒂娜夫人及其子女，托马索老爷艰难度日，除非上帝显灵救他，他将无望地继续艰难度日。托马索的妻儿得知情况，想方设法去解救他。就在他不抱希望只等一死的时候，他的儿子保罗怀着孝心，鼓起勇气，决心不畏任何危险，冒死解救父亲。解救大功告成，保罗小心翼翼地护着父亲到了里窝那，这才知道其父就是从里窝那出发去巴巴里的。托马索老爷给妻子写了一封信，告诉她自己已获得自由，现在身处何处，希望不久就能见到她。这位善良的女人因很快就能看到自己深爱的、原以为再也见不到的丈夫而高兴万分，也为儿子的孝心和德行而高兴。她读完信，抬眼望着天空，呼喊着丈夫的名字，突然倒地而亡，尽管人们千方百计地抢救，却无法使离开的灵魂回归躯体。这残酷的一幕足以使人们注意克制自己的热望，有效防止过度的兴奋酿成悲剧！"

---

① 我的父亲即豪华者洛伦佐（Lorenzo il Magnifico）。
② 在北非。

28

　　这时弗里焦笑着说:"您怎么知道她不是因得知丈夫要回来不快而死呢?"朱利亚诺答道:"因为她的余生不会不快。甚至我想,她的灵魂再也等不及,巴不得她的双眼尽快看到他,巴不得她的灵魂抛开躯体,在强烈愿望的驱使下马上向读那封信时她的心早已飞到的地方飞去。"①加斯帕罗先生说:"也许是这个女人用情太深,因为女人凡是爱走极端,这并不好。您可以看到,用情太深对自己、对丈夫、对儿女都不好,对他们来说,这种渴望已久的、摆脱了危险的喜悦变成了苦楚。但您不能说她是作为好事根源的那些优秀女性中的一员。"豪华者答道:"我说她是这些女士中的一员,这些女士证明,作为妻子她们爱其夫君。因为那些为世界带来巨大利益的女性,我数不胜数,我可以向您列举许多古代女性,她们的事迹几乎就像寓言一样精彩。也可以列举那些对于男人们而言都是善事创造者的女性,她们堪称女神,比如智慧女神雅典娜,丰收女神刻瑞斯,还有西碧尔,上帝通过她们之口向世界说明和揭示了万物是如何产生的。还有那些培育出许多伟大男子的女人,比如阿斯帕齐娅②和迪奥蒂玛③。迪奥蒂玛通过献

---

① 恋人的灵魂离开躯体飞向情人的主题正是彼特拉克诗歌的传统。
② 阿斯帕齐娅(Aspasia)是"米利都(Mileto)宫中有教养的美丽女官"。(参见Maier, p. 377)
③ 迪奥蒂玛(Diotima)是柏拉图《会饮篇》(*il Convito*, XXII—XXIX)提到的一个女人,下文提到的事也出自《会饮篇》。

祭，使雅典的瘟疫推迟了十年。我还可以告诉您厄万德罗的母亲尼科斯特拉塔①，她教会了拉丁人学习文字。另一个女人是诗人平达的老师。②科丽娜和萨福都是非常杰出的女诗人③。我不想寻找更久远的例子了。最后我只想告诉您，罗马的伟大也许更多地归功于女人而不是男人。"加斯帕罗先生说："关于这一点，愿闻其详。"

29

豪华者朱利亚诺答道："且听之。特洛伊城陷落后，许多特洛伊人失去了家园，他们各奔东西，纷纷逃往外地，其中一部分人克服重重困难抵达意大利，来到台伯河入海处的一个地方，男人们登上陆地去寻找食物，开始四处搜寻。留在船上的女人开始思考有什么好办法，以便结束海上的危险漂泊生活，寻找一个新的地方，代替他们失去的家园。她们一起商议之后，趁男人们不在，就把船给烧了，领头的女士名叫罗马。由于害怕男人们回来后发怒，她们便去找他们。一些女人找到丈夫和亲属后亲热地拥抱和亲吻他们，平息了男人们最初的怒气，然后平静地解释这一明智想法的理由。就这样，既出于需要又由于当地居民的善待，这些特洛伊男人高高兴兴地同意了妇女们的决定，在那里定居下来，

---

① 这是李维（Livio）所写的一个神话人物，见《自建城以来》（*Ab urbe condita*），I，VII 和普鲁塔克的《罗慕洛》（*Romuro*）。
② 指女诗人米尔蒂（Mirti）或米尔蒂德（Mirtide）。
③ 两位希腊女诗人，科琳娜（Corinna）属公元前6世纪，萨福（Saffo）属公元前5世纪。

同拉丁人一起生活,这个地方后来就称为罗马①。女人与亲属见面时相互亲吻这一古代罗马人的习俗就此流传下来。现在您可以知道,女性对罗马的诞生作出了多么大的贡献。

30

"萨宾部族的妇女对罗马的开创之功也不亚于特洛伊的妇女。由于罗慕洛抢劫四周部族的女人,②所有这些部族都与之为敌,因而他颇为受到围攻而苦恼。但他能征善战,很快击败了各个部族,只有萨宾人除外。萨宾部族十分强大,因为它拥有一位聪明能干的王,叫提图斯·塔蒂乌斯。罗马人和萨宾人之间的战争十分残酷,双方损失惨重。就在准备一场新的激战时,被劫到罗马与罗马人成亲的萨宾部族妇女身穿黑衣,披头散发,痛哭流涕,无惧致命的兵器。她们来到丈夫和父亲中间,请求他们双手不要沾染岳父和女婿的鲜血。如果他们不愿认这些亲戚,那就把兵器刺向她们这些妇女吧,因为她们宁愿死也不愿守寡或无父无兄地活着,不愿她们的孩子是杀父仇人所生,或者她们自己是杀夫之人所生。她们就这样呜咽哭诉着,很多人还怀抱幼小的孩子,这些孩子有的已牙牙学语,像是呼叫他们的外公,向外公们表示亲热。妇女向外公举起小外孙,哭喊着说:'杀吧,这是你们的亲骨肉啊,这是你们怒不可遏地要用双手让他们流血的亲骨肉啊。'在这种情况

---

① 这一事件的这种版本来自普鲁塔克。
② 故事来源于李维,也来自普鲁塔克和哈利卡尔那索斯的狄奥尼西奥斯(Dionigi di Alicarnasso)。

下，妇女的慈悲和智德发挥了巨大的力量，不仅使两个敌对的王之间建立了牢不可破的友谊和联盟，而且更令人赞叹的是，萨宾人也迁到罗马定居，两个部族融为一体。这样的和谐相处使罗马的实力大增，这都应该感激女性的明智和高尚。罗慕洛为酬谢这些妇女，让市民分住于三十个居民区，并以萨宾女人之名为这些居民区命名。"

31

停顿了片刻，豪华者朱利亚诺看到加斯帕罗先生没有说话，又接着说："您不认为这些妇女正是她们的男人好运的原因吗？不认为她们对罗马的强大功不可没吗？"加斯帕罗先生答道："不错，这些妇女确实值得赞扬。但是，如果您要谈妇女的错误，如同谈她们的功绩一样，那您就不能闭口不谈那场同提图斯·塔蒂乌斯的战争中有一个女人①背叛了罗马，她为敌人指了攻占卡比托利欧山的小道，差点使罗马全军覆没。"豪华者朱利亚诺答道："您只向我提到一个坏女人，而我向您讲述了无数优秀女性。除了我已经说过的以外，我还可以列举上千名女子为罗马作出了有益的贡献，还可以告诉您，为什么修建了'戎装维纳斯'神庙和秃头维纳斯神庙以及为什么设立侍女节以致敬朱诺②*，因为侍女们将罗马从敌人的包围中解救出来。除了这些事以外，西塞罗盛赞

---

① 这个女人是要塞守护人斯普里奥·塔尔佩奥（Spurio Tarpeo）的女儿塔尔佩娅。
② 朱诺（Giunone，或 Iunone）是罗马神话中的主神朱庇特的妻子。

的发现喀提林阴谋的高尚行为不也主要来自一位地位低下的女人[①]吗?因此可以说,西塞罗所称赞的共和时期的罗马的美好富足应该归功于她。如果时间允许,也许我还可以列举很多女人,她们弥补了男人所犯的很多错误。但我担心我的话太长,已经令人生厌了。因此,我觉得我已经尽我所能完成了这些夫人交给我的任务,我想,应该让别人来讲讲更值得大家聆听,而我又无力讲述的东西了。"

32

此时埃米莉娅夫人说:"您不要耍花招,值得赞扬的女性应该得到赞扬。您要知道,如果说加斯帕罗先生,也许还有奥塔维亚诺先生,听得不耐烦的话,我们和在座的诸位先生都听得津津有味呢。"豪华者朱利亚诺还是想结束谈话,但所有的女士都要求他继续讲下去,他便笑着说:"为了不进一步与加斯帕罗先生为敌,我只简单讲讲我现在想到的几个女人吧,其他许多本来可以讲的事例就不讲了。"他接着说:"菲利普·迪德米特里奥[②]来到希俄斯城的外围以后,包围了这座城。他向城里人发布公告,称凡是从城里逃出来的奴隶都可以获得自由,还把其主人的妻子许配给他们。城里的女人看到这张布告后十分愤怒,认为是对她们的侮辱,便拿起武器登上城墙英勇战斗,不久就赶走了菲利普,使他遭到可耻的失

[①] 指富尔维娅(Fulvia),撒路斯提乌斯(Sallustio)在《喀提林阴谋》(*De Catilinea coniuratione*),XXIII,3—4中讲到她的事。

[②] 即菲利普五世(Filippo V),马其顿国王(公元前237—前179)。

败，这是男人都做不到的事。还是这些女人，她们同流亡归来的丈夫、父亲和兄弟一起来到伊奥尼亚，又完成了一项不亚于此的光辉事业。因为生活在那里的厄立特里亚人①及其同盟者向希俄斯人发动战争，后者不敌，只好投降。但对方规定希俄斯人只能穿上衣和衬衫出城，不得违反这一规定。女人们知道这一侮辱性的投降条件后十分愤怒，指责男人们怎么可以放下武器，裸身到敌人那里去。男人们回答已经签了和解协议，女人们说他们可以带上盾牌和矛，留下他们的衣服，告诉敌人说这就是他们的服装。男人们听从了女人的建议，在很大程度上弥补了他们无法逃脱的耻辱。又如，居鲁士在一次战斗中打败了一支波斯军队，波斯人向城市的方向逃去，在城门外遇见了他们的女人，女人对他们说：'胆小的男人，你们往哪里逃？想藏到我们中间吗？你们从哪儿逃出来的？'男人们听到这话，自愧还不如自己的女人，于是又返回前线同敌人拼杀，最后打败了敌人。"②

33

说到这里，豪华者朱利亚诺停下来，转身对公爵夫人说："夫人，现在请您允许我收声了。"加斯帕罗先生答道："您确实应该住口了，因为您不知道该再讲些什么了。"朱利亚诺笑着说："您这样激我，那您就不得不冒险听我整晚颂扬女性了。要知道许多斯巴达女人特别看重自己的儿子死得光荣，如果她们看到自己的

---

① 生活在小亚细亚的伊奥尼亚（Jonia）地区的居民。
② 这三件事出自普鲁塔克的著作《女性的美德》(Virtù delle donne)。

儿子胆小懦弱，她们宁死也不会认他是自己的儿子。还有萨贡托①的妇女，她们在祖国的废墟上拿起武器，奋起抵抗汉尼拔。有一支条顿人的军队被马里乌斯击败以后，他们的女人没有获得在罗马生活的自由，侍奉灶神贞女，她们便同年幼子女一起自杀身亡。还有许多其他类似的故事，在古代的史书中随处可见。"这时，加斯帕罗先生说："唉，朱利亚诺先生，上帝知道这些是怎么回事，因为那些时代距我们已很遥远，许多谎言可以流传下来，也没有人去辟谣。"

34

豪华者朱利亚诺说："如果您对比各个时代女性与男性的品德，就可以发现女性从来都不逊于男性，现在依然如此。好多古代的事不去说了，就是在哥特人统治意大利的时期，您也会发现，他们中有一位阿玛拉松塔女王，②她以明智的方式统治了很长时间。另外还有杰出的伦巴第的女王特奥多琳达③，希腊王后特奥多拉④。在意大利众多杰出的女人中有出类拔萃的马蒂尔达伯爵夫人，⑤对她的赞扬留给卢多维科伯爵来讲吧，因为他们是一家人。"伯爵

---

① 汉尼拔（Annibale）在公元前218年包围了萨贡托（Sagunto）这座城市。
② 阿玛拉松塔（Amalasunta）是狄奥多里克（Teodorico）大帝的女儿，535年去世。
③ 特奥多琳达（Teodolinda）是伦巴第国王奥塔里（Autari）和阿吉卢尔夫（Agilulfo）的妻子，625年去世。
④ 也许是指东罗马帝国皇帝狄奥菲洛斯（Teofilo）的妻子，她在867年去世。
⑤ 即卡诺萨伯爵夫人（1046—1115）。

说:"不,还是由您说吧,因为您清楚地知道,一个人不能自吹自擂。"豪华者接着说:"在高贵的蒙泰费尔特罗家族中,您可以发现过去有过多少著名的女人啊!在贡扎加家族、埃斯特家族、庇伊家族中,有过多少有名的女人啊!如果要说现在,我们也不用说久远的过去,她们就在这座宫殿中,①近在眼前。但我不想用眼前的实例作为我的论点的佐证,不然你们就可能出于礼貌而不便否定我的某些说法了。今天在意大利以外的地方,我们还可以看到像法国王后安妮这样的典范,②她在管理国家事务方面是一位杰出女性,如果您愿意把她同她的前后两任丈夫查理国王和路易国王相比,她在正义、仁慈、开明和生活圣洁方面都绝不亚于他们。您还可以看看马克西米利安皇帝的女儿玛格丽塔夫人,③她谨慎严明地管理过、至今仍这样管理着她的国家。

35

"但别的先都不说,加斯帕罗先生,请您告诉我,在我们这个时代,甚至到基督教诞生前的好多年里,有哪一位国王或君主,论其功绩能与西班牙的伊莎贝尔女王④相比?"加斯帕罗先生答

---

① 当下女性即谈话时在场女性的美德与古代女性的美德是一样的。
② 安妮·迪布列塔尼(Anna di Bretagna, 1476—1514)先后嫁给查理八世(Carlo VIII)和路易十二(Luigi XII)。
③ 玛格丽塔(Margherita)是哈布斯堡的马克西米利安一世(Massimiliano I d'Asburgo)和勃艮第的玛利亚(Maria di Borgogna)的女儿。
④ 卡斯蒂利亚女王(la regina di Castiglia, 1451—1504)同费尔南多·迪·阿拉贡(Ferdinando d'Aragona)结婚后,伊比利亚半岛上的两个王国合并。

道:"她的丈夫斐迪南多国王。"朱利亚诺又说:"这点我不否认,因为女王认为他有资格做她的丈夫,她很爱他,尊重他,不能认为他与她不般配。但是我相信,她给他带来的声誉不亚于她的嫁妆,即卡斯蒂利亚王国。"加斯帕罗先生答道:"倒是相反,我认为,斐迪南多国王的许多功绩之一就是赞扬伊莎贝尔女王。"朱利亚诺说:"西班牙人,包括君主、大臣、男人和女人、穷人和富人,如果他们一致撒谎不愿去歌颂她的话,那么在我们今天的世界上就再也没有像伊莎贝尔女王这样一位真诚善良、心灵高尚、明智、虔诚、正直、礼貌、开明,总之在所有美德方面更尽人皆知的典范了。虽然这位夫人声名远播,在每个国家都家喻户晓,但所有同她一起生活和工作过的人无不认为,她的名声来自她的美德和功绩。谁想了解她的业绩,很容易就知晓,一切都是真的。因为撇开使人信服、可以这样说的无数事实不谈,就我们现在的议题来说,每一个人都知道,她登上王位的时候,卡斯蒂利亚的大部分地方都为贵族所占领,她正当地收复了那些地方,她采取的方法让那些被剥夺土地的人心甘情愿地交出土地。另外广为人知的是:她始终勇敢而又精明地捍卫自己的两个王国免遭强敌的侵犯。同样,征服格拉纳达王国的荣誉可以归功于她一人。因为同顽敌进行的长期艰苦战争,①是保卫自己的财富、生活、法律和主张,是为上帝而战。伊莎贝尔女王意志坚强,精明能干,今天的君主也许很少有人能望其项背,我不说效仿,只能是心生艳羡。除此以外,所有认识她的人都说,她治国理政手段高明,驾轻就

---

① 从阿拉伯人手中夺回格拉纳达王国的战争从1481年持续到1492年。

熟，因为她手下的每个人都竭尽所能，没有一句怨言。因此，人们在家里也不敢偷偷做让她不高兴的事，主要原因在于她有超人的判断力，善于选择既胜任其职责又愿意为她效力的官员。她结合了公正的严懔与仁慈的宽宏，在她治下，做好事的人不因回报少而埋怨，做错事的人不因受到严惩而抱屈。因此，她在人民心中享有崇高威望，爱她又敬畏她，这种情感深植于每个人心中，就像他们期待着她在天上注视着他们，她应该在那里给予他们表扬或责备。因此，虽然她已去世，但她的威望仍在，那两个王国仍然以她的名望和她确定的方式进行治理，就像一个轮子长期在动力的推动下转动，失去动力后，仍会自行转动。加斯帕罗先生，除此以外，您还可以看到，今天西班牙几乎所有重要人物和各界名流都受过伊莎贝尔女王的栽培。贡萨尔沃·斐迪南是一位了不起的指挥官，他珍视荣誉甚于他取得的辉煌胜利以及使他在平时和战时都声名显赫的非凡事迹。如果名声本身懂得感恩，肯定会向世界彰显他不朽的荣耀，并让人相信，在宽宏、智慧和种种美德方面他已经超越了我们这个时代的大多数国王或君主。

36

"现在还是回到意大利，我要说，这里也不乏优秀女性。在那不勒斯，我们有两位非凡的女王，[①]还有不久前在那不勒斯去世的

---

① 阿拉贡的焦瓦娜三世（Giovanna III d'Aragona，1517年去世）和焦瓦娜四世（Giovanna IV d' Aragona）。

匈牙利王后,[①]您知道她也是一位杰出女性,可以同她的丈夫、常胜不败的、光荣的马加什一世[②]相媲美。还有那不勒斯国王斐迪南多的妹妹伊莎贝拉·迪阿拉贡公爵夫人[③],她像火中的金子,虽命运多舛,仍表现出美德和才干。如果您去伦巴第,您应该知道曼托瓦的侯爵夫人伊莎贝拉,[④]她的美德表现在,即使受到委屈,她的谈吐也十分得体,好像那个地方的人说话就该如此。让我感到遗憾的还有,大家对她的妹妹米兰的贝阿特里切公爵夫人一无所知,[⑤]人们不会对女性的智慧表示由衷赞叹。还有我提到过的那两位夫人的母亲、费拉拉公爵夫人埃莱奥诺拉·迪阿拉贡[⑥],她的美德清清楚楚地向世界表明,她不仅配做国王的女儿,也无愧作为其先辈从未拥有的这个伟大国家的王后。还可以告诉您另一个女人,您知道世界上有多少男性能像那不勒斯的伊莎贝拉王后[⑦]那

[①] 即贝阿特里切·迪阿拉贡(Beatrice d'Aragona,1457—1508),她是那不勒斯国王斐迪南多一世(Ferdinando I)的女儿。

[②] 马加什一世(Mattia Corvino),匈牙利国王(1443—1490)。

[③] 伊莎贝拉·迪阿拉贡(Isabella d'Aragona,1470—1524),她是那不勒斯国王阿方索二世(Alfonso II)的女儿,嫁给米兰公爵吉安·加莱亚佐·斯福尔扎(Gian Galeazzo Sforza),后来爵位被卢多维科·伊尔·莫罗(Ludovico il Moro)废黜。

[④] 伊莎贝拉·埃斯特(Isabella d'Este,1474—1539),弗朗切斯科·贡扎加(Francesco Gonzaga)的夫人。

[⑤] 贝阿特里切·埃斯特(Beatrice d'Este,1475—1497),卢多维科·伊尔·莫罗(Ludovico il Moro)的夫人。

[⑥] 埃莱奥诺拉·迪阿拉贡(Eleonova d'Aragona)是那不勒斯国王(1450—1493)斐迪南多一世(Ferdinando I)的女儿,她嫁给埃尔科莱·埃斯特(Ercole, d'Este)后,生下阿方索(Alfonso)、伊波利托(Ippolito)、伊莎贝拉(Isabella)和贝阿特里切(Beatrice)。

[⑦] 伊莎贝拉·德尔·巴尔佐(Isabella del Balzo),那不勒斯国王费德里科·迪阿拉贡一世(Federico I d'Aragona)的妻子。

样坚韧地忍受命运的沉重打击？她在失去王国之后过着流亡生活，她的丈夫费德里科国王和两个儿子相继去世，她的长子卡拉布里亚公爵[1]身陷囹圄，在经历这一切之后，她仍然表明她是王后，就这样忍受着灾难和贫穷的困扰；她仍然让人们相信，是她改变了命运，而不是厄运改变了她。我就不一一讲述其他无数女士以及底层女性的事迹了，比如比萨的女人，在保卫她们的国家，抵抗佛罗伦萨人时，[2]个个英勇，不惧死亡，表现出的一往无前的精神世所罕见。因此，她们中的一些人得到许多著名诗人的颂扬。我还可以列举一些在文学、音乐、绘画、雕塑方面成就卓著的女人。但我不想一一置评，因为你们都了解。只要你们想一想熟识的女人，就不难理解，她们无论能力还是功绩都不亚于其父兄和丈夫，她们中的很多人使男人变得更好，常常纠正男人的许多错误。如果说今天世上已经没有远征他国、建设像金字塔和城市这样宏伟建筑的伟大女王，就像西徐亚女王托米丽丝[3]、西西里女王阿尔泰米西娅[4]、以及泽诺比娅[5]、塞弥拉弥斯[6]或克莱奥帕特拉，[7]那么，现在也不再有像恺撒、亚历山大、西庇阿、卢库鲁斯以及罗马帝国

---

[1] 即斐迪南多（Ferdinando）。
[2] 确切地说是1499年的事。
[3] 希罗多德（Erodoto）描写过的马萨格泰人（Massageti，公元前6世纪）的女王。
[4] 迈尔认为，应该是摩索拉斯（Mausolo）的妻子阿尔泰米西娅（Artemisia，死于公元前350年），而不是同名的哈利卡那索斯（Alicarnasso）王国的女王。
[5] 泽诺比娅（Zenobia），帕尔米拉（Palmira）的女王（公元3世纪）。
[6] 塞弥拉弥斯（Semiramis），公元前9世纪亚述王国（Assiria）女王，但丁谈到过她（《地狱篇》，V）。
[7] 克莱奥帕特拉，埃及王后（公元前69—前30），但丁也提到过她（《地狱篇》，V）。

诸帝那样的男人。"

37

这时弗里焦笑着答道:"不要这么说,因为现在再也找不到像克莱奥帕特拉或塞弥拉弥斯那样的女人,即便现在的女人没有掌握国家、权力和财富,但她们不乏效仿这两位女王的意愿,以尽情享受和尽可能满足自己的欲望。"豪华者朱利亚诺说:"弗里焦,您还是想跑题。但是,如果现在还能找到克莱奥帕特拉那样的人,那么比萨达纳帕卢斯①更坏的人可以说多得很。"加斯帕罗先生说:"不要这样比较,也不要相信男人比女人更加放纵。男人即使放纵也不是什么坏事,因为男人放纵无伤大雅,女人放纵则其恶滔滔。正如昨天所说,明智的做法是,允许女人在其他所有事情上都不受责备,这样她们就能全力保持贞洁这一美德,因为缺了它,她们生下的子女就不可靠了,②而血缘正是将全世界连接起来的纽带,因为人人天生都爱来自于自身的东西,这种联系不会消泯。因此,相对于男人而言,女人更应远离放荡的生活,因为男人不存在九月怀胎的问题。"③

38

豪华者朱利亚诺说:"您的这些观点真不错,我不知道您为什

---

① 萨达纳帕卢斯(Sardanapali),亚述国王,这里把他作为一个放纵的实例。
② 不确知他们的父亲是谁。
③ 把生育功能同自制联系起来的做法充分表明了对女性名誉的看法。

么不把它们写下来。但是，请您告诉我，为什么不让男人也像女人一样，认为生活放荡是可耻的。既然男性天生就有美德和能力，那就更容易保持克制这一美德，子女是谁的就更明确可靠。因为即使女人放荡，如果男人自制的话，他们也不会听任女人放荡，单靠她们自己，没有男人的配合，她们也不可能生育。但如果您愿意说真话，您就应当承认，我们男人利用自己的权威享有一种特权，即我们希望如果犯下同样的罪过，对我们的惩罚要轻，甚至还得到赞扬，对女人则要严厉惩处，即使不是处死，也要让她留下永久的骂名。这样的看法流传甚广，所以我认为，应当严惩那些造谣诬蔑女性清白的人。我认为，需要的时候，每位高贵的骑士都要拿起武器捍卫真理，特别是在知道某位女子被无端诬蔑为不贞的时候。"

39

加斯帕罗先生笑着答道："我不仅赞成每位高贵的骑士都应当像您所说的那样去做，而且还认为，某个女子因失宠或痴爱而大意失节时，为之掩饰就是对她们的最大礼遇和尊重。由此您可看出，我更多是站在女人一边的，理性允许我这样做，而您没有这样做。我并没有否认男人可以有那么一点点自由，因为他们知道，一般认为放荡的生活不会给他们带来像给女人的那种坏名声。女人由于天性愚钝，因而比男人更易服从于欲望，如果说她们有时极力克制不去满足其欲望，那也是由于难为情，而不是因为她们本意如此。但是，男人利用女人害怕名声受损的恐惧，几乎牢牢地把她们控制在这一道德范围内,说真的,要是女人丧失了它,就一钱不值了。因为女人除了生儿育女,并不能为世界带来益处,而男人则不同,他们管理城市,统帅军队,承担其他重要事务。您希望是这样的,所以我不想同您争论女人能做什么,只说说她们不做什么就够了。要在自制方面——如同在其他美德方面——的表现进行比较,男人也超过女人,尽管您不承认。对于这一点,我不想像您那样,引用许多历史故事或传说。我只向您说说两位伟大的年轻君主刚取得胜利后所表现出的自制,而普通人通常会显得趾高气扬。一位是亚历山大大帝,他善待被他打败的大流士的女眷。另一位是西庇阿,时年二十四岁的他攻占了一座西班牙城市①,给他送来的女人中有一位漂亮而高贵的年轻女子。西庇阿了解到她是当地一位士绅的新娘,未有任何亵慢之举,毫发无损地把她归还给了她的丈夫,且给了许多赏赐。我还可以告诉您色诺克拉底的事迹,他是一个非常自制的人,一个漂亮的女人脱光了衣服,躺到他身边,抚摸他,用尽了她所掌握的种种手段,要知道这女人可是个高手,但都无法激起色诺克拉底的欲望,折腾了一夜却一无所获。还有伯里克利,他只要听到某个人对一个漂亮小伙大加赞扬就会严厉斥责。其他许多自制的男人,他们这样做并非由于难为情或者害怕受罚,而大多数女人保持这一美德正是因为难为情或者害怕受罚。当然,女人即使如此也仍然值得赞扬,而那些以不实之词诬蔑女人不贞的人则如您所说应给予严惩。"

---

① 指卡塔赫纳(Cartagena)。

40

这时,很长时间没有说话的切萨雷老爷说:"大家想想看,加斯帕罗先生在以什么方式责备女性,而他说他在赞扬她们。如果豪华者朱利亚诺先生允许我代替他,回答加斯帕罗先生所说的几个问题——我认为,他在这几个问题上的反女性观点是站不住脚的——这对彼此都好。因为这样朱利亚诺先生可以歇一会儿,然后更好地阐述杰出的宫廷仕女这一议题。我很高兴有机会同他一起,担负起优秀骑士的这项任务,这就是:捍卫真理。"豪华者朱利亚诺先生答道:"真是求之不得,因为我觉得我已经尽力完成了我的任务,刚才所谈的也许已超出了我的议题。"切萨雷老爷补充说:"我不想再谈女人除了生儿育女之外还能对世界有什么用,因为生儿育女就已充分证明,她们不仅对于人类来说多么重要,而且对于我们更好地生存也十分重要。但我想说,加斯帕罗先生,如果像您所说的那样,女性比男性更加宾服于欲望,即便如此,她们也比男性更能摈除欲望,那么女性更值得赞扬,这您也同意,她们的本性未能强大到足以抵制自然欲望,就更值得赞扬。如果您说她们这样做是出于羞耻之心,我认为您赋予她们的就不是一种而是两种美德,因为她们更重视廉耻而不是欲望,因此她们就能远离恶行。我觉得廉耻心最终不是别的,就是怕丢脸,这是最稀有的美德,只有极少数男人拥有这种美德。如果我把许多不自制的男人做的糗事都说出来,那么就要玷污听众圣洁的耳朵了。更有甚者,不敬上帝、不敬自然的大多数是老年人,有的是教士,有的是哲学家，有的是神学家，他们脸上带着加图式的严肃表情统治着各个共和国，许诺要使世界完全正直廉洁。他们总是说女性放纵，他们痛心的无非是身体衰弱，力不从心，他们无法满足心中可恶的欲望。不过，他们常常能找到无需费力的方法去发泄。

41

"我不想再往下说了，只要您同意我的观点，即女人比男人更能摈弃可耻生活，我就满意了。当然，这种克制不是来自别处，而是来自她们自身。确实，很多女人遭受丈夫或父亲的严管或敲打，她们并不比那些享有一定自由的女人更有羞耻感。但是，对女人的主要约束一般总是来自她们对真正美德的热爱和对荣誉的渴望，我认识的许多女人都很珍视自己的生活。说真的，我们也见过许多高贵、稳重、聪明、能干、漂亮的年轻人，他们经年追求爱情，献殷勤、送礼物、恳求、落泪，总之是尽你所能想到的一切努力，最后皆为徒劳。也许有人会告诉我，我的素质从未让我值得被爱，但我的亲身经历可以证明，我也曾不止一次因一位女人的不变的忠诚和过分严肃而痛不欲生。"加斯帕罗先生答道："您不必对此感到惊奇，因为被人追求的女人总是拒绝求爱者，而无人追求的女人则总是追求别人。"①

---

① 出自奥维德关于爱情的老套说法，见《爱》（*Amores*），I，8。

42

切萨雷老爷说:"我从未遇到过被女人追求的男人,但是,我知道许多人因求爱不成,常常愚蠢地浪费时间,于是就动用手段进行报复,凭空编造谎言。在他们看来,说人家的坏话,编造一些不实之词,让某个贵妇人背负恶名,这也是宫廷仕女的命运。但是,那些无礼地自夸得了贵妇好处的人,不管他们的话是真是假,都应当受到严惩。即便他们受到惩处,也不能过分赞扬那些惩处他们的人。因为如果他们说的是谎言,还有什么是比采取欺骗手段剥夺一位尊贵仕女比生命还要珍视的东西更大的恶行呢?除了令她赢得应有的尊重外,还能有别的理由吗?如果他们说的是真话,那就是对女人忘恩负义,使她被假意的奉承和眼泪、不断的求爱、长吁短叹、诡计、圈套和虚假誓言所征服,她就那样坠入爱河而不能自拔,不小心成了恶灵的猎物?至于您所说的亚历山大和西庇阿闻所未闻的自制,我想说,我不否认两位的行为都值得赞扬,但您不能因此就说我给您讲的故事是重复古代的传说,我要讲的是我们时代一名普通女子的故事,她展示了比两位古代伟人更强的自制力。

43

"我认识一位漂亮又可人的年轻姑娘,姑隐其名吧,免得无知者对她飞短流长,只要听到她坠入爱河,那些人就会对她心怀恶意。一名高贵而优秀的小伙爱上了我说的这位姑娘，而她也全身心地爱上了他。她对我无话不谈，我不说是她的哥哥，而是她的密友；她对他也无话不谈。凡是看到这个年轻人的人，都看得出她的感情。她就像任何热恋的灵魂，炽热地爱了他两年，但一直非常克制，从未向他表露，除了那些无法掩饰的表示。她从未正面同他谈过，没有收过他的信或礼物，虽然她每天都期待收到这两样，这一点我很清楚。有时在暗地里得到一点那个年轻人的东西，她会视若珍宝，好像她的生命和所有的好事都来自这件珍宝一样。在这样长的时日中，除去相互见面，未对他做任何迁就，只是有时在节日活动中同他跳跳舞，就像同别人也跳舞一样。由于双方的条件都般配，两人都希望这种诚挚的爱有个美满结局，能够喜结良缘。城里的人们也都希望如此，只有姑娘狠心的父亲除外，他抱着奇怪的执念，要把女儿许配给另一个更有钱的人，这位不幸的姑娘除了伤心落泪之外并没有抗争；结果便酿成了一场不幸的婚姻。人们无不同情这对可怜的恋人，他们自己也都绝望了。可是命运的打击并没有消除两人心中已深深扎根的爱。在此后的三年中，姑娘小心地掩饰着，想尽方法压抑如今已无望的这份情感。在此期间，她一直极力克制自己，她明白已无法得到此生此世真正的爱人，便断绝了同他的一切往来，依照她的规矩，不接受他的任何讯息，不接受礼物，哪怕是他的目光。这个可怜的女人被痛苦压垮了，长期的情感折磨使她疲惫不堪，第三个年头就命丧黄泉。她宁愿放弃渴望得到的欢乐，最终放弃自己的生命，也不愿放弃贞洁。其实她并不是没有悄悄满足自己的欲望而又不损毁名声或造成其他伤害的办法和渠道，但她不去做她朝思暮想的事，也不去做她想取悦的人不断催促她去做的事。她没有那样做并非是由于害怕或对某个人的尊重，而仅仅是出于对纯真美德的热爱。还有另一个女人，不知您对她的故事有何看法？这个女人在六个月里，几乎每天夜里都同她心爱的人在一起，花园里果实累累，她的欲望炽热如火，她那视如生命的情人也含泪恳求，结果还是没有尝那甜蜜的禁果，尽管她赤身被那双手臂紧紧抱住，她没有依从，而是保持了自己的童贞。

44

"加斯帕罗先生，您认为这些自制行为与亚历山大的自制行为是一回事吗？亚历山大珍爱的不是大流士的女眷而是自己的英名，这使他为追求荣誉而不辞辛劳，甘冒风险，以使自己流芳百世。他不图别的，不惜用生命去赢得比其他人更高的声誉。他心里怀着这样的想法，不做他无意做的事，这有什么可惊奇的吗？他从未见过那些女人，不可能一见倾心，却可能因为他的敌人大流士而厌恶她们。在这种情况下，他对他们的每一个肆意行为都是愤怒而不是爱。因此，亚历山大以大度而不是以武力征服了世界，他不对妇女施暴并不是什么了不起的事。西庇阿的自制确实也值得大加赞扬，但是，如果您仔细想想，他肯定不能同刚才所说的那两个女人相提并论，因为他也不做他无意做的事。他是新任军事指挥官，身处敌国，马上要展开一项重要的行动，国内许多人对他寄予厚望；他还要考虑严明的法官，其中有人与他为敌，他们大罪小过并罚；他还知道，那位夫人出生高贵，嫁的是高贵的领主，如果他不那样做，就会树敌过多，胜利也会延后甚至完全丧失。由于种种原因和重要因素，他抛弃了那微不足道的有害欲望，表现出自制和开明的正直。正如史书记载，他的正直获得了敌国民众的好感，相当于拥有了另一支军队，用仁慈可以俘获民心，而用武力是做不到的。因此，与其说这纯属克制，不如说是一种军事计谋。另外，此人的这一名声也并非确凿无疑，因为一些权威作家①认为，西庇阿还是玩弄了那个年轻女人。但我所说的却确凿无疑。"

45

弗里焦说："这些您一定是在福音书中找到的。"切萨雷老爷答道："是我亲眼所见，而且我比您和其他人更坚定地相信，阿尔喀比亚德离开了苏格拉底的床，就像孩子离开父辈的床。的确，床上和黑夜是欣赏纯美的奇特地点和时间，据说苏格拉底的爱不带任何邪念，他爱的是心灵之美，而不是躯体之美。而且，心智更健全的是孩子而不是老人。当然，在男性的自制方面，除了色诺克拉底之外再也找不到更好的实例了。他全身心地进行研究，投入自己的职业，他的职业就是研究哲学，哲学存在于良行而不是言辞。他已经是个老人，精力已衰，无力再显示那种欲望，于是就远离一个妓女，只要一听到她的名字就心生厌烦。我更倾向于相信，只要冲动刚一露头他就压下去，在这种情况下动用的是

---

① 按照奇安（Cian）的看法（p. 362），这里说的作家指瓦莱里乌斯·安提亚（Valerio Anziate），奥卢斯·格利乌斯（Aulo Gellio）也谈到过他。

克制力，或者更确切地说，真正遏制欲望的东西是酒。要明确验证老人是不是自制，书中写道，通过酒完全可以做到。除了酗酒之外还有什么更能使一个老人失去自制力呢？如果说人到了老迈年高才不近女色值得赞扬，那么，柔弱女子能够克制，就像刚才我讲到的那两个女人，不是更应当赞扬吗？其中一位为自己的全部感官设定了严格的守则，不仅剥夺了视力，还要从心里驱逐出长期滋养其生命的甜蜜情思。另一位处于热恋之中，单独相处时被世界上她最爱的人多次拥入怀抱，但仍然能控制自己，且控制比她还要狂热的恋人，战胜过去和现在都常常使很多智者失控的炽热情感。加斯帕罗先生，在这种情况下，您不觉得那些作家描写色诺克拉底，把他称为克制者应该感到羞愧吗？因此我敢担保，没有人知道他是否真的一整夜直到第二天吃午饭时，都像泡在酒里的死人一样一直在沉睡，即使那个女人不停地抚摸他，他也从未睁开眼睛，好像吸了鸦片似的。"

46

这时，所有人都笑了，埃米莉娅夫人也笑着说："加斯帕罗先生，说真的，如果您仔细想一想，我相信您还能找出与此相似的另一个自制的好榜样。"切萨雷老爷答道："夫人，您不认为他所讲的伯里克利也是自制的一个很好的范例吗？我只是好奇，在写他的事迹时怎么没有提到他的克制和他回答一个人时所说的一番妙语。有人问他，同女人过一夜代价是不是太高，他答道，他不愿花那么多的钱去买后悔药。"切萨雷老爷也笑了，停了一下后接着说:"加斯帕罗先生,请原谅我实话实说,因为所有这些令人赞叹的自制都是男人自己写的,他们反过来又指责女性不自制,而实际上每天都可以看到女性自制的无数表现。确实,如果您仔细想一想,女人的心也并非是一座不可攻陷的城堡,也并非防卫森严,用一些方法和计谋是可以攻破的。君主养大养肥了许多人,他们备受尊重,拥有要塞、城堡,甚至操控整个国家、社会生活和其他一切利益,他们不顾廉耻,或者不怕被称为变节者,却反过来无耻地说女性贪婪,而女性本不该受此谴责。上帝希望在我们当下很难再找到这样的男人,从而不费很多周折就能找到做应该做的事的人,而不是委任做不成事的男人。我们难道没有看到每天有很多男人在森林和海上为了抢劫而杀人?难道没有看到多少高级教士盗卖教堂里的圣物?难道没有看到多少法官伪造遗嘱?多少男人发伪誓?多少男人仅仅为了钱作伪证?多少医生也是为了这一目的而毒死病人?还有多少男人因为怕死而干出卑劣之事?可是,同所有这些进行有效艰苦斗争的常常是柔弱的年轻女人,这样的女人比比皆是,她们宁愿选择死也不愿失节。"

47

加斯帕罗先生说:"切萨雷老爷,我想当今世界再也找不到这样的女人了。"切萨雷老爷答道:"我不想给您举古代女性的例子,只想说,过去有、现在也有很多女人遇到这样的情况并不怕死。我记得不久前,卡普阿遭法国人抢劫,[①]时间并不久,您却记不清

[①] 此事发生在1501年。

了,卡普阿市有位年轻美貌的贵族姑娘,[①]她被带离自己的家,出门后被一伙加斯科涅人抓获,走到流经卡普阿的一条河的河边时,她弯下身来假装系鞋带,趁着押送她的人不备,纵身跳进河中。下面这个乡间女孩不知您如何评价,几个月前,在曼托瓦附近的加佐洛,女孩和她姐姐在田里拾麦穗,因为口渴到一户人家找水喝。那家的主人是一个青年,看到她单身一人,貌美如花,便一把把她抱住。起初好言相劝,后来就恶语威胁,要她满足自己的欲望。她一直顽强地抗拒,但最后还是被对方暴力制服了。事后她披头散发,哭着回到田里找到姐姐,姐姐一再询问,她也没有告诉姐姐在那个人家发生的伤心事,而是朝回家的路上走去。她似乎渐渐平静下来,讲话时也不怎么激动,于是向姐姐托付了几件事,然后来到流经加佐洛的奥利奥河边。她同姐姐拉开了一段距离,姐姐不知道、也想象不到她要干的事,她突然一跃跳进河里。湍急的河水带着她向下游奔流,姐姐沿着河岸哭喊着追了她好长一段。每当这个可怜的姑娘浮出水面时,她的姐姐都把随身带的捆麦穗的绳子抛给她。虽然绳子不只一次落在姑娘的手边,或者她被冲到离岸不远的地方,但这位坚贞不屈的姑娘一直拒绝接住绳子,听任自己随着河水漂流而下,放弃可以挽救她性命的任何救助,不久她即溺水而亡。她的死并非因为她有贵族血统,也不是害怕更残酷的死亡或者担心坏名声,而仅仅是由于失去童贞而感到痛苦。从这件事您可以看出,不知还有多少女人有过人们永志不忘的高尚行为,她们的事迹却被人们遗忘了。这样的事

[①] 对这个女人尚无确切的资料。

哪怕就发生在三天前,且有人见证了她的美德,却再也没有人谈到她,连她的姓名也无人知晓了。如果我们公爵夫人的叔叔,①曼托瓦的主教没有突然去世的话,现在会在奥利奥河的岸边,就在那个姑娘自沉的地方建一座漂亮的墓碑,以纪念这个光荣的灵魂,这个灵魂在她活着时寄寓一个普通女孩的身体,在她死后应享有清白的名声。"

48

说到这里,切萨雷老爷停了片刻,又接着说:"我在罗马的时候,那里也发生过一件类似的事。一个漂亮的罗马贵族姑娘,被一个深爱她的年轻人长时间地穷追不舍,但姑娘却看都不看他一眼。此人没有办法,就用钱买通了她的侍女。侍女为了钱,愿意满足年轻人的要求,说服她的女主人,在人不太多的一天前往圣塞巴斯蒂亚诺教堂。侍女安排妥当后告诉了年轻人,并授意他如何行事。侍女陪着姑娘来到教堂的地下坟场,几乎所有参拜圣塞巴斯蒂亚诺教堂的人都要去参观该坟场。年轻人早已悄悄等在那里,剩下他和那位他深爱的姑娘独处时,他便开始用各种甜言蜜语来求得她的欢心,求她怜悯他,把以前的冷淡转变为爱。后来,他看到这一切都是白费唇舌,便转而进行威胁。但这一招也不灵,

---

① 公爵夫人伊丽莎白的叔叔卢多维科·贡扎加(Ludovico Gonzaga)从1483年到1511年任曼托瓦的主教。这段故事也见于班戴洛(Bandello)的小说(I,8),称她为朱利娅(Giulia)。卡斯蒂廖内在手稿中说,"她的名字是马达莱娜·比加(Madalena Biga)"。

于是他便凶狠地打了姑娘。最后，年轻人知道，如果不用暴力，他就无法达到目的，便请求那个把姑娘带到那里的坏侍女的帮助，但这也不能让姑娘屈服。无论言语还是行动，姑娘虽然筋疲力尽，依然尽可能自卫。此时，年轻人看到无法遂愿，便恼羞成怒，加之害怕姑娘的亲友知道以后会受到惩处，在同样害怕惩处的侍女帮助下，这个邪恶的家伙竟把可怜的姑娘活活掐死，将尸体抛在那里。年轻人逃跑后藏匿起来。那个盲目的从犯跟着犯罪的侍女不知如何逃跑，露出了行踪。她被捕后交代了一切，为此受到了应得的惩处。那位誓死捍卫自己尊严的姑娘，受到人们极大的尊重，她的遗体从地下坟场抬往罗马陵园，她头戴桂冠，无数男女相随，人们回到家里还眼含着泪水。这颗稀有而高贵的灵魂受到了全体人民的普遍哀悼和赞扬。

49

"谈一个你们都认识的人的事，你们还记得费利切·达拉·罗维雷夫人①去萨沃纳的事吗，当时，她怀疑教皇亚历山大派帆船悄悄尾随在后，她下定决心，如果那些船再继续靠近，无法逃跑时就投身大海。作出这样的决定不能说她轻率，因为你们都知道，罗维雷夫人既美丽又聪慧。这里，我也不能不为我们公爵夫人说句话，她十五年来像一个寡妇一样陪伴着她有病的丈夫，不仅从未向世界上任何人提起过此事，而且当她的亲友劝她离异、摆脱

---

① 教皇儒略二世（Giulio II）的亲生女儿。

守活寡的生活时,她却宁愿选择同丈夫一起流亡,忍受贫困和其他种种不幸,而不愿接大家都认为是幸运的恩惠和富贵。"切萨雷老爷还要继续说下去,公爵夫人说:"讲点别的吧,不要再谈这个话题了,因为您有很多别的话题可说呢。"切萨雷老爷接着说:"加斯帕罗先生,我知道您不会否认我说的吧,弗里焦,您也不会否认。"弗里焦答道:"不否认。但是,一个人算不得数。"

50

于是,切萨雷老爷说:"真的,这些美德带来的伟大成果体现在少数女人身上。但是,抵御爱的进攻的女人都值得称道。而那些被爱降伏的女人也值得同情,因为情人的挑逗勾引、他们运用的手段、设下的圈套花样繁多,连续不断,一个柔弱的姑娘能够从他们手里逃脱简直是奇迹。被征服的女孩哪一天、哪一刻不被爱慕者用金钱、礼物以及所能想象的任何取悦她的东西引诱?当她靠近窗口时,总能看到那个固执的爱慕者默默经过,却用眼神向她表白,表情痛苦、面容憔悴、唉声叹气、甚至眼睛常常饱含泪水?[①]她去教堂或其他地方时,那人总是在她面前,处处看见那双眼睛里的忧郁,好像正在等待死亡来临?一段时间以来,化装表演、虚构故事、开玩笑、活动、节日庆典、舞会、游戏、假面舞会、马上比武、体育比赛,所有这些都是为她而举办的。夜间,只要一醒来,就会听到小夜曲,要不就是屋外的叹息和哀怨。如

---

① 这一节的写法受到奥维德的《爱艺》的启发。

326 果她大着胆子想同侍女聊聊此事，被收买的侍女很快就会顺手把爱慕者送给她的小礼物、情书、一首商籁或别的什么东西送给女主人。借机让她知道那个可怜的年轻人的爱是多么炽热，为了她可以不顾自己的性命，他只求她的忠诚，只想和她说几句话，别无所求。从此，所有的困难都迎刃而解：偷配的钥匙、绳梯、催眠药。事情很快就有了眉目。还有其他许多更糟糕的例子。总之，一切都变得那么容易，她就不会再有麻烦了，只需说：'我愿意。'如果这个可怜的姑娘一时还会抵制，各种引诱随之而来，不难找到种种办法通过死缠烂打来扫除剩余的障碍。很多人看到阿谀奉承不起作用后，便转而进行威胁，说要公开那些不该背着丈夫做的事。另一些人竟敢去同她的父亲或丈夫谈判，做父亲或丈夫的为了钱财或别的好处，违背自己的女儿或妻子的意愿，听任她跌入苦海。还有一些人用诅咒和巫术去剥夺上帝赋予每一个灵魂的自由。一些惊人的事情就发生了。但我不想罗列上千年来男人为满足自己的欲望而对女性设下的无数陷阱。除了每个人能自己找到种种花招外，还不乏聪明的作家，在书中教唆别人如何诱骗女性。[①]您想想，有了这样多的罗网，这些单纯的鸽子被如此甜蜜的诱饵引诱，怎么能安然无恙呢？如果一名女子看到一个英俊、高贵、习惯良好的青年男子多少年来一直爱她、仰慕她，每一天无

327 数次地表示为了侍奉她而甘冒生命危险，除了让她高兴以外别无

[①] 关于爱的论述，卡斯蒂廖内在这里不仅介绍了奥维德的经典著作，还介绍了安德雷亚·卡佩拉诺（Andrea Cappellano）和马里奥·埃奎科拉（Mario Equicola）等人的观点。

所想，就这样死缠烂打，像水滴石穿①一样，她终于爱上他，终于被他的爱所征服，由于您所说的她在性方面的愚蠢，同意了她的爱慕者想要做的那件事，您认为这严重吗？您认为这是严重错误，以致这位被奉承所俘虏的可怜女人不应得到连杀人犯、窃贼、刺客、叛徒也经常得到的饶恕吗？您难道认为这种罪恶令人发指，一旦发现某个女人犯了这种罪，她的贞洁就再也分文不值，她们的不自制应当受到鄙视，而不考虑她们中许多人都是受害者，她们在爱的不断诱惑下，也曾表现得比海浪冲击下的礁石还要坚强？"

51

切萨雷停下来之后，加斯帕罗先生正要开始回答，奥塔维亚诺却笑着说："唉，看在上帝的面上，您就认输吧！我知道您不会得到什么好处。我觉得，您不仅使所有的女性都与您为敌，而且还招来大部分男士的敌意。"加斯帕罗先生笑着说："不，女士们应当大大地感谢我，因为如果我不反对豪华者朱利亚诺先生和切萨雷老爷的话，那就听不到他们对女性的高度赞美了。"切萨雷老爷说："朱利亚诺先生和我对这些女性的赞美，以及对其他许多有名的女性的赞美，其实都是多余的。谁不知道在我们一生中如果没有女性是不会高兴和惬意的？如果没有她们，生活将不那么精细，缺少任何温柔，比山里野兽生活的环境还要粗

---

① 这一形象也源于奥维德。

野。谁不知道只有女人才能清除我们心中所有卑劣低贱的想法，①清除经常伴随我们的忧虑、不幸和悲伤？如果认真想一想真实情况，我们还会知道，在对一些重大事务的认识上，她们会使我们不偏离理智，保持清醒。在战争中她们能使男人毫无畏惧地勇往直前。当男人的心中燃起爱的火焰时，就不会出现懦弱的想法，②因为坠入爱河的人总是希望尽可能要显得可爱，总是担心出现蒙羞之事，可耻的行为会大大有损于爱人的评价。他甚至可以在一天内不惜无数次冒生命危险，以证明他配得上那份爱。如果把所有热恋中的男人组成一支军队，在他们心爱的女人面前战斗，那么这支部队将征服全世界，除非另一方的部队也全是由热恋中的男人组成。你们肯定相信，特洛伊城之所以能抵御整个希腊的进攻达十年之久，恰恰是因为，一些热恋中的男人在出城战斗之前，当着他们所爱的女人的面武装起来，这些女人还常常帮着他们装备。他们出发时，女人会鼓励他们，他们胸中燃烧着爱的火焰，使他们表现得更像一个真正的男子汉。投入战斗时，他们知道女人们在城墙和城堡上观看，他们表现出的勇敢、所受的考验都会得到她们的赞扬，这对他们来说就是世界上最大的褒奖。很多人认为，西班牙国王费尔南多和伊莎贝尔战胜格拉纳达国王主要应该归功于女性，因为每当西班牙军队出征迎敌时，王后伊莎贝尔都要率领她的宫中女眷助阵，军中有许多正热恋中的贵族骑士，在他们看到敌人之前，总是和自己的女人聊天，然后各自离开自己的女人，怀着她们的爱所激发的勇气在她

---

① 爱情作为自我完善的手段，是温柔的新体派（stilnovistico）的主题。
② 爱能让人勇敢和可爱，这也是温柔的新体派的主题。

们的注视下冲向敌人,他们希望让他们的女人知道,她托付一生的人勇猛无比。因此,很少有西班牙骑士在战斗中逃跑,而摩尔人则死亡人数众多,这都应归功于那些高尚可爱的女人亲临阵前。因此,加斯帕罗先生,我真不知道是什么邪念促使您去责备女人。

52

"您没有看到,世界上所有迷人的操演不为了别的原因,都是为了取悦女性吗?那些研究舞蹈且舞姿优美的人不都只为了让女人高兴吗?喜爱演奏温柔音乐的人不是只为了求得女人的欢心吗?那些写诗的人,至少是用俗语写诗的人,不都是在表达女人所激发的情意吗?您想想看,如果诗人不重视女性,有多少用希腊语和拉丁语写成的优秀诗篇我们会无缘吟诵?且不说这一切,我们只说,弗朗切斯科·彼特拉克老爷用我们的语言写下了种种爱的感悟,如果他只写拉丁作家所关注内容的诗歌,那不是巨大的损失吗?对美少女劳拉的爱有时使他偏离了正轨?我还没有提到当今世界上最聪明的一些人,[①]以及此刻在场的一些人,他们每天都创作出高贵的诗歌,其灵感也完全来自女性的美丽和美德。您看看所罗门王,他用象征的手法描写一些崇高的神圣事物,为了给这些事物披上一层优美的面纱,便设想这是一位热恋中的人同他的女人热烈而多情的对话,[②]他觉得在我们凡人中间除了对女

---

① 指本博和朱利亚诺·德·美第奇。
② 这是对《雅歌》(*cantico dei cantici*)的寓意的解读。

人的爱之外再也找不到同神圣事物更匹配、更相像的任何事物了，他想以这种方式向我们传递通过他自己的认识或者恩典比别人感知更多的神性的气息。因此，加斯帕罗先生，您用不着就此争辩，至少无需赘言。但您否认了事实，就妨碍了人们对宫廷仕女之完美的很多重要东西的理解。"加斯帕罗先生答道："我觉得，对您再也无话可说了，即使您认为豪华者朱利亚诺先生在美化女人方面还做得不够，也不是他的错，而是那个让世上再无美德的人的错，因为他把世上所有的美德都给了女人。"①公爵夫人笑着说："你们看看，朱利亚诺先生说不定还能找到一些美德。"朱利亚诺答道："说真的，夫人，我认为我已经说得够多了，对于我来说，我喜欢我描述的这位女性，如果诸位先生不喜欢她，那就把她留给我吧。"

53

这时，所有人都沉默了，费德里科老爷说："朱利亚诺先生，为了让您再讲点别的，我想就宫廷仕女的主要职责向您提一个问题，这就是，我想知道，在我认为非常重要的具体事情上她会如何行事。因为尽管您赋予她的优秀素质中包括了聪明、智慧、良好的判断力、机敏、谦逊等种种美德，因而她对各色人等和各种事务必然都能应对自如。但我认为，同其他任何事相比，她首先需要知道在爱情上的一些考虑，因为每个优雅的骑士都会把我们

---

① 说把所有美德都给了女性，这是一种讥讽的口气。

提到过的精彩的操演、优雅的举止和华丽的服饰,作为博得女人青睐的手段,也会动用花语巧言。他们不仅热情洋溢,而且还常常给心仪的女子戴高帽子,他似乎觉得,对她示爱才足以证明她值得爱,美丽,有很多优点,以致所有人都愿意为她效力。因此我想知道,在这方面这位女子会如何谨慎行事,如何应对那些真正爱她或假意示爱的人,她应该假装不明白呢,还是应该回应或拒绝对她的爱,她应该如何自持。"

54

豪华者朱利亚诺先生说:"首先需要教她认清①哪些人是假爱,哪些人是真爱,然后才是回应以爱还是拒绝。我认为,她不应听从他人的意愿去处置,而应按照自己的意愿行事。"费德里科老爷说:"那您就教教她,从哪些明确的表现可以区分真心实意和虚情假意,哪些证据可以使她确定应该积极回应对她表示的真爱。"朱利亚诺笑着答道:"我真的不知道,因为现在的男人太狡猾了,他们竟然制造无数的假象,有时他们本来想大笑却反而痛哭流涕。因此,应当把他们送到费尔玛岛上的'真爱拱门'②下。但正因此,应该给予我塑造的这位女子以特殊保护,她是我创造的形象,不会犯我见过的其他许多女性所犯的错误。我可以说,她不会轻易相信自己获得了爱,她也不会像某些女性那样,假装不理解某人

---

① 谈话进入对爱这一议题的探讨。
② 指西班牙骑士小说《高卢的阿玛迪斯》(*Amadis de Gaula*)的主题,贝尔纳多·塔索(Bernardo Tasso)将这部小说改编为意大利语。

的示爱，哪怕是含蓄的示爱，而是一开始就接受对方对她的全部赞美，或者貌似拒绝，实则邀约。因此，我希望，我所塑造的宫廷仕女在谈论爱情时，尽管爱他，但不要相信向她示爱的男人真的爱她。如果那位绅士傲慢自负——可惜好多人都是这样，对她说话不那么尊重，她应该明确告诉他，他让她感到不快。如果对方还比较谨慎，出语谦逊，示爱含蓄，像诸位先生所塑造的廷臣那样文雅，那么她就要假装不明白，把他的话解释成别的意思，但始终要尽量克制，用已经说过的恰到好处的聪慧、谨慎的方式，竭力避开这一话题。如果话题没有改变，她又不能假装不明白，那么她可以把这一切当作一个玩笑，显得她知道，接下来的一定是对她的吹捧，因为那也是一些戏言，是为了讨好她，而不是真话，把对方对她的赞美看作是绅士的礼貌。这样处置颇为妥当，避免受骗。我认为，宫廷仕女应该用这种方式来谈论爱。"

55

这时费德里科老爷说："您这样讲这个话题，好像所有男人在同女人谈到爱时，必然都在说谎，设法欺骗对方。如果真是这样，我要说，您的教导很好。但是，如果遇到的骑士真的爱她，为爱而柔肠百转，而您要女子决不要相信他所说的话，您不认为这是对他的惩罚，甚至使他陷于致命的灾难吗？难道发誓、眼泪和别的一些表示就不应该有一点作用吗？朱利亚诺先生，您看，您不认为许多女人天生就残忍，您这是在教唆她们更加残忍。"朱利亚诺答道："我这里说的不是抱有真爱的人，而是那些谈论爱的人，他们谈论爱情的一个最必要的条件就是巧舌如簧,而真正热恋中的人,心中爱火在燃烧,舌头就会发凉,不善辞令,很快就会沉默不语。所谓'深爱之人寡言'并非虚语。[①]关于这一点,我相信,人们的习惯不同,不存在什么一定之规。除了下面这一句之外我不知道还有什么可说的:女人一定要小心,永远要牢记,男人表达爱时遇到的危险比女人小得多。"

56

加斯帕罗先生笑着说:"朱利亚诺先生,您不想让您的这位优秀的女性也恋爱,至少在她知道自己被真正爱上的时候?如果廷臣的爱得不到回应,我们很难想象他会继续爱下去,这样她就没有恋人献殷勤了,特别是爱和尊敬,情人们正是怀着这些情感去看待他们所爱的女人的美德。"朱利亚诺说:"在这个问题上我并不想给任何建议。我说的是,正如您现在所理解的那样,谈情说爱只适合于未婚女性。[②]因为如果谈情说爱不是以婚嫁为归宿,女人必然总是感到懊悔和痛楚,冒清白名声受玷污的危险。"这时费德里科老爷笑着答道:"朱利亚诺先生,我认为您的看法太严厉了,我想大概您是从某些教士那里听来的,他们斥责那些坠入情网的平民女子,目的是自己占有其中最好的女人。我觉得您对已婚妇女的要求太苛刻,她们中的很多人已处境艰难,丈夫无缘无

---

① 这是从卡图卢斯(Catullo)到写《阿明塔》(*Aminta*)的塔索(Tasso)写情诗时的老生常谈。

② 在这一讨论中并不认为婚姻是骑士的爱情的障碍。

故地憎恨她们，虐待她们，有时丈夫另觅新欢，有时会给他们制造各种各样的烦恼；有的女人被其父强迫嫁给老人、病人、丑人、不顺眼的人，她们一直生活悲惨。如果允许那些女人合法离婚，①同她们不般配的配偶分手，也许她们就会放弃另寻佳偶了。婚床本应是合欢之所，可是，要么是命定敌对，要么是性格不合，要么是别的什么原因，床却成为宣泄愤怒、播撒憎恨的种子之域，随后产生的便是愤慨、怀疑和仇恨的毒刺，折磨着那些不幸女人的心灵，她们被解不开的链条残忍地捆住，直至死亡。在这种情况下，您为何不让这些女人寻找减轻痛苦的办法、把她丈夫既鄙视又憎恨的东西献给别的男人呢？我认为，女人若嫁得如意郎君且得其宠爱，就不该给丈夫带来骂名，而另有一种女人不爱爱她们的丈夫，那就是在侮辱自己了。"朱利亚诺答道："不爱夫君而心有别属，确实是在侮辱自己。因为在很多情况下，不爱并不取决于我们自己的意志，如果某个宫廷仕女也遇到了这样不幸的情况，遭到丈夫的憎恨或由于别的男人的爱而陷入爱河，即使是这样我也希望，她只能在心中暗恋那个人，而不能透露出爱他的任何迹象，无论言语还是动作或其他让他确信的方式。"②

57

罗贝托·达巴里老爷也笑着说："豪华者朱利亚诺先生，我不

---

① 在特伦托公会议（Concilio di Trento）之后离婚才被禁止。
② 这一节比较明显地反映了卡斯蒂廖内的一种道德观，古典文化鲜少对这种道德观的探讨。

同意您的说法，我相信会有许多人赞同我的意见。您教已婚女人要矜持，难道您也要求未婚女子生硬无礼、不给她们的情人哪怕是些微的好感吗？"朱利亚诺先生答道："如果我塑造的宫廷仕女尚未成婚，有人爱她时我希望她去爱一个能够以身相许的人，我不会认为她向对方显露一些爱意就属不轨。在这一方面我想用几句话教给她一个普遍适用的规则，她不必费力即可记牢：她可以向爱她的人表明她的感受，除了会引起情人邪念的暗示。在这方面必须小心，因为很多女性易犯一个错误，通常她们只在意自己的美貌，她们认为有许多追求者就证明了她们长相出众，所以，她们总是竭力争取更多的情人。于是，她们就变得不那么自重了，失去了应有的端庄、克制，目光放肆，语言挑逗，行为无耻，她们以为男人会乐见她们这样做，用这些方式可以使对方爱上自己。实际上这并非真爱，因为他们的反应不是由爱引起的，而是由希望得到满足的欲望引起的。因此，我希望我所塑造的宫廷仕女不要采用不光彩的方式，主动去迎合人，像小鸟一样，谁的眼睛瞄上她，喜欢她，就向谁飞去，而要以她的德行、良好习惯、美丽、文雅，让看到她的人内心产生那种可爱事物应该得到的真爱，以及心怀邪念的人不敢奢望的尊重。于是，被这样的女子所爱的男人必定理性地满足于她的哪怕微妙的暗示，更珍视她含情脉脉的一瞬。对于这样一位女士，我不知道还应补充什么，让她得到一位（像在座先生所塑造的）优秀廷臣的爱，同时她也爱他，就尽善尽美了。"

58

豪华者朱利亚诺先生谈到这里停了停,这时加斯帕罗先生笑着说:"现在你们不会因为朱利亚诺先生没有塑造出完美的宫廷仕女而感到遗憾了,如果能找到这样一位女士,我认为她应该得到与廷臣同样的尊重。"埃米莉娅夫人答道:"我找这样的女士,您得去找那样的廷臣。"罗贝托老爷补充说:"确实不能否认豪华者朱利亚诺先生塑造的女性并不完美,说到爱的最后几种要素,我觉得他的要求似乎苛刻了一些,特别是,要她通过自己的言语、姿态和行为去消除爱她的男人的希望,让对方相信终究还是不抱爱她的希望为好。谁都知道,没有人会去做无望的事情。虽然可以找到这样的女人,以她的美丽或才华为傲,她向仰慕者说的第一句话就是,不要指望从她那里得到他想要的,但她的表情和态度又有那么一点亲切,这些善意的姿态部分缓和了她的傲慢。但是,如果这个女人的行为、言词、态度摒除了对方的全部希望,我认为,我们的廷臣如果明智的话,就不要再爱她了。这样,这个女人也会因为没人爱而不再完美。"

59

豪华者朱利亚诺先生说:"我并不想我的宫廷仕女放弃所有的希望,只是希望她不要做那些不正当的事情。如果廷臣像在座先生们所塑造的那样彬彬有礼,处事周全,那么他不仅对她不再抱希望，也不会再去追求她。因为如果我们赋予女性美丽、品行、聪明、善良、智慧、谦逊等诸多美德，是廷臣爱她的缘由，那么这种爱必然是有德的。① 如果我们塑造的廷臣高贵，能文能武，擅长音乐，谈吐风雅，这些都是令女士心仪的手段，那么，这一手段必须与它的目的相一致。再者，世上的美有千千万，男人的欲望也各不相同。常有这样的情况：男人看到一个高冷的美女，无论她是擦肩而过，还是戏谑逗趣，无论她做什么，男人都会感到自惭形秽，几乎不敢上前致意，以至于看到她的人都会对她产生某种尊敬。在欲望的驱使下，他们转而喜欢上有点儿可爱、媚态的娇柔的女人，她们的言行和长相都有某种慵懒的味道，好像很容易坠入情网。另一些男人为了避免受骗，他们爱那种开朗的女性，她们的眼神和言行让人觉得她们很单纯，不隐瞒自己的想法。还有一些灵魂高贵的男人，认为美德就在于战胜困难，令人愉悦的胜利在于克服在别人看来难以克服的困难，因而他们很容易爱上眼神、言语和举止比其他女性显得更高冷的女人。他们想证明自己有能力改变一个执拗的心灵，能驾驭倔强和不逊的女人。这些人非常自负，他们相信自己不会受骗，甘心去爱那些耍聪明、弄手段，把各种狡诈隐藏在美丽背后的女人；或者，甘心爱那些既美丽又高傲、寡言笑、对欣赏她、为她效力的任何人都吝于赞美的女人。还有一些男人，如果女人的外貌、言语和举止都不优美，习惯也不好，知识也不丰富，不像世上的鲜花那样完美，他们认为这样的女人是不值得爱的。如果我的宫廷仕女没有遇到意

---

① 请注意这段文字的思想一致性，它很好地对应了达成完美廷臣所需的平衡。

图不纯的爱,这并不意味着她没有人爱,因为她不缺被她的美德和自信所打动的男人,他们知道她值得爱。"

60

虽然罗贝托老爷表示不同意这一说法,但公爵夫人还是认为他错了,仍然相信豪华者朱利亚诺先生的说法,并且补充说:"我们没有理由对朱利亚诺先生表示不满,因为我真的认为,他塑造的宫廷仕女可以同廷臣媲美,而且还要更好一些,因为他教她如何去爱,而在座的先生们在塑造廷臣时并没有教他如何去爱。"这时,乌尼科·阿雷蒂诺说:"教女人如何爱很有用,因为我很少看到女性懂得如何爱,所有女性差不多都美丽却又冷漠,忠心为她们效力的人她们反不领情,高贵、文雅和具有德性的男士她们反而不动心,却常常被愚蠢、卑劣、不值一提的男人俘获,他们不仅不爱她们,还恨她们。因此,为了避免犯大错,也许最好是首先教她们学会选人,谁值得爱,然后再去爱。这对于男人来说就没有必要,因为他们早已明明白白。我本人就是一个例证,从未有人教我如何去爱,如果遇到貌若天仙、品行圣洁的夫人,[①]我会情不自禁爱上她,也就无需玩什么技巧或请教导师了。我相信在怀有真爱的男人身上,这种情况都会发生。因此更重要的是教廷臣如何可爱而不是如何去爱。"

[①] 指伊丽莎白公爵夫人。

61

　　埃米莉娅夫人说:"乌尼科先生,现在您就谈谈这个话题吧。"乌尼科答道:"我觉得,要想得到女性的欢心,首先要取悦她们,向她们献殷勤,可是,她们如何看待男性的讨好、献殷勤,我想必须向她们请教,因为她们常常想法古怪,男人简直无法想象,甚至有时她们自己也不知道想要什么。因此,最好是您,夫人,您是女性,您当然知道女性喜欢什么,就劳驾您讲一讲,好让世人都受益。"埃米莉娅夫人说:"您颇受女性喜欢,这就足以证明您知道讨她们欢心的秘诀,还是由您来讲最合适。"乌尼科答道:"夫人,我对恋爱的男人的最有用的建议就是,不要束缚他想取悦的女性,因为有时即使世人都认为我具备的优点,再加上我的最真挚的爱,也无法形成足够的力量让我被人爱,就像您让我招人恨一样。"

62

　　埃米莉娅夫人答道:"乌尼科先生,向上帝保证我从未想过让您招人恨,不仅因为这样做不对,而且如果做不可能的事,岂不被人认为是愚蠢。但既然您要我谈谈如何取悦女性,那我就说一说吧。如果得罪了您,那就不要怪我了。我认为,谁要想招人爱,首先要心中有爱,要可爱,[①]有了这两点你才能获得女性的好感。

---

　　① 这是已多次谈到的说法。

现在，为了回答您对我的指责，我要说，谁都知道、也看到您是一个很可爱的人，可是，您说您真心爱人，我却十分怀疑，或许其他人也有此疑问。由于您太可爱了，许多女人爱您，一条大河四处分流，形成了条条小溪。爱也是这样，爱分给了不止一个对象，就没有多大力量了。您还反复抱怨，指责您曾经为之效过劳的那些女人不知感恩，这似乎不真实，说您有那么多功绩，您这是在掩盖您从爱中获得的满意、喜悦和恩惠，是向爱您、已成为您猎物的那些女子保证，不会公开她们的姓名。可是，她们对您公开与别人虚与委蛇来掩盖她们对您的真爱表示满意。① 因此，如果您现在假装爱的女人不像您希望的那么轻信，那是因为您的伎俩已经为人所知，而不是因为我让你招人恨。"

63

乌尼科先生说："我丝毫不想驳斥您所说的这些话，因为我觉得我讲的真话注定不会被认可，正如您讲谎言人们也不会信以为真一样。"埃米莉娅夫人答道："乌尼科先生，您说您并不像人们所想象的那样去爱女性，因为您一旦爱上她，您的全部愿望就是竭尽全力去取悦于您所爱的人，以她的所愿为您的所愿，因为这就是爱情的守则。但是，您如此埋怨她是在欺骗她，如我所说，或者确实证明您想要的并非是她所想要的。"乌尼科先生说："不，我的确想她之所想，这是我爱她的证明。但是，我之所以抱

---

① 这是那些未公开姓名的女人采用的古老的权宜之计。

怨，是因为她之所想并非我之所想，按照您所说的同一守则，这表明她不爱我。"埃米莉娅夫人答道："一个人开始爱一个人，就应当开始取悦他所爱的人，并按她的想法来调整自己的想法，使自己的愿望服从于她，使自己的心灵如同侍女一般听从使唤。您不能想别的，只能想如果可能的话，把自己变成心爱的那个人，这样想是为了让她满意，因为真爱的人都是这样做的。"乌尼科先生说："我的最大幸福是同一个愿望既指引她的心灵也指引我的心灵。"埃米莉娅夫人答道："您正应该这样做。"

64

贝尔纳多老爷插话说："当然，谁要是真爱，他就会一门心思取悦所爱的女人，向她献殷勤，不会有其他想法。但是，有时为爱付出的努力却不为对方所知，因此我认为，除了爱和效劳之外，还要明确表明这种爱的心迹，使被爱的女性不至于假装不知道。但要十分慎重，不能显得对她不太尊重。因此，夫人，您开始时说情人的心灵应像侍女一样听从被爱的女人，您还教他如何做到优雅的秘诀，我认为非常重要。"切萨雷老爷笑着说："如果这个有情人非常腼腆，羞于对她表明心迹，那就写信告诉她。"埃米莉娅夫人补充说："而且，如果像应该做到的那样十分谨慎的话，首先要让心爱的女人明白，你不会伤害她。"这时加斯帕罗先生说："所有女人都喜欢别人向她求爱，即便打算拒绝时也是如此。"豪华者朱利亚诺答道："您大错特错了，我不建议廷臣使用这种方法[①]，除非他知道自己不会被拒。"

---

① 指坚持求爱的方法。

65

加斯帕罗先生问:"那他应该怎么做呢?"豪华者朱利亚诺接着说:"如果他想写信或面谈,他必须谦恭,谨慎从事,头几句话就能触动她的心灵,就能隐隐约约地触到她的心愿,同时又给她留下一定的空间和退路,使她可以佯装不知,这样处置当然会诱致爱意。如果遇到困难,还可以退避,表示所写或所言是出于别的目的,这样他可以安全地享受那些出于友谊而接纳的女性常常赐予的亲密情意和款待,一旦她们发觉这是表达爱意马上就会收回。有的人过于莽撞,自负地冒险反复发动进攻,往往以失败告终,理当如此,因为每一位高贵的女士都认为,那些不献殷勤就鲁莽求爱的男人对她不太敬重。

66

"因此我认为,廷臣向一名女子表达爱意的正确途径是,首先通过行动而不是言语来表达,因为真正让人感受到爱意的最有效方式是渴慕、敬佩和敬畏,而不是絮语。然后才是用眼睛作为传递心意的忠实信使,[①]因为眼睛在表现内心情感方面常常比语言、文字或其他方式更有效。眼睛不仅可以展现思绪,而且常常还可以点燃所爱的人心中的爱火,因为从眼睛中跑出来的那些活生生

[①] 这是爱情文学中常用的隐喻手法。

的精灵产生于内心,[①]这些精灵进入对方眼睛时会像箭一样射向目标,进入对方的心,把那里当作自己的栖息地,在那里与同其他精灵会合,与对方血液中本来就有的微妙情愫融合,感染围绕心的血液,温暖这颗心,使之与自己同化,接受这些精灵所传递的形象。这些信息一点点地由眼睛到心频繁往返,带回的是美丽和优雅构成的火种和导火线,点燃永不熄灭的欲望之火,这些信息总是在不断地添加燃料,助其燃烧。可以这样说,眼睛是爱的向导,只要眼睛优雅而甜美,清澈的黑眼睛带着甜意,或者是碧眼透着可爱,活泼愉快,笑意盈盈,亲切而深邃的目光是那么具有穿透力,正如有些人感觉的那样,让精灵出入的通道是那么幽深,一直通达心灵深处。眼睛埋伏着,如同战士埋伏在战场上,如果是一个身材匀称、漂亮、壮实的人,就吸引到身边,如果是一个在远处凝视的人,就瞄准他,直到对方走到眼前,立即将目光投射过去,像使用迷药一样使之神魂颠倒。要将你的目光尽可能地直接投向所爱者的眼睛,特别是当对方也投来同样的目光之时。因为这些精灵相互会合,它们在甜蜜的相遇中各自沾染上对方的特质,就像在一只生病的眼睛上所看到的那样,这只病眼总盯着一只健康的眼睛,也会把病传染给那只好眼。[②]因此,我认为,我们的廷臣用这种方式可以将他的大部分爱意传达给他的女人。确实,眼睛如果没有得到巧妙的控制,常常会更多地透露出男人不太希望透露的情意,因为透过它们几乎可以看见炽热的激情在闪

[①] 这是温柔的新体派所用的概念,完全用既抒情又理性的语言构成的诗句来表达。

[②] 这是对病眼的一种迷信说法。

耀,而情人只希望向他所爱的人单独表露,他常常向对方掩饰而非公开这样的情感。因此,一个没有丧失理智的人会谨慎地控制自己,注意时间和场合,不必那样火辣辣地去凝视,即使那是山珍海味一般地甜蜜,因为公开表露爱意是一件十分棘手的事。"

67

卢多维科伯爵答道:"有时公开示爱并没有什么坏处,因为在这种场合,男人常常认为,公开示爱的目的不是每个情人所希望达到的目的。他们明白没有必要刻意去掩饰,别人是否知道他们也不太在意。相反,不否认反倒会使男人拥有一定的自由,可以放心地同所爱的人公开交谈,一起相处,而在那些极力设法保密的人身上,这是不可能的,因为他们似乎希望并接近某种不想让别人发现的巨大回报。我见过一名女子对一位男士产生了炽热的爱情,而起初她对此人并没有一点感情,她爱上他只是因为她听说,很多人一致认为他们相爱。我认为原因可能是,她把大家的意见作为那个男人值得她爱的充分证据。看来几乎就是,传闻[①]给她带来的有关那个情人的信息十分真实、很值得相信,其作用是书信、面谈或他人替他传话等方式所不能比拟的。因此,这样的传闻有时不仅无害,而且有益。"朱利亚诺答道:"对于坠入情网的人来说,传闻就是流言,流言比一个人让人指脊梁骨要危险得多。因此,走这条路要小心谨慎,必须表明他的内心十分淡定,

---

① 传闻在古人看来是一种独立存在的神威,在这里也相当于"公众的声音",公众中居主导地位的说法。

微不足道的收获也要心满意足，必须掩饰自己的欲望、嫉妒、痛苦和喜悦，常常心在哭，脸上还要笑，必须做到即使十分珍惜的东西也要显得可以慷慨地放弃。这很难做到，几乎无法做到。因此，如果我们的廷臣愿意听从我的建议，我还是奉劝他要保守好自己的爱情的秘密。"

68

贝尔纳多老爷说："这一点您还是应该教教他，我觉得这并非不重要，因为除了暗示——一些暗示有时也是偷偷表达的——之外，抱有欲望的人几乎没有任何举动，可人们还是能从他的脸上、眼神中看明白他心里想的是什么。我有时听到两个恋人在聊天，自由自在，没完没了，但周围的人不仅不清楚他们谈什么，也不能肯定他们是在谈情说爱。因为这对恋人小心翼翼，他们没有对谈话被偷听而表现出不快，只有那些重要的话他们才轻声细语，别的话都是高谈阔论。因此，他们可以随便谈论各种话题。"这时费德里科老爷说："要详细探讨如何谨慎、保密，那就没完没了，但我更想谈谈情人如何维护他的女人所给予的爱，这一点我觉得更重要。"

69

豪华者朱利亚诺答道："我认为，那些用来赢得爱的方法也可以用于维护这种爱，一切都为了让所爱的女人高兴，永远不要伤害她。不过，在这方面确定一些可靠的规则并非易事，因为在各种各样的情况下，由于粗心会犯一些错误，错误虽小却会伤了女人的心。感情浓烈时更容易发生这种情况。比如，有些人总是喜欢谈他们所爱的女人，他们抱怨叹息，痛苦万分，他们常常想得到不可能得到的东西，这样纠缠不清①会令人讨厌。还有一些男人，由于嫉妒而十分痛苦，不能控制自己，便毫无顾忌地反复说他所怀疑的别的男人的坏话，有时那人并没有过错，那位女子也没有过错，他们就是不许自己的女人同别的男人说话，就连眼睛也不能朝那个男人所在的方向看一下。这种做法常常不仅得罪了女性，还成为促使她爱上那个男人的原因。因为情人表现出的那种担心，怕他的女人扔下他而转投别的男人的怀抱，这表明他承认自己的德与行都不如那个男人，女人出于这一想法就会弃他而去。情人会发现，说那个情敌的坏话想使他失宠，即便所言是真的，她也不相信，却更爱那个男人了。"

70

切萨雷老爷笑着说："我承认我自己不太聪明，我可以不说我的对手的坏话，除非您教我一些别的更好的方法，好把他毁掉。"朱利亚诺先生笑着答道："有一个谚语说，看到仇敌落水齐腰，可伸手救他脱离危险；如果水至下巴，倒不如在他头上蹬一脚，让他尽快沉底。②有些人没有其他好办法毁掉对手时，就用这个方法

---

① 反复要求不可能得到的东西就表明他太纠缠不清。
② 这一谚语可以理解为对特伦托公会议前的功利主义和恣行无忌道德观的很好概括，但在卡斯蒂廖内的平衡下有所调和。

来对付他,他们边掩饰边这样做,好像他们是朋友而非对手。一旦他们有机可乘,知道可以把情敌置于死地,就拼命说对方的坏话,不管是真是假,都一股脑儿地抖出来,并且挖空心思,用尽一切伎俩和欺骗手段。但是,因为我根本不喜欢我们的廷臣采用任何骗术,我希望只有通过爱、效力、有道德、能干、谨慎和谦虚,而不是通过其他方式,来消除女友对情敌[1]的好感。总之,要表现出比对方更能干,在任何事情上都十分小心、明智,避免犯许多无知的人以种种方式常犯的某些愚蠢错误。我就认识一些人,他们给女性写信及与女性交谈时,常常使用波利菲洛式的[2]深奥语言,咬文嚼字,晦涩难懂,让女方也丧失了自信,觉得自己无知透顶,好像一个小时写的东西似乎要用一千年才能理解,只好悻悻而去。另一些人不着边际地自吹自擂,有的说一些招人骂或自取其辱的话,比如某些人,我经常笑话他们,他们确实是在热恋,却当着女人的面说:'我从未找到爱我的女人。'他们不会发现,听到这话的女人很快会作出判断,这种情况不是出于别的原因,而是因为他们不值一提,不值得被爱,不是她们该喝的那杯水,于是会对他们不屑一顾,即使用世上全部的金子也换不来她们的爱。她们觉得,如果爱上他们,不爱他们的其他所有女性都会瞧不起她们。还有另一些人,为了煽动对其情敌的憎恨,甚至

---

[1] 两个男人的竞争应该以讲道德的方式进行,按照豪华者朱利亚诺的看法,女人应当把爱给予显出优良品性的人。

[2] 波利菲洛(Polifilo)是寓意小说《波利菲洛的寻爱绮梦》(*Hypnerotomachia Poliphili*)中的人物,作者是弗朗切斯科·科隆纳(Francesco Colonna),用拉丁文、希腊文和俗语混合写成,1499年由马努齐奥(Manuzio)出版。此处是指用深奥难懂的语言。

愚蠢到当着女人的面说：'某人是世上最幸运的人，尽管并不漂亮，又不优秀，又不能干，又不比别人能说能做，可所有的女人还是爱他，跟在他后面穷追。'这样一说，表明他很嫉妒某人的这种幸运，此时别人就会认为，某人无论在外表和做事方面都不值得爱却如此幸运，他一定有某种神秘的东西，于是女人们就会这样看他，有了这种想法，她们会更加爱他。"

71

卢多维科伯爵笑着说："我敢向你们保证，优秀的廷臣决不会如此愚蠢地去取悦女人。"切萨雷·贡扎加老爷答道："前几天我提到的那位受人尊敬的绅士也不会这样做，为了男人的荣誉，我不想说出他的名字。"公爵夫人答道："至少您应该说说他是怎么做的。"切萨雷老爷接着说："一位贵妇人爱上了他，请他秘密到她住的地方。后来，他见到了这位贵妇人，相与陪伴，倾心交谈。临别之时，他依依不舍，涕泪交流，叹息不止，为的是证明离别让他多么伤感。他乞求贵妇人将他永记心中，然后提出，要贵妇人为他付食宿费，因为是贵妇人邀请他去的，他认为他不应为此支付任何开支。"这时所有的女士都笑起来，说这个人根本不配称为绅士。很多男士为他活该蒙羞而感到脸红，如果他在任何时候有足够的智慧，都会意识到这是一个可耻的错误。这时加斯帕罗先生转身对切萨雷老爷说："最好不要再说这件事了，这是为了维护女人的名声，也是为了男人的名誉，因为从这件事你们可以想象那位贵妇人判断力多么好，竟然爱上这么一个不明事理的家伙，也许这家伙还是从为她效力的许多人中千挑万选、排除那些连当男仆都不配的人之后挑选出的最优秀的一位呢。"卢多维科伯爵笑着说:"谁知道这位男士在其他方面是否也如此不堪,抑或只是在食宿费这件事上令人遗憾?①但是,许多时候,不顾一切的爱往往使男人做出再愚蠢不过的事,如果您愿坦诚相告的话,也许您也不只一次这样做了。"

72

切萨雷老爷笑着答道:"为了您的信义,还是不要再讲我们自己的错误了吧。"加斯帕罗先生说:"还是应该说一说,这样好知道如何改正。"然后又补充道:"豪华者朱利亚诺先生,现在,廷臣已知道如何赢得他的女人的爱并维护这种爱,知道如何战胜他的情敌,您还应当教会他们如何保守爱的秘密。"朱利亚诺答道:"我觉得我讲得太多了,现在您应该另请一位来讲如何保密的事吧。"这时,贝尔纳多老爷和所有其他人坚持要他继续讲下去。朱利亚诺笑着说:"你们是想考察我,其实你们都是情场高手,如果你们想知道得更多,可以去读一读奥维德②的著作。"贝尔纳多老爷说:"怎么,我必须相信并遵循他的那些谈情说爱的规则?另外,他还劝告说,男人在他爱的女人面前要假装已经喝醉(你们看,这种博取女人好感的方式多好啊!),还讲了让对方明白的一种办法,说是在宴会上,面对心仪的女子时,可以用手指蘸上

---

① 以玩笑的口吻说他也许只是吝啬。
② 这位作家的名字就这样出现了,在这一部分将多次提到他。

葡萄酒，在桌上画着多情的符号。"朱利亚诺笑着答道："在那个时代，这并非陋习。"贝尔纳多老爷说："那时的男人对如此无趣的习惯竟然不反感，因此可以认为，他们没有像我们今天这样礼貌地向所爱的女人献殷勤的方法。不过，我们还是不要离开刚才的话题，谈谈如何保守爱的秘密吧。"

73

朱利亚诺说："我认为，要保守爱的秘密就必须避开造成泄密的原因，其原因有很多，但最重要的一条是过分保密，不信任任何人。因为每个有情人都希望让他所爱的女人明白他的激情，而独自一人就会想尽各种办法去表达，这比一个亲密可信的朋友从中帮助的效果要好得多。也因为有情人自己去表白比通过第三者转述能引来更多的仰慕或期待。另外，人们天性好奇，想了解一切，很快一个局外人就会开始怀疑，就会想方设法了解实情，知情后非但不守口如瓶，有时还喜欢四处张扬。如果够朋友，就不会出现这种情况，他不仅会帮助有情人，给他提建议，还常常帮他弥补因恋爱的盲目所犯下的错误，始终注意为他保密，为他预想他预料不到的很多事情。除了这些，有情人向忠实的朋友倾诉不仅会减轻心理压力，还能增强分享的快乐。"[①]

[①] 把痛苦讲出来就能减轻痛苦，同样，把快乐讲出来就能增强快乐。

74

加斯帕罗先生说:"还有一个原因比这个更易泄露爱情的秘密。""什么原因?"朱利亚诺问。加斯帕罗先生接着说:"某些女人野心勃勃,同时又疯狂而残忍。如您自己所说,她们热衷的情人越多越好,如果可能的话,她们希望所有情人的心都为她燃烧,燃成灰烬,死去活来,循环往复。尽管她们也在爱,可又想以情人的痛苦为乐,因为她们认为,痛苦、悲伤、每个人都死去活来才是她们被爱的确证。她们可以利用自己的妖媚让男人幸福或悲惨,想让他们死就得死,想让他们活就可以活。因为这是她们赖以生存的唯一食粮,所以对之十分贪婪。为了不至于缺粮,她们既不会让情人完全满意,也不会令他们绝望,而是恩威并施,让他们一直处于惴惴不安的期盼之中。她们要的是,她们的一句话、一个眼神、一个小小的示意,都会使情人们感到万分幸福。为了不仅在情人的眼里而且在其他所有人的眼里都显得端庄、圣洁,她们极力传扬冷峻、无礼的态度,让所有人都认为,她们对值得爱的人尚且如此严苛,对不值得爱的人就更严苛了。她们常常认为这样做就可以避免坏名声,于是每天晚上都同刚认识的那些不值分文的男人混在一起,这样做是为了享受被她们爱上的某些高贵骑士的悲伤和无尽叹息,她们也拒绝了通过某种辩解可能获得的快乐。这就是她们那可怜的情人在绝望的情况下,不得不公开他们本来想保守的秘密的原因。还有一些女人,她们看到通过欺骗能使许多男人相信被爱上了，便当着某人的面向另一个人示爱，施以恩惠，在男人之间制造嫉妒。她们看到有那么一个人自认为已被爱上，便常常用暧昧的语言和假装出来的怒意使他心存悬念，同时又显出不再在意他的样子，似乎想要投入另一个男人的怀抱，以此来伤他的心。由此便种下憎恨、敌意、没完没了的丑闻的祸根。因为在这种情况下，这个男人便会不可避免地激动万分，而那个女人得到的则是咒骂和坏名声。还有另一些女人，不满足于这种嫉妒引起的痛苦，情人经受了所有爱情的考验，忠心为她们效力，而她们只略表示满意，没有明确的态度，一旦稍有失望，便开始疏远、冷漠，高高在上，似乎认为情人太冷淡，假装又产生了怀疑，怀疑对方已不再爱她们了，表示要和他们断绝关系。由于这些磕磕绊绊，可怜的情人不得不从头开始，证明自己依然爱对方，开始像以往那样为她们效力，每天在她家附近走来走去，这个女人要上教堂或别的什么地方，就去陪着她，始终目不斜视。于是，再度流泪、叹息、情不自禁。为了能和她说话，可怜的情人又像以前一样苦苦哀求、发誓赌咒、灰心丧气，再次被这些比母老虎还要嗜血的女人玩弄于股掌。

75

"对这些痛苦的表现，旁观者常常比当事人看得更清楚，更容易了解，用不了几天就会满城风雨，一举一动、一个微小示意都尽人皆知，千万双眼睛盯着。结果是，在双方远未尝到爱的欢愉之前，整个世界都认为他们已坠入情网。因为女人看到，情人被她们的冷酷和折磨弄得半死，便下决心改弦更张，开始表现得真心爱他们，想尽办法让他们高兴，投入他们的怀抱。但此时，情人已再无燃烧的激情，爱情的果实已不那么甜蜜，对她们也不再那么俯首听命，而是反其道而行之。他们的爱情已公之于众，其后果很快就众所周知，女人落到不光彩的境地，情人也浪费了时间和精力，在徒劳和寡欢中折损了寿命。因为他们不是在两情相悦之际，而是在漠然之时得遂所愿的。他们的心已被苦涩的激情蹂躏得苦不堪言，再也没有那么精细的情感去品味给予他们的温馨或愉悦了。"

76

这时奥塔维亚诺先生笑着说："请您停一下，不要再说女人们的坏话。另外，您已经讲得太多了，好像您还想停一下以积蓄力量，就像往后退一步以便更向前冲一样。但您真的错了，现在应该缓和一些。"埃米莉娅夫人笑着对公爵夫人说："夫人，您看，我们的仇敌开始分裂并且开始相互攻击了。"奥塔维亚诺先生答道："请不要把这个称谓按到我头上，因为我不是你们的仇敌。我早已不喜欢这样争论个没完没了，这不是因为我看到女人获胜感到不快，而是因为这导致加斯帕罗先生对女性的中伤有些过分，而朱利亚诺先生和切萨雷老爷对女性的赞扬或许又有些过誉。此外，长时间的探讨还使我们无暇聆听有关廷臣的其他有益论述。"埃米莉娅夫人说："瞧，您毕竟是我们的对手，所以您不喜欢刚才的探讨，也不希望我们塑造出优秀的宫廷仕女，这既不是因为您在塑造廷臣方面有什么话要说,也不是因为您和其他先生还能有所补充,而完全是因为你们忌妒给予女性的荣誉。"

77

奥塔维亚诺先生答道:"当然,除了已经讲到的廷臣应具备的素质,我还希望他具有好多其他素质。各位都喜欢他被塑造成那样,我也很满意,我并不想把他变成别的样子,除非让他比加斯帕罗先生对女人更友好一些,虽然他或许不及在座诸位那么友好。"这时公爵夫人说:"无论怎样,我们要看看您的才干能否超越在座诸位从而塑造出更完美的廷臣,道出在座诸位所未及。您最好讲心里话,否则我们会以为,除了已经说过的,您再也没什么补充了。可您又想对宫廷仕女的赞扬打些折扣,觉得宫廷仕女同廷臣太平起平坐了,因此您希望廷臣更完美,而不是像在座诸位所塑造的那种形象。"奥塔维亚诺先生笑着说:"对女人的过誉和苛责充斥着听众的耳朵和心灵,其他东西再无余隙可入了。除此之外,我觉得时间已经很晚了。"公爵夫人说:"好吧,那就明天再说吧,明天还有充裕的时间。同时,也可以让你们厘清对女人的过誉和苛责,说出真实想法。"说着,公爵夫人起身,向大家施礼告退,众人也各回房歇息。

第四卷

第四卷

致阿方索·阿廖斯托阁下

1

　　写了前几卷后,我想把第四天晚上的谈话内容写下来,使我生出一种苦涩感,这种感觉使我心痛,我感到人们的希望是多么渺茫。我感到命运常常在中途、有时甚至在接近目标之际使我们脆弱的、费尽心机的计划毁于一旦,有时在已经遥遥望见港口之前的一瞬间沉没于大海。我不禁想起,在我们的探讨开始后不久,乌尔比诺宫廷的三位杰出绅士不幸亡故,而他们正处于风华正茂的年岁。在这几位中,第一位是加斯帕罗·帕拉维奇诺先生,[①]他得了一种来势凶猛的急症,不只一次生命垂危,虽然他极为顽强,一段时间内精魂不散,让死神大失所望,但最终还是英年早逝,结束了生命的历程。他的去世不仅是乌尔比诺宫廷的巨大损失,也是他的亲人、朋友、家乡民众和整个伦巴第地区的巨大损失。不久后,切萨雷·贡扎加老爷也去世了,[②]得知此消息的人无不感到悲痛,因为自然极少赋予我们这样罕见的英才,最好这些

---

① 1511年去世,时年25岁。
② 1512年去世。

人物不要这样过早离我们而去。同时也因为，可以说切萨雷老爷去世的时刻，正是他开始实现早先诺言的时候，人们也认为，他确实拥有极为优秀的品质，因为他通过人们交口称赞的艰苦努力证明了自己的才能，这种才能不仅使其高贵的血统熠熠生辉，也为文学、武艺以及一切值得称赞的风尚增添了光彩。由于他的善良、天赋、勇气和学识，再也没有期望于他的更重大的事了。不久，罗贝托·达巴里老爷①也去世了，使得整个宫廷陷入极度悲痛之中，可以理解，每个人都为一位品德优秀的青年的去世而痛心不已，这位青年不仅令人喜欢，英俊，意志坚定，身体素质也很好，要多强壮就多强壮。

2

这些人如果还活着，我想他们都可以用有力的证据向认识他们的人证明，乌尔比诺宫廷多么值得称赞，因有一批高贵的骑士而名扬四海。其他所有人也为宫廷作出了贡献，他们也是在这里成长起来的。真的，从特洛伊木马中也不可能走出从这个宫廷走出的那么多领主和军事指挥官，乌尔比诺宫廷人才辈出，个个德才兼备，受人称赞。正如您所知，费德里科·弗雷戈索老爷曾任萨莱诺大主教，卢多维科伯爵曾是巴约的主教，奥塔维亚诺先生是热那亚的首领，贝尔纳多·比别纳老爷是波尔蒂科的圣玛利亚红衣主教，彼得罗·本博老爷是教皇利奥的国务卿，豪华者朱利

---

① 1513年左右去世。

亚诺先生曾统领内穆尔斯公国,后由这一职位升任现在的重要职务,弗朗切斯科·玛利亚·罗维雷先生是罗马的总督,还曾是乌尔比诺的公爵。对他成长于其中的乌尔比诺宫廷人们可以大加称赞,如人们所见,正是这一宫廷培育了一位在各项美德方面稀有而杰出的先生,他顺理成章成了乌尔比诺的总督。我不认为,由高贵者组成的团体是这一切的微不足道的原因,在这里大家就良好风尚不断探讨,可以听到这样的议论。要么是由于机遇,要么是由于命运的青睐,乌尔比诺长期拥有这么多优秀人物,但我觉得,好运仍能持续,①并能产生同样的效果。人们希望,好运应该继续眷顾这些辉煌事业,也希望国家和宫廷的幸福与日俱增。可以看到很多明显的迹象,我认为其中重要的一个就是,上天给了我们像埃莱奥诺拉·贡扎加②这样一位夫人,她是新的公爵夫人,不仅集智慧、优雅、美丽、聪明、机警、人性等所有优秀品质于一身,而且将这些品质组成一个相互联结的链条,她的一举一动都来自于这一链条,并为它增加光彩。好了,现在就继续我们关于廷臣的探讨吧,希望我们后继有人,能从现在的乌尔比诺宫廷发掘美德范例,就像我们从它的过去发掘这些范例一样。

---

① 乌尔比诺仍然由罗维雷家族治理。1516年,教皇利奥十世把公爵爵位转给洛伦佐·德·美第奇(Lorenzo de'Medici)。

② 埃莱奥诺拉·贡扎加(Eleonora Gonzaga)是弗朗切斯科·贡扎加和伊莎贝拉·德斯特的女儿,1505年嫁给弗朗切斯科·玛利亚·德拉罗维雷(Francesco Maria della Rovere)。

3

按照加斯帕罗·帕拉维奇诺习惯的讲述方式，在前几卷探讨过的那些内容之后，接下来应该轮到奥塔维亚诺先生了，人们却很少见到他，很多人以为，他可能想躲起来，不受干扰地深入思考自己要讲的内容。可是，到了预定的时刻，人们又都聚集到了公爵夫人那里，①过了好久奥塔维亚诺先生依然没有露面，人们四处找他。于是，宫廷的许多骑士和仕女跳起舞来，同时也期待着其他开心的娱乐活动，大家认为，反正今天晚上谈不成廷臣的话题了，都在各自忙活，有的做这个，有的做那个，就在此时，奥塔维亚诺先生出人意料地露面了。他看到切萨雷·贡扎加老爷、加斯帕罗先生在跳舞，向公爵夫人致意后便笑着说："今天晚上我还想听听加斯帕罗先生再讲些女性的坏话，可是，我看到，他在同一位女士跳舞，我想，他已经同女性和解了。我们之间的争论，或者说对塑造什么样的廷臣的议论以这样的方式结束，我感到高兴。"公爵夫人答道："还没有结束，因为我不像您仇恨女性那样仇恨男性，因此，我不愿意廷臣被剥夺应有的荣誉以及您自己昨天晚上答应赋予他的那些美德。"她这样说着，便吩咐大家停止跳舞，按照原来的方式围坐在一起。大家坐好以后，每个人都在全神贯注地等着，这时奥塔维亚诺先生说："夫人，我答应过您，再谈谈廷臣应具备的很多优良品质，现在我就来谈谈，但也不可能

---

① 在公爵夫人的套房里。

穷尽相关话题，只是消除你们昨天晚上反对我的某些看法，即，我那样说并不是反对赞扬宫廷仕女，并不是要大家相信，可以把另一些优点加到廷臣头上，让他超越女性，并不是要大家相信本来就是这样的。但是，昨天晚上由于时间关系，只是刚开了个头，现在我就简短地讲一讲吧。

4

"事情是这样的，先生们在继续议论，他们所说的一切我都赞同，我都肯定。我想说，我们所说的优点有一些本身始终是优点，不必费力去解释，例如温和、坚强、健康以及所有能使心灵平静的美德。另外一些则由于其不同的侧面、其追求的目的而被认为是优点，例如守法、慷慨、富足等等。因此，我认为卢多维科伯爵和费德里科老爷所塑造的完美廷臣，可以说确实优秀，值得称赞，但并不是简单地或从其本身来说就是优秀的，而是由于从所追求的目的[①]来看才是优秀的。因为，如果这位廷臣高贵、优雅、和蔼可亲、在很多方面都很擅长，他取得的成果不是别的，只会是优秀廷臣应该取得的成果。我不认为，为了成为完美的廷臣，一个人必须多加研习和历练，就像想要如此完美的人必须做的那样。与此相反，我认为，赋予他的许多素质，比如跳舞、参与节庆活动、唱歌和游戏，都是些轻浮和无益之事，一个有地位的人如果仅有这些能耐更应受到责备而不是称赞。因为那样的装束、

---

① 追求的目的是更完美地为自己的君主效力。

举动、玩笑和其他同女人交往、谈情说爱的举动，或许还有其他人持相反看法的许多事情，产生的结果常常是使心灵女性化，使阳刚之气受到腐蚀，令年轻人生活淫荡，由此产生的后果是玷污意大利之名，现在已很难找到如果不说敢于赴死至少敢于冒险的人了。①确实还有很多东西有待继续探索，这些东西无论在平时还是战时都非常有用，这才是廷臣唯一应该探索的东西。如果廷臣的活动是为了这个本来应该追求的崇高目的，我觉得，这样的活动并非有害或无用，且极其有益，应当大加赞扬。

5

"因此我认为，完美廷臣的目的——到现在为止还没有谈到——才是获得先生们赋予他的素质的手段，才能使他赢得他所效力的君主对他的好感和信任，使他能够对君主知无不言，如实相告，②不必担心引起君主的不快。当他知道君主心中想做某种不恰当的事情时，敢于谏言，利用他的良好素质获得的好感以礼貌的方式说服君主打消任何恶念，引导君主在美德之路上前行。这样，先生们所塑造的廷臣本身就有了善良的品德，为人机灵、令人高兴、谨慎，再加上文学造诣及其他方面的学识，他就可以在各个方面机智地使他的君主看到：公正、慷慨、大度、温良以及

---

① 一些评论家从爱国主义的角度领会这一段话，因而过于兴奋。但我看不出这里的"意大利之名"有政治内涵，看不出"敢于冒险"像迈尔认为（p. 450）的那样是"为意大利战斗"。

② 廷臣的合乎道义的目的就是尽可能地向自己的君主讲真话。

明君应具备的其他美德，会给君主及其亲友带来荣誉和好处；相反，同这些美德相对立的恶习会带来多么严重的恶名和损失。① 但是，我认为，像音乐、节日活动、游戏等令人愉悦的东西就像鲜花，可以利用这些东西引导或帮助君主向善而惧恶，这才是廷臣的真正作用。因为好的行为之所以值得称赞，主要取决于两件事：一是目标的选择，我们的意图应集中于这一目标，它应当真正是崇高的；另一件是，善于找到恰当有效的手段和恰当的行动，促使君主达到预定的崇高目标。廷臣的心里想的肯定是，他的君主不能被任何人蒙骗，不能听信于那些阿谀奉承者、进谗言者和撒谎者，而是能分得清是非善恶，从善忌恶，追求至善。

6

"我还觉得，先生们赋予廷臣的素质可以成为实现目标的手段，② 因为今天在我们的君主身上看到的许多错误，大部分是由于无知和自负，这两个缺点的根源恰恰是谎言。谎言当然被上帝憎恨，也被人们所憎恨，谎言对君主的危害比对其他人的危害更大，因为对君主来说，最不能缺少的就是尽可能多的人对他说真话，提醒他做善事，而怀有恶意的人是不会出于爱心的激励来这样做的，他们总是喜欢恶的生活，决不会改邪归正，另一方面，他们也不敢公开损害君主的颜面，他们害怕受到惩处。心怀善意的人

---

① 很明显，卡斯蒂廖内的政治主张（也许不像他的思想意识那样）同马基雅维里的观点有很大差别。
② 廷臣的完美是为达到上一节所述目标的手段。

可以随意接近君主的只是少数，私下里可以开诚布公地向君主谏言以促其反思的也为数不多。最常见的是这样一些人，为了获得恩宠，从他们那里听到的只是让君主开心的建议，甚至是邪恶的、不正当的建议。他们就从心怀善意者变成了阿谀奉承者，为了从这种亲密关系中获取好处，他们总是曲意逢迎，巴结讨好。他们甚至用谎言来开路，谎言使君主不仅对外在的事物无知，而且对自己也无自知之明。这可以说是所有谎言中最大、危害最严重的谎言，因为无知的心灵会蒙骗自己，自己也向自己说谎。

7

"结果是，君主不仅永远搞不清事物的真相，而且陶醉于专权的随心所欲之中，陶醉于无穷的欢乐之中。他们愈是上当受骗，心灵也就愈堕落。他们看到的都是听话的人，周围是一片崇拜和赞扬之声，别说指责，连反对的声音都听不到。从无知发展到最后必然是他们极端自负，有时既听不进别人的建议，也听不进别人的意见。他们认为，治理国家极为简单，并不需要技艺和法规，仅用暴力就够了。他们一门心思就是维护其手中的权力，认为真正的快事就是为所欲为。[1]而且，有的君主还憎恨理性和正义，认为这是对他们的约束，实行起来会把他们贬为奴仆，削弱他们从统治中获得的好处和满足。如果他们被迫去尽责和正派行事，他们会觉得他们的统治就既不完美也不全面了，因为他们认为，君

---

[1] 值得注意的是但丁的名言："为所欲为"（dove si puote Ciò che si vuole, *Inferno*, III, 95—96; v, 23—24）。

主不会俯首听命。可是,君主如果按这样的原则行事,听任自负的决断,就会变得傲慢、专断,行为乖戾,服装华丽,披金戴银,几乎永不在公众场合露面。他们认为,这样就可以在人们心中树立威望,被人们当成神。然而,在我看来,这样的人就像去年在罗马阿戈内广场节日活动中的泥塑巨人,①表面看很像巨人,骑着大马,得胜回朝,内里则是败絮破布。其实,这样的君主比泥塑巨人的情况还要糟糕,因为后者还可以凭借自身的重量保持直立,而这类君主自身根基不牢,缺乏赖以保持稳定的基础,就会因自身的重量自毁,也会因屡屡犯错而毁灭。因为他们既无知又自认为一贯正确,他们的知识决定了他们的能力,这样就使他们冒失地奔向随便一条道路,不管是正道还是歧途。

8

"但是,如果他们下决心掌握知识,做他们应该做的事,他们反而觉得失去权力,未进行统治,因为他们知道,被统治的下属比治理国家的君主更聪明是多么危险的事。一个人不懂音乐、跳舞和骑术并不会使任何人受伤害,不是音乐家的人羞于在别人面前唱歌,也不敢这样做;或者,不懂舞蹈者不敢跳舞,不懂骑术者不敢骑马,如此而已。但是,不会统治民众就会产生许多不幸、死亡、破坏、灾难和毁灭,可以说这是大地上最致命的瘟疫。但就是有那么一些治国无术的君主并不为其无能感到羞耻,我不是

---

① 指罗马狂欢节时纳沃纳(Navona)广场(即书中所说的阿戈内[Agone]广场)上游行队伍抬的巨型木偶。

说他们只是在三五个人面前丢脸,而是在全世界面前丢脸。因为地位很高,所有人的眼睛都盯着他们,不仅大的缺陷、就连极小的缺陷人们也看得清清楚楚,就像书中所描写的,客蒙因嗜酒如命而受指责,西庇阿老打瞌睡,卢库洛喜欢饮宴,因而也被指责。① 上帝喜欢的是,今天的君主能像古代君主那样,既有缺点更有许多美德。他们如果在某些事上做错了,会想一想,会查找文献,看看有谁的著作能够使他们改正这些错误,而且努力遵照杰出人物的准则来调整自己的生活。例如吕西斯②谈到的伊巴密浓达、③色诺芬④描写的阿格西莱⑤、帕奈提俄斯⑥提到的西庇阿⑦,等等。如果有某个严肃的哲学家或什么人来到我们的君主面前,公然毫不婉转地向他们解释真正美德的吓人面目,教他们良好的行为习惯和一个明君应该有的生活方式,我敢肯定,他们的第一反应就像看到毒蛇一样感到厌恶,或者就像面对极卑贱的东西一样嘲讽一番。

9

"因此我要说,今天的君主已受到恶习、无知和自负的腐蚀,⑧

---

① 这三个例子都来自普鲁塔克的《论无知君主》(*Del principe ignorante*)。
② 吕西斯(Lisia Pitagorico),古代演说家,本书第一卷第37节中提到过他。
③ 伊巴密浓达(Epaminonda,公元前418—约前362),忒拜统帅。
④ 色诺芬(Senofonte,公元前445—前355),希腊作家。
⑤ 阿格西莱(Agesilao,公元前442—前358),斯巴达国王。
⑥ 帕奈提俄斯(Panezio),罗德岛的斯多葛派哲学家。
⑦ 西庇阿(Scipione),古罗马统帅。
⑧ 卡斯蒂廖内从这一评价出发,开始谈论一位君主拥有能够引导他走向美德的廷臣的必要性。

向他们禀报真实情况、引导他们走向美德已困难重重，一些人用谎言、谄媚和其他有害方式极力邀宠于君主，廷臣借助于卢多维科伯爵和费德里科老爷所指出的那些美德很容易得到君主的好感，他也应该努力争取这样的好感，劝导他的君主，我认为，他轻松而自信地同君主谈论任何事情绝不会遭到忌恨。如果他能这样做，他不必费力就能做到，这样他就始终能向君主巧妙地讲明一切事物的真相。除此以外，他还可以一点点在君主的心田里注入良善，教会君主克制、坚强、公道、温和，让他品尝到反对其恶习的人给他带来的初尝之下的苦涩滋味所蕴含的甘甜。恶习永远是有害的，令人不快的，会招来恶名和指斥，而美德是有益的，令人愉悦的，会赢得一片赞扬之声。他要用名将和其他杰出人物为例，激励君主具备这样的美德，古人喜欢在公共场所为杰出之士塑造铜像、大理石像、有时甚至是金像，这既是向他们致敬，又可以鼓励人们，怀着正当的进取心争取获得伟人的荣光。

10

"用这种方式能促使君主走上践行美德的艰难旅途，为了减缓那些身体羸弱的人在这条道路上艰难前行时的烦闷，可以把这条道路美化成林荫大道，点缀些绿叶鲜花，或者用音乐、习武、骑马，或者用诗歌、谈论爱情以及诸位先生所说的一切方式，让君主的心总是充满正当的欢愉。而且，如我说过的，还要不断地提醒他在伴随这些阿谀奉承的同时，还有高尚的习俗，要用有益的骗术哄骗他，就像细心的医生给特别敏感的患病孩子服用苦药时，常常在杯子边上涂一点糖浆。①因此,如果廷臣戴上令人欢心的面纱,就可以在任何时间、任何地点、任何事情上达到他的目的,获得高度赞扬和奖励。因为没有比一位明君更普遍有益,也没有比一个昏君更普遍有害了。但如下这样一些奸臣即使受到一定的惩处也算不上严惩,他们利用献媚奉承的方式和他们的优秀品质去达到邪恶的目的,运用这些手段取悦他们的君主,然后腐蚀君主,使君主偏离美德之途,把君主引向邪恶。因为不能说君主只是某人专用的杯子,而是民众公用水源,他们会传播致命的病毒。"

11

奥塔维亚诺先生停了下来,好像不想再讲下去。这时加斯帕罗先生说:"奥塔维亚诺先生,我不认为心灵的善良、克制以及您要廷臣教给他的君主的其他美德是可以学习的。②我认为,具有这些美德是自然和上帝所赐。正因如此,您可以看到,世界上的人并非都是恶人和坏人,也并非都是放纵和反常之人,如果你问他,他不会承认他是这样的人。相反,每个人——无论他多么坏——都愿意被认为是公正、克制和善良的。如果美德是可以学习的,就不会发生这种情况了,因为不知道自己没有学习过的东西并不丢脸,但缺乏自然应该赋予的东西无疑是难堪的。每个人都极力

---

① 这是在柏拉图的《法律篇》、卢克莱修的《物性论》(*De rerum natura*, I, 936—942)和塔索的《耶路撒冷的解放》(*Gerusalemme liberata*, I, 3)中反复读到的说法。

② 源于普鲁塔克的《美德是可以教的》(*Che la virtu' si puo' insegnare*)。

掩盖天生的缺陷，无论是心灵的还是身体的，这种情况可以在盲人、跛子、畸形者、四肢残缺者或者面目丑陋的人身上看到，尽管这些缺陷可以归咎于自然，但每个人心里都会感到不快。因为自然本身好像要把这些有缺陷的人标示出来，作为他们恶的符号和印记。厄庇米修斯①的神话故事也可以证明我的这一看法。厄庇米修斯知道自然分配给人类的天赋如此不均，竟然没有把所有其他动物都具备而人类更需要的东西赋予人类，普罗米修斯②便到密涅瓦和伏尔甘那里，盗窃人类生存需要的技艺知识，但其中并没有关于人聚居于城市生活的文明道德的知识，而这样的知识保存在宙斯的岩洞中，由警觉的看守者守护，普罗米修斯吓得不敢靠近他们。宙斯同情可怜的人类，看到人类由于缺乏文明道德不团结，相互分裂，于是派墨丘利来到人间，送来了正义和羞耻，以此美化城市，使公民团结。宙斯还确定，这两样东西同其他技艺不同，在其他技艺中，只要一个行家就可以满足许多无知者的需要，比如医药，而这两样东西却需要每个人都铭记在心。他还制定了一项法律，凡不讲正义、不知羞耻的人就像城市流行的瘟疫一样必须清除，必须消灭。因此，奥塔维亚诺先生，美德是上帝所赐，不是学来的，而是天生的。"

12

奥塔维亚诺先生笑着说："加斯帕罗先生，这样说来，您难道

---

① 柏拉图在《普罗泰戈拉》（*Protagora*）中讲了这个神话。
② 普罗米修斯盗火和智慧：暗指这一著名古典神话。

希望人们如此不幸、判断力如此反常,他们能够通过努力找到办法,使熊、狼、狮子这样的猛兽变得温顺,使美丽的鸟按照人的意志飞翔,使它们离开丛林、摆脱天生的恣肆任性乖乖投进罗网,听从人役使,反而希望人们不能或不愿通过同样的努力找到对他们自身有好处的办法,希望人们不能或不愿通过学习和努力使人的心灵更完美?我认为,这就如同医生努力地研习,却只研习如何治疗孩子的指甲病和奶痂,却置高烧、胸膜炎等其他重病于不顾,每个人都可以理解这是多么不合理。因此我认为,我们身上的美德并非全部来自本性,因为任何事物都不会习惯于与其本性不符的东西,比如说一块石头①,即使向上抛千万次,它也永远不会习惯于一直向上飞升。因此,如果说我们的美德像石头的重力一样是天生的,那我们决不会听任自己习惯于恶。恶也不是天生的,不然我们永远不可能有美德,惩处那些恶人就太不公平、太愚蠢了,因为恶是自然造成的而非我们自己的错。过错触犯法律,法律惩治恶人不是着眼于过去,过去怎样已不可改变,而是着眼于未来,使犯过错误的不会再犯,或者作为反面实例好让别人不再犯错。人们会认为,美德是可以通过学习学到手的。这种情况千真万确,因为我们生来就适合于接受美德,也适合于接受恶。但是,美德和恶这二者都是习惯成自然,因此,这就取决于我们先遵照美德行事,还是先以恶为能事,如果是前者,我们就会成为具有美德的人,如果是后者,就会成为恶人。我们看到,在自然赋予我们的事物当中,情况正好相反,因为我们是先有行动能

---

① 这一比喻出自亚里士多德《尼各马可伦理学》(*Etica Nicomachea*), II, I, 2。

力，然后才行动，比如视觉、听觉和触觉等等就是如此，因为我们先有这些感觉，然后才能看、听和触摸，尽管很多这类活动需要经过教育和训练才会更完善。所以好的教育家不只是教孩子文化，还要教他们吃饭、喝水、说话有良好的举止，走路也要有正确的姿势。

13

"不过，像其他技艺一样，美德也需要有教师教导，教师要用知识和忠告来激励和唤醒我们的德性。我们心中天生就有美德的种子，它就埋在我们心底，教师像一个好农夫，培育我们心中的种子，为它们开路，锄掉欲望在种子周围滋生的荆棘和毒草，它们常常遮挡阳光，窒息我们的心灵，不让美德开花并结出美好的果实，而我们希望人类的心中只产生鲜花和果实。因此，自然就这样赋予我们每个人的心灵以正义感和羞耻心，就是您所说的宙斯送给世上所有人的正义感和羞耻心。但是，正如没有眼睛的身体一样，尽管它很强壮，要想实现既定的目标常常就会以失败告终。美德也是这样，它们不动声色地扎根在我们心中，如果没有教育的帮助，常常一事无成。因为如果要付诸行动，养成完美的习惯，正如已经说过的，仅靠天性是不够的，还需要通过教育形成的习惯和理性，通过教育来涤荡心灵，揭掉无知的黑纱，人们的错误几乎都来自无知。因此，如果人们能认识和理解善和恶，那么每个人都会选择善而拒绝恶。几乎可以说，美德就是明智，就是懂得择善而从，而恶是昏庸和导致作出错误判断的无知，因为人们并不是明知是恶而弃恶,而是因为恶很像善而受骗。"①

14

加斯帕罗先生答道:"但是,许多人明明知道在做坏事却还是继续去做;②因为他们觉得这样做让他们当下感到痛快,而可能的惩罚是将来的事,就像小偷、杀人凶手和其他人等一样。"奥塔维亚诺先生说:"真正的愉快是始终愉快,真正的痛苦是始终痛苦。但是愉快和痛苦常常会欺骗人,使人把假愉快当作真愉快,把真痛苦当作假痛苦。因此,常常是假愉快招致真痛苦。所以,那种教人识别真假的本领是可以学会的。有了美德我们能选择真正的善,而不是表面上像善的东西,美德可以称之为真正的科学,它比其他事物都更能给人类生活带来好处,因为它可以摈除无知,正如我所说的,无知是万恶之源。"

15

彼得罗·本博老爷说:"奥塔维亚诺先生,您应该同意加斯帕罗先生的说法,无知是万恶之源;您也应知道,没有多少人做错事时确实知道是在做错事,他们既没有错认为是在享受真正的愉快,也没有错认为是在忍受真正的痛苦。因为可以肯定的是,那

---

① 这是苏格拉底所支持的道德学说(参见 Mair,p. 463)。
② 这一节与前一节一样,是在做明显的柏拉图式的哲学思考,主要是把"善"和"真"等同看待。

些不能克制的人是在理性指引下直接进行判断的，他们知道在贪婪的刺激下违背道义并不好，但是，他们用理性来抵御、对抗贪婪，由此便产生了愉快和痛苦与理性判断之间的斗争。最后，理性被严重的贪婪击败，被抛诸脑后。这种情况就像一条船，在海上同风暴搏斗了一段时间，最后在狂风巨浪的打击下抛锚了，帆绳都断了，便听天由命，任其在海上漂泊，既不用舵也不用罗盘设法自救。因此，不能自制的人犯错误时也怀有隐隐的内疚，却对不克制几乎是听之任之。如果不知道这样做是错的，那只是不去做而已，但没有动用理性进行抵制，完全听任欲望去做就不是不克制，而是放纵了，这种情况更坏。不克制可以说是小恶，因为它本身含有一定的理性成分。同样，克制是不完美的美德，因为它本身含有一定的感情成分。因此，在这方面我觉得不能说，不克制的错误是无知造成的，或者说他们自欺欺人，明知自己犯错却不承认犯错。"

16

奥塔维亚诺先生答道："真的，彼得罗老爷，您的论点不错，我认为不仅真实，而且明确，因为尽管不克制的人怀着隐隐的内疚犯错，他们心中的理性反对他们的贪婪，他们也知道干的事并非好事，尽管他们对所做的事不完全了解，也不像所需要的那样全面了解，但是，他们很快就轻信了不可靠的说法而不是相信科学的认知，因而听任感情战胜了理性。如果他们有真正科学的认知，我相信他们就不会再犯错，因为使贪婪战胜理性的往往是无知。真正的科学认知决不会被感情征服，感情来自身体，而不是来自心灵。①感情如果受到理性的正确指引和控制，就会成为美德，不然就会成为恶。但是，理性有如此强大的力量，它总会让感官服从，并以某种奇妙的方式渗透，只要无知尚未占据而理性又应该占据的地方都能渗透。这样，虽然心、神经、骨骼本身并没有理性，但只要心灵在我们体内活动，几乎总是由思想来激励和制约精神，于是整个肢体准备就绪，脚就跑起来，手会拿起东西或做头脑想做的事。这种情况在很多人身上清晰可见，比如，有时在不知不觉中吃了反胃的恶心食物，但烹饪得当，感觉味道好极了，事后知道是什么食物，不仅心里感到恶心和痛苦，身体也会肯定按照心的判断把那种食物呕吐出来。"

17

奥塔维亚诺先生还要继续说下去，但豪华者朱利亚诺打断他说："奥塔维亚诺先生，如果我的理解没有错的话，您说克制是不完美的美德，因为它含有情感的成分。我倒觉得，在我们心中理性与欲望不相协调时，克制这一美德就要展开斗争，最后使理性取得胜利。因此，应当认为克制比欲望和情感与之不存在冲突的情况下获得胜利的美德为更完美。因为心灵不是由于美德而不作恶，而是由于没有作恶的愿望而不作恶。"这时奥塔维亚诺先生说："有两个指挥官，一个公开叫战，尽管战胜了敌人，却冒着一

---

① 依据的原则是前面所说的心灵高于身体。

定的危险；另一个十分英明，善于削弱和剥夺敌人的力量，从而不战而胜，您认为谁更高明？"豪华者朱利亚诺说："当然是最有把握的胜利更值得称赞，只要这一胜利不是由于敌方的无能而获得的。"奥塔维亚诺先生说："您的判断不错，但我想对您说的是：克制可以比作一位英勇善战的指挥官，虽然敌人兵强马壮，他还是战胜了敌人，但他并非没有经历过巨大的困难和危险。而摆脱种种欲望干扰的克制就像一位指挥官，他不战而胜，不战而统治，他的心中欲望的火焰不仅减弱了，而且已经彻底熄灭，就像内战中的优秀君主一样，摧毁了内部的敌意和叛逆，让理性完全支配权杖和统治。因此，这种美德并不对心灵施加强力，而是通过非常平和的方式使心灵诚服，追求正义，使之平静和安详，一切都平等而有度，方方面面都同它自身保持和谐，宁静而不纷乱，完全听从理性支配，一切行动随理性而动，按理性的指引，毫无怨言，就像初生的羊羔，无论跑、停、走，都紧跟在羊妈妈身边，随羊妈妈而进退。因此，这种美德是完美的，对君主极为有益，因为由它还可以生出其他许多美德。"

18

切萨雷·贡扎加老爷说："我不知道哪些有益于君主的美德可以从克制产生，如您所说，克制可以清除心中的情感，也许这种美德更适合于僧侣或隐士。但我不懂，作为一位高尚大度、豪爽洒脱、能征善战的君主，怎么能遇事不有忿怒、憎恨、仁慈、厌恶、贪婪和其它感情表现，怎么能在民众和士兵面前树立威望。"

奥塔维亚诺先生答道:"我并没有说克制要完全消除人们心中的情感,如果是这样并非什么好事,因为情感中也包含有一些好的成分。但是,情感中邪恶的、违背正义的成分会导致背逆理性。因此,为了消除心灵中的烦乱,把所有情感全部根除并不合适。这就好比为避免酗酒就颁布禁酒令,或者有人跑步偶尔跌倒,就不许所有人跑步。您看,驯马师不是禁止马跑和跳,而是要它听口令,该跑的时候跑,该跳的时候跳。因此,有节制的情感有益于美德,比如,愤怒使人更坚强,对恶人的憎恨有助于伸张正义。同样,其他一些美德也得到情感的助益,如果把情感彻底清除,理性就会苍白无力,因而能做的事就很少了,就像一个船长只听任大风摆布一样。[①]所以,切萨雷老爷,我说克制还可以产生其他许多美德,对此您不必大惊小怪,因为人的心灵处于和谐状态时,通过理性可以轻易得到真实的力量,这使他勇猛无畏,在任何危险面前都安如磐石,使他能高居于人的种种激情之上。克制不次于正义,正义是纯洁的少女,是谦逊和善良的朋友,是统领其他美德的女王,正义教人做应该做的事,不做不应该做的事。因此,正义最完美,因为其他美德由于它而开始运作。拥有正义不仅对自己有益,对他人也有益。没有正义,正如通常所说,宙斯也无法治理好他的王国。襟怀博大也由此而来,并使所有美德更加突出。但襟怀博大不能单独存在,因为一个人没有其他美德便不可能是一个襟怀博大的人。然后,审慎又统领这些美德,审慎的本义在某种程度上就是择善的判断。在这条美满的链条上还串联着

---

① 理想的状态是理性控制情感。

慷慨大方、豪爽洒脱、追求荣誉、温良和善、愉悦欢快、和蔼可亲以及其他许多美德,现在不是细谈这些美德的场合。但是,如果廷臣按照我们所说的去做,他可以在君主的心中找到这些美德。每天他都会看到许多美丽的鲜花和果实,世界上所有明媚的花园都不会有这么多的美丽鲜花和果实。他心中会感到无比愉悦,因为他发现,他所得到的东西并非愚人所赠的金银、器皿、衣物和类似的东西([赠予后]赠予者就会缺乏,接受者[就会]富有),而是美德,美德或许是人间事物中最重要和最珍贵的东西,也就是说,德是治国之本,仅此就足可使人感到愉快,[①]足可重现书上所记载的农神治理下的黄金时代。"

19

说到这里,奥塔维亚诺先生停了下来,像是想休息一下,加斯帕罗先生便说:"奥塔维亚诺先生,您认为,最恰当的治理和最能重现您所说的黄金时代的治理,应该是一个明君领导下的王国,还是一个良好的共和政府?"[②]奥塔维亚诺先生答道:"我始终把优秀君主的王国置于首位,因为它更多地是按照自然的本性进行治理,如果可以把微小的事物同无限大的[③]事物相比的话,那么,君主的王国就像上帝治下的王国,上帝只有一个,唯有他在治理

---

① 愉快在于懂得像"应该怎样做"那样进行治理。
② 这是从古代到16世纪的政治理论家争论不休的问题。
③ 这是对维吉尔的说法(si parva licet componere magnis,见《农事诗》[*Georgiche*],IV, 176)的翻译。

整个宇宙。撇开这个不说,您可以看到,用人类的技艺所做的事,例如军队、巨大的船队、建筑物和其他类似的事物,所有的一切莫不听从于一个人,由他按照他的方式来统领。同样,我们的身体也是如此,四肢的劳作和活动都是按照心的意志进行。除此之外,民众应该由一位君主统领,就像许多动物那样,自然教导它们服从是最有益的事。您看,比如鹿群、灰鹤和其他许多鸟类,它们迁徙时总会选一个头领,跟随它,听从它。蜜蜂像会理性地思考,它们对蜂王十分敬重,很像世界上最温顺的臣民。因此,这就有力地证明,君主的治理比共和式的治理更符合事物的天性。"

20

这时,彼得罗·本博老爷说:"我认为,自由是上帝赐予我们的最大礼物,剥夺自由很不合理,一个人比另一个人享有更多的自由也不合理,在君主统治下会发生这样的情况,臣民更多地处于被奴役的状态。但在共和国,自由得到了完全的保护。此外,在评判和做决定时常常会发生这样的情况,多数人的意见比一个人的意见更符合实际情况。由愤怒、发火、贪婪而引起的烦躁最容易扰乱一个人的内心,却不容易扰乱许多人的心。许多人就像大量的水汇聚一处,不像小池塘容易受污变质。我还要说一句,我觉得动物的例子并不恰当,因为鹿群、灰鹤等动物并不总是喜欢跟随和听从同一个领头的,而是经常变换,有时听从这一个,有时听从另一个,它们的组织方式更像是共和制而不是君主制,可以称之为真正的、平等的自由，那些此时指挥别人的人，彼时也得听从别人的指挥。我觉得蜜蜂的例子与此不同，因为蜂王与蜜蜂不是同一个类别。而且，要想为人类找一位真正合格的君主，就必须到比人类更优越的另一个种群中去寻找，这样人类才能理性地听从他，就像牧群一样，牧群不是听从于它的同类，而是听从于放牧者，放牧者是人，是比牧群更值得听从的一个种群。因此，我认为，奥塔维亚诺先生，共和制比君主制更可取。"[①]

21

这时，奥塔维亚诺先生说："彼得罗老爷，我反对您的意见，我只想提一个理由，即治理民众的方式有三：[②]一种是君主制，另一种是贵族制，古人称贵族为贤人，第三种就是民众政府，即共和政体。但这三种政体都会蜕化变质——可以说都会腐败堕落：君主制变为专制暴政，贵族政体变成少数强人和坏人控制政府，民众政府变成由平民控制、打破等级差别、使政府只按多数人的意志行事。在这三种坏的政体中，专制暴政肯定最坏，好多理由可以证明这一点。而在三种好的政体中，君主制最好，因为它与最坏的政体正好相反。正如您所知道的，相反的原因带来的后果本身是相反的。现在再谈谈您所说的自由，我的回答是，真正的自由不是随心所欲地生活，而是遵照良法生活。服从也不比命令更自然、更有用、更必要。有些人生来就被自然赋予命令的才能，

---

① 本博（Bembo）所想的肯定是威尼斯的共和国模式。
② 这种经典的划分可追溯到柏拉图。

就像别的人生来就习惯于听从命令一样。是的，治理方式有两种：一种是独断的、粗暴的，像主人对待奴隶，这种方式是心灵命令身体；另一种是比较温和、平和的，像明君用法律治理臣民，这种方式是理性命令欲望。两种方式都有用，因为自然创造身体是要身体听从心灵的命令，正如欲望需要听从理性的命令一样。还有很多人做事仅仅动用身体，这样的人不同于有美德的人，就如同灵魂区别于身体一样。可是，作为理性的生物，他们仍参与理性的活动，但他们只认识理性，并不拥有理性，也不能享用理性。因此，这样的人自然只能是奴隶，对于他们来说，服从比命令更好、更有益。"

22

加斯帕罗先生说："对有见识、有智慧、本质上并非奴隶的人，用什么方式统治他们呢？"奥塔维亚诺先生答道："用君主制的温和政治来统治。有时候让这些能干的人参与地方行政，这样，他们就可以命令和治理不如自己聪明的人，但统治者的权威某种程度上仍掌握在君主手中。既然您说，一个人的心比很多人的心更容易败坏，我则要说，找一个贤明的人比找很多这样的人更容易。据说贤明的人可以是贵族血统的国王，他的天性、他对祖先的记忆以及良好习惯使他倾心于美德。这样的君主即便不是高于人类的另类，就像您所说的蜂群中的蜂王，有诸位先生明智而出色地塑造的廷臣相辅佐，提供指导、教训和技巧，他也会成为一名公正、克制、温和、坚强、明智、宽宏、豪爽、虔诚和厚道的君主。总之，他会在人和上帝之间得荣耀和恩典，凭此恩典，他将获得英勇的美德，使他超越人，成为半神而非凡人。因为上帝喜欢和保护的不是显示强力和让人民臣服，而是除了大能之外在良善和智慧上极力效仿上帝的君主，他们努力行善，成为上帝的仆人，并把上帝赐予他们的恩惠和好处分享给普通人，仿佛天上的日月星辰像镜子一样将上帝的形象映照到地上，这样，地上就有了宛如上帝的明君，他们热爱上帝，敬仰上帝，向民众呈现理性和神智护卫下的上帝之正义的耀眼光辉。上帝通过这些君主让人民分享他的正义、平等、公正和仁慈，以及其他无法形容的恩惠，这比太阳的光、天空的永恒运动、星辰的运行轨迹，更清楚地证明了神性。

23

"因此，上帝把人民托付给君主庇护，君主就应当勤恳地保护人民，让人民知道君主是上帝的代表，会爱人民，把人民的幸与不幸视为自己的幸与不幸，为人民谋幸福高于一切。[①] 而且，君主不仅要自己贤明，还要让其他人贤明，就像建筑师所用的矩尺，不仅自身要准确无误，而且运用于所有事物都要准确无误。这就令人信服地证明，君主是明君，民众也是良民，因为君主的生活是市民生活的导师和纲纪，力量之源就在于，所有人的良好习惯都取决于君主的良好习惯。无知者教育别人，无序者整顿秩序，

---

① 自柏拉图以后，保障人民追求幸福的权利成为国家的最终目标。

跌倒者搀扶别人，都是不可能的。因此，如果君主要做好所有这些事，就必须勤奋学习，以便知道如何做好，就必须在自己内心形成理性的法则，处理所有事务时必须遵循这些法则，但他并不是把这些法则写在纸上或刻在金属上，而是牢记心上。这样，他不只是熟悉这些法则，而且把它作为自己内在的东西，成为他生命的一部分。这些法则随时随地在提醒他，在对他诉说，把他从思想放纵的烦扰中解脱出来，这些烦扰一方面来自沉睡般的无知所带来的压抑，另一方面来自邪恶和盲目的欲望。放纵的心灵会因愤怒而烦躁不安，就像沉睡中看到怪异恐怖的东西一样。

24

"强力同邪恶的欲望相结合，如果再加上烦扰，在君主可以为所欲为时，就会出现他不愿看到也不应该发生的巨大危险。毕亚斯①说得好，透过权力可以看出人是怎样的，人就像瓶瓶罐罐②一样，空瓶罐看不出裂缝，但如果装进液体，立刻就知道裂缝在哪里。腐败堕落的心灵也是一样，如果他们不掌握权力，几乎很少发现其毛病；一旦无力担起权力的重担，就会放纵自己，贪婪、傲慢、暴戾、蛮横及其内心的其他暴君习气就会散布在每个角落，就会无所顾忌地迫害好人和智者而高抬坏人。他们不允许城市里

---

① 毕亚斯（Biante）是古希腊的七贤之一，公元前6世纪出生于爱奥尼亚的普里耶涅。

② 这个比喻见于普鲁塔克的《论无知君主》，卡斯蒂廖内这段文字的灵感即来自此文。

民众建立友谊，不许结社，让人们愚昧无知，还豢养密探、告密者和凶手，以此来威慑民众，让民众胆小怕事。他们在民众中间制造不和，削弱民众的力量，从而分而治之。这给可怜的民众带来无尽的损失和祸端，常常是惨死，或者至少是在暴政下的永无止境的恐惧。明君不是为自己担忧，而是为他治下的民众担忧，而暴君则为自己担忧，而不会为他治下的民众担忧。暴君统治的人越多、他拥有的权力就越大，他越担忧，敌人也就越多。您还记得蓬托的暴君克利阿科斯，[①]他不就是活在恐惧中，整天提心吊胆吗？他每次去广场、剧院、赴宴或去其他公共场所，按书上所说，都是睡在一个锁起来的大箱子里。还有阿尔戈斯的亚里士多德穆斯不也是这样吗？他几乎把自己的床变成了牢房，因为他在自己的宫中建了一个悬在空中的小房，要用梯子才能爬上去，夜里他和他的女人上去睡觉之后，她的母亲把梯子撤走，第二天早上再把梯子架好。因此，明君的生活应该与此完全相反，应该是自由自在的，安全的，他们的生活越是让民众感到亲切，他们自己就越自在，越平和，因而他们无论是积极参与世俗生活还是沉思，都对民众有益。"

25

加斯帕罗先生说："奥塔维亚诺先生，这两种生活中您觉得哪一种更适合君主？"奥塔维亚诺先生笑着答道："您也许在想，我

[①] 这一实例也来自普鲁塔克的《论无知君主》。

相信自己是优秀廷臣，懂得许多事情，并以此实现我说的那种良好目的。但您要记住，诸位先生为廷臣列举的好多素质，我并不具备。所以，我们首先需要考虑的是设法找出这位廷臣，好把阐述明君应当具备的所有品德的职责委托给他。"①这时，加斯帕罗先生说："我想，如果您不具备赋予廷臣的素质，那么更容易具备的是类似音乐、舞蹈等不太重要的素质，而不是教化君主和廷臣所应具备的素质。"奥塔维亚诺先生答道："所有有利于获得君主好感的东西并非不重要，正如我们说过的，在廷臣试图向君主传授美德之时，这些东西都非常重要。我同你们说过，美德是可以学到的，美德很有好处，就像无知很有害一样，一切罪恶都来自无知，尤其来自错误的自信。可是，我觉得我说得已经够多了，比我答应说的还多。"这时公爵夫人说："我们非常感谢您的热情参与，您要是答应再展开讲的话我们很高兴。您不必担心越出了加斯帕罗先生的题域，就按您的想法把您想教给君主的一切原原本本地都讲出来吧，如果君主需要教化，并设想您已经获得了他的宠信，就更应该畅所欲言了。"

26

奥塔维亚诺先生笑着说："如果我得到了我认识的某个君主的宠信，我会畅所欲言，我怀疑我可能很快失去他的宠信。此外，为了教别人我自己首先要学会。鉴于您让我补充回答加斯帕罗先

---

① 奥塔维亚诺·弗雷戈索（Ottaviano Fregoso）是说，如果存在迄今所描述的完美廷臣，最好让他来回答君主的美德问题。

生，那么我要说，我觉得君主要致力于实践的生活和思辨的生活，但更要致力于后者。思辨的生活又分为两部分：一是清晰的洞察力和判断力，一是以适当的方式直接处理合理的、他有权处理的事务，并在合适的地点和时间直接指挥那些理性地服从他的人。费德里科公爵曾经谈到这一点，他说，懂得命令的人总是善于服从。命令始终是君主的主要职责，但他们也需要经常到现场考察命令执行的情况，有时根据时机和需要他们亲力亲为。这些都在实践活动的范畴内，但实践的生活必须以思辨的生活为的目标，就像战争的目的是和平，辛劳的目的是休息一样。

27

"明君还要用法律教化他的民众，使民众可以在闲逸、和平中安全地、有尊严地生活，骄傲地享受作为君主活动目的的安宁。[①]因为经常看到，许多共和国和君主在战争中相当繁荣和强大，但一旦进入和平时期便迅速衰败，丧失伟大和辉煌，像不再使用的铁器一样。这只是由于没有确立在和平时期如何生活的完美制度，也不懂得享受安宁的美好。总是处于战争中，不以谋求和平为目标，这是不合理的。一些君主认为，他们的目的主要是征服邻国，因此便培养民众好战，残忍地抢劫、杀戮等等，并鼓励他们好战残忍，称之为美德。因此在西徐亚人中便形成了一种风习，在盛大的宴会上，如果某人未杀死过敌人，绝不能喝同伴传过来的酒。

---

① 这一节的思想来源于亚里士多德的《政治学》。

其他地方还流行一种习俗,在坟墓周围建一些方尖碑,死者生前杀死的敌人越多,方尖碑的数量也越多。所有这些做法都是教唆人们好战,把征服他人作为唯一的目的。这几乎是不可能的,因为这一过程会没完没了,除非征服整个世界。而且这也不合情理,自然规律①不容许我们将自己不喜欢的东西强加于他人。君主教育民众要有尚武精神,不应当是为了贪婪地征服别人,而是为了保卫自己,保护生民不受任何奴役和伤害,②或者真的是为了驱除暴君,统御被欺凌的民众,或者真的是为了奴役按其本性来说就该被奴役的人,目的是善待他们,让他们休养生息,在安宁与和平中生活。为此还要用法律和司法条例来引导他们,惩治坏人,但不是因为仇恨,而是为了使他们改邪归正,不会妨碍好人的安宁。战争确实是骇人的、应予谴责的事:在战争中——战争本身是坏事——有些人显得勇敢而智慧,但到了和平时期——和平本身是好事——他们却显得无知又无能,不懂得享受和平的福分。因此,在战争时期必须让民众懂得达到战争的目的——即争取和平——所需要的宝贵品德,在和平时期也要让民众懂得达到和平的目的——即求得安宁——所需要的正直,正直最终是有益的。这样,臣民就会善良,君主更值得称颂和褒奖而不是惩处。治理对于臣民和君主来说都是愉快的,而不是专横的,像主人对奴隶,而是亲切、平和的,像慈父对肖子。"

---

① 这里把前面提到的圣经格言(后来的斯多葛派和基督教的格言)提高到自然规律的水平。

② 这是从亚里士多德到伊拉斯谟对战争的经典解释:"si vis pacem para bellum"[为和平而战]。

28

这时加斯帕罗先生说:"我很想知道,在战争时期所需要的宝贵品德都是哪些,和平时期的正直又是什么。"奥塔维亚诺先生答道:"所有美德都是好的、有益的,因为它们都有良好的结果。在战争时期更宝贵的品德是真正的坚强,它能让心灵摆脱种种强烈的情感,这样不仅是无惧危险,而且根本没有危险的意识。同样重要的还有坚定和持久的耐性,拥有不顾命运造成的一切打击的心灵。无论战时还是任何时候,都应坚守导致正直所要求的所有各种美德,如正义、克制、温和。然而,在和平和安宁时期更应如此,因为在富足和安宁中,当命运向人们微笑时,人们常常会变得不讲正义,就会放纵,甘心被享乐所腐蚀。这种处境下的人极需要上述美德,因为安逸很容易在人的心灵中滋长坏习气。古代[①]谚语说:'不应当让奴隶闲着。'金字塔是为了让民众有事做而建造的,这一说法可信,因为让每个人忍受辛劳是有益的。还有很多其他美德也很有益,但迄今所讲的这些就足够了。因为如果我懂得如何教化君主,对他进行我们所描述的德育,教会他践行这些美德,我认为,就达到了优秀廷臣的目标。"

29

加斯帕罗先生说:"奥塔维亚诺先生,您特别赞赏良好的教

[①] 关于埃及金字塔的说法出自亚里士多德。

育，似乎相信这是培养有道德的优秀人物的主要手段，因此我想知道，廷臣对其君主的示教应该始于[①]习惯和日常行为——这些习惯使他潜移默化地向善，还是始于用理性说明何谓善何谓恶，让他在践履善的道路之前明白哪条路是善的，可以走下去，哪条路是恶的，应该避开。总之，是通过理性和智慧的引导还是通过习惯在他心中确立美德？"奥塔维亚诺先生说："您这就让我说来话长了，尽管如此，为了不让您觉得我不愿意回答您的问题，我要说，身心是两回事，而心灵又分为两部分：一是理性，另一是欲望。从产生过程来说，身体先于心灵，在心灵中，非理性先于理性。这在幼儿身上可以看得很清楚，幼儿出生后，几乎立即就可看到他们的恼怒和欲望，过一段时间后才显现出理性。但是，照料身体要先于照料心灵，照料欲望要先于照料理性。而且，对身体的照料要考虑到心灵，对欲望的关照要考虑到理性。因为正如智识的力量通过教导而完善一样，道义则通过习惯而形成。因此，首先应通过习惯进行训导，习惯能够控制尚不具备理性的欲望，良好的习惯可以引导人向善，然后通过智力让其保持稳定。智力虽然在后期才显示其光辉，但它能使一个人享有完善的美德，心灵通过习惯得以抚顺，我认为，一切全在于此。"

30

加斯帕罗先生说："在您继续往下讲之前，我想知道如何爱

[①] 对君主的美德教育是始于日常生活的范例还是始于理论思考。

护身体，因为您说过，我们先有身体，然后才有心灵。"奥塔维亚诺先生笑着答道："您最好问在场诸位先生，[1]他们的营养不错，胖胖的，容光焕发，而我就不行，正如您看到的，我保养得不够好。但我们可以有更广泛的话题可以探讨，比如适婚年龄。子女的年龄不要与父亲的年龄相距太近，也不要相差太远。子女出生后要马上开始锻炼和教育并一直持续，以使其身体健康强壮。"加斯帕罗先生答道："我认为，希望生出漂亮强健的子女的妇女喜欢柏拉图《理想国》中所说的'公妻制'。"这时埃米莉娅夫人笑着说："您又违规说女人的坏话了。"加斯帕罗先生说："我说她们想引入一位伟人[2]提出的习俗，我还自以为是在称赞她们呢。"切萨雷·贡扎加老爷笑着说："我们要看看奥塔维亚诺先生的训示——我不知道他是否都面面俱到了——能否有一条，君主是否就此立法。"奥塔维亚诺先生答道："我就说了那么一点点，也许仅此就足以使一位君主成为明君，就像现在我们所见到的明君。不过，如果有人想详细了解的话，还有很多东西可以讲。"公爵夫人补充说："既然这只不过是费些唇舌，别无其他，您就把心里想的如何教化君主的一切讲给我们听吧。"

31

奥塔维亚诺先生答道："夫人，我还愿意教他许多别的事，倾

---

[1] 指在场的某些人，仿佛看到他这样说的时候还伴有手势。
[2] 柏拉图在《理想国》(*Repubblica*, V, VII—XII) 中曾谈到这一想法。

囊相授,其中一件是,从他的臣民中遴选几位最高贵、最聪明的绅士[1],经常不耻下问,赋予他们自由发表意见的权利,他们可以无所顾忌地畅所欲言。君主这样礼遇他们,大家就会觉得,君主事事想知道真相,痛恨谎言。除了由贵族组成的议会外,还有遴选较低等级的一些民众组成平民议会,就城市的重大公共和私人事务同贵族议会保持沟通。这种方式使作为领袖的君主、作为议会成员的贵族和平民构成一个统一的整体,政府以君主为主而产生,自然还有另一些人参加,这样就形成三者——君主、贵族和平民——组成的政体。[2]

32

"接下来我想向他表明,君主要关注的事情当中最重要的是正义。为了确保正义,需要挑选智慧和正直的人担任法官。他们必须既善良又明智,否则他们的明智就是狡猾。缺乏善良时,讼师的才能和细致只能是对法律和正义的践踏和灾难,他们的每一个错误都归咎于让其担此任者。我还想说,正义是基于对上帝的爱,[3]所有人都应当爱上帝,尤其是君主,必须爱上帝胜过一切,对他来说,这是他全部行为的真正目的。正如色诺芬所说,荣耀永远归于上帝,永远爱他。而且在顺境时更应如此,这样日后遇

---

[1] 一个由贵族组成的议会,加上一个(后面还要谈到的)平民议会,可以制约君主的绝对权力。
[2] 卡斯蒂廖内的这一完美国家结构模式的思想,可能来自西塞罗的《论共和国》。
[3] 君主的宗教信仰可以成为良好治理的另一个手段。

到灾难时祈求上帝赐福就更有道理了，因为没有上帝的帮助，无论是他本人还是别的人都不可能治理好国家。上帝有时会再次赐予他的牧师以好运，解救他们于危难。有时则相反，以防止他们被顺境所迷惑，从而忘乎所以，或忘记人的明智，而人的明智常常能改变厄运，就像博彩中掷骰子的好手通过巧妙转动转盘可以避开背点。①我还想提醒君主，要做真正的虔诚信徒，不要相信迷信，也不要相信虚妄的巫术和占卜。因为人的明智、对上帝的爱和认真虔诚的宗教信仰相结合，会带来好运并得到上帝的护佑，上帝会让他的国家无论在平时还是战时都繁荣昌盛。

33

"接下来我要谈谈，君主应当怎样爱他的国家和臣民，不要过分奴役民众，以免成为他们痛恨的人，叛乱和阴谋以及其他无数坏事都产生于民众的憎恨。也不要过分自由宽纵，以免让民众认为君主软弱可欺，过分自由宽纵，民众生活会放荡淫逸，抢劫盗窃、杀人越货、蔑视法律，王国和城市会遭到损毁和完全毁灭。接下来是，君主必须按亲疏等级爱人，在公正和自由等方面一视同仁，但在另一些事情上就要有合理的差异，比如，在赠予、酬劳、给予荣誉和授衔等方面都应当论功行赏，始终不高估功绩，也不低估功绩。这样，君主不仅受臣民爱戴，而且几乎受他们膜拜。不应把保卫自己性命的大事托付给外国人，因为本国人为了

---

① 这里是说运气与美德的关系，美德被称为"人的明智"。

自己的实际利益也会尽其所能保卫君主。大家看到君主遵守法律，几乎就是法律的守护者和践行者，自然都愿意遵纪守法。于是，他们自己就建立了信心，即使有时候在某些事上需要违背法律，大家都相信这是出于良好的目的，会尊重君主的愿望而非法律条文。于是，民众的心会变得平和，好人不会追求超过自己需要的东西，坏人则不是这样。许多时候，过多的财富是造成巨大破坏的根源，就像可怜的意大利一样，它曾经很富有，但后来成为外国的猎物，这既是由于政府腐败，也是由于它拥有大量的财富。因此，最好是大多数民众既不太富裕也不太贫穷，因为太富常会变得傲慢轻率，而太穷则会卑劣刁滑，而介于两者之间的人①才不会坑害他人，他们生活安定，也不会被他人坑害。中等阶层人数越多，国家就越强大，而且，无论穷人还是富人，都不可能密谋反对君主，或者真的去反对其他人，也不可能搞叛乱。因此，为了避免这样的灾难，最好的做法就是让所有人都处于中等水平。②

34

"因此，我想说，应当采取这些做法以及其他很多恰当的做法，以免让臣民有意追求新事物和改变现状。产生这样的意图要么是为了利益，要么是追求希望得到的荣誉，要么是由于失落或羞愧。他们心中的不安有时来自于憎恨和愤慨，使他们丧失了信

---

① 不太穷也不太富的中间阶层构成最适于维持"良好"统治的基础。
② 欧洲新兴王国的国王都极力同中间阶层建立联盟，以对抗实力强大的贵族，这是在对立的势力间寻求平衡的"中庸"政策。

心，上司的贪婪、骄横、残忍或淫欲使他们备受侮辱和欺凌，君主因疏忽、懦弱和无能而对他们漠然视之。为了纠正这两个错误，必须获得民众的爱戴，在民众中拥有威望，对好人施以恩惠和表彰，也要采取慎重的措施，有时就要严厉，不让坏人和煽动者变成强人。在他们成势之前阻止他们比在他们成势之后要容易得多。我想说，为了避免民众犯这样的过错，最好的办法莫过于让他们远离不良风气，特别是那些慢慢形成的不良风气。因为不良风气像不知不觉间流行的瘟疫，它在人们尚未找到药方甚至尚未察觉之前就已经荼毒城市了。通过这些方法，我还想提醒，君主要设法使臣民生活安定，心灵善良，身体健康，生活富足。但身体健康和生活富足是为了让心灵发挥作用，这种作用越大、越突出就越有益；否则，也不可能身体健康和生活富足。因此，如果臣民个个善良，人人能干，都追求幸福的目标，那么，君主一定是明君，治国有方，驭民有术，臣民肯定善良、温和、顺从。"

35

加斯帕罗先生说："我想，如果君主治下的臣民都是好人，他也只是个小君主，因为好人为数并不多。"奥塔维亚诺先生答道："如果用喀耳刻幻术把法国国王①治下的臣民都变成野兽，那么，尽管国王统领成千上万的野兽，您不觉得他依然是一个小君主吗？相反，如果那些只在我们这里的山上放牧畜群的人能变成智

---

① 法国国王是强大君主的象征。

者和骑士，您不觉得让畜群听命的牧人也会成为伟大君主吗？因此您可以看到，不是臣民的多寡而是能力决定君主是否伟大。"

36

对于奥塔维亚诺先生的这番议论，公爵夫人、埃米莉娅夫人和其他所有人都认真思考了一番，他本人这时停顿了一会儿，好像话说完了。这时切萨雷·贡扎加老爷说话了："奥塔维亚诺先生，真的，不能说您的这番话不好，没有用。我相信，如果您用这些来教化君主，就更应该称您为好导师而不是好廷臣，而您的君主可称为好的执政官而非伟大君主。我并不是说，君主不要关心臣民遵守法纪，风气良好。不过我觉得，君主只要挑选良臣来处理这些事就行了，他有更重大的职责。如果我是诸位先生所塑造的那种良臣，并得到了君主的信任，那么我肯定不会引导我的君主去做坏事，而是奉劝他去实现您所说的良好目的，我认为，这应该是廷臣的行为和辛劳的成果。我将努力让我的君主胸怀远大，有王者之慨，在军事上有随时准备战斗的精神和坚强意志，这将使他受到所有君王的爱戴和尊敬，在世界上名声显赫。我还想说，他还必须做到，在伟大的同时还要对臣民和蔼可亲、温文尔雅，体恤民情，平等善待臣民和外国人，但始终保持与君主地位相应的威严，不能因过于软弱而有损威严，也不要因过于严厉而引起憎恨。他必须慷慨，不吝赏赐，常言道，上帝是慷慨君主的司库。他要举办盛宴、庆典、娱乐活动、公共演出。他要有大量供战时需要与平时娱乐的良马，以及鹰、犬和其他为大君主和民众消遣用的东西,就像我们现在所看到的曼托瓦侯爵弗朗切斯科·贡扎加①先生那样,拥有这些东西使他更像是意大利的国王而不是一座城市的主人。我还要极力说服他修建一些宏伟建筑,这既可为他在有生之年提高声誉,又可让他为后人怀念,就像费德里科公爵②为这座高贵的宫廷所做的一切那样,又像教皇儒略③现在在圣彼得教堂所做的那样,他修了一条连接教皇宫和观景殿的通道以及其他许多建筑。又像古罗马人,他们也建了很多建筑,在罗马、那不勒斯、波佐利、巴亚、奇维塔韦基亚、波尔托④甚至在意大利以外以及许多地方都有很多古罗马遗迹,都成为那些神圣心灵之价值的重要证据。亚历山大大帝⑤也是榜样,他并不满足于用武力征服世界所获得的名声,还在埃及建了亚历山大城,在印度建了布西法拉斯城,在其他国家还建了一些城市。他想把阿托斯圣山变成人的形状,这个人的左手建成一座庞大的城市,右手挖成一个大杯子的形状,发源于圣山的多条河流汇聚于此,再由此出发注入大海。这真是配得上亚历山大大帝英名的宏伟计划!奥塔维亚诺先生,我认为这些事情适合于一位高贵的、真正的君主,在平时和战时都能使他获得荣光。不要关注于很多琐碎

---

① 弗朗切斯科·贡扎加(Francesco Gonzaga,1466—1519),费德里科一世(Federico I)去世后成为伊莎贝拉·德斯特(Isabella d'Este)的丈夫。在讨论进行期间(1507年),卡斯蒂廖内已中断了同曼托瓦侯爵之间的关系,而他写《廷臣论》这本书时(1515年),关系已恢复。

② 乌尔比诺公爵在他的城市里建了很多建筑。

③ 修建圣彼得教堂及后来以儒略大街为轴心的罗马市的改建壮举应归功于教皇儒略二世(Giulio II),罗马市的改建稍后还要谈到。

④ 波尔托(Porto)即现在的安齐奥(Anzio)。

⑤ 资料来源于普鲁塔克的《亚历山大传》(*Alessandro*)。

的小事，只需要战斗，征服和战胜那些应该被征服的人，或者为了臣民的利益，或者为了推翻实行暴政的统治者。如果罗马人、亚历山大、汉尼拔和另外一些人不关注这些，他们就不会抵达光荣的巅峰。"

37

这时奥塔维亚诺先生笑着答道："那些不关注这些事的人会做得更好，如果您细思一番，可以发现有许多实例，首先是最早的古人，比如忒修斯和赫拉克勒斯①。您可能不相信另外一些人也是这样，比如，普洛克路斯忒斯②、斯喀戎③、卡库斯④、狄俄墨得斯⑤、安泰俄斯⑥、革律翁⑦等人都是残酷无情的暴徒，上面所说的英雄为反对他们进行了长期殊死战斗，这才将他们消灭。因此，由于让世界摆脱了这些天理不容的恶魔（否则就不能称他们为暴徒了），人们为赫拉克勒斯修建了神庙，向他献祭，赋予他神圣的荣誉。因为铲除暴徒有益于世界，谁这样做就应得到比普通人更多的褒

---

① "忒修斯和赫拉克勒斯是象征人类英雄主义的神话人物。"（参见迈尔，p.494）
② 普洛克路斯忒斯（Procuste）是古希腊神话传说中阿提卡地区的一个匪徒，他杀死过往行人的办法是，让行人躺到一张床上，如果这个人个子高则把他截短，如果个子矮则把他拉长。后来被希腊英雄忒修斯以同样方式杀死。
③ 斯喀戎（Scirone）是忒修斯杀死的另一名希腊匪徒。
④ 卡库斯（Cacco）是希腊神话中的巨人、小偷，被大力神赫拉克勒斯杀死，这是赫拉克勒斯的十二件英雄事迹之一。
⑤ 狄俄墨得斯（Diomede）是战神马尔斯（Marte）和革律翁（Cirene）的儿子，赫拉克勒斯把他杀死后，将他的尸体拿去喂吃人肉的马。
⑥ 安泰俄斯（Anteo），赫拉克勒斯杀死的利比亚巨人。
⑦ 革律翁（Gerione），赫拉克勒斯杀死的另一个巨人。

奖。在您提到的那些人中，您不认为亚历山大大帝获得的胜利有益于被征服者吗？他在他所战胜的野蛮人中建立了良好的风尚，将残暴的人变为正常人。他在不适宜于居住的地方建了许多美丽的城市，推行有道义的生活，通过友谊和神圣法律的纽带把亚洲和欧洲连接起来，使他征服的国家的人民过上了比其他国家人民更幸福的生活，他向一些人展示了什么是婚姻，向另一些人展示了如何种植，向另一些人展示了什么是宗教信仰，他还教一些人不再杀戮，赡养年迈的父亲，教另一些人不再迎娶自己的母亲，还有很多可以证明他的胜利给世界带来好处的事迹。

38

"暂且不谈那些古人，还有比基督教信徒用武力让非基督徒信仰基督更崇高、更光荣和更有益的事吗？您不认为，这场战争的胜利和使千百万人摆脱穆罕默德教派皈依基督教的真理之光不是既有益于胜者也有益于被战胜者吗？确实，地米斯托克利[1]被从祖国逐出后，波斯国王收留了他，安抚他，给他极高的荣誉和丰厚的馈赠，他对身边人说：'朋友们，如果我们那时没有被毁，那么我们现在就毁了。'土耳其人和摩尔人也可以这样说，因为他们也在失败中得到了拯救。我希望我们还能看到这样的好事，如果上帝允许昂古莱姆[2]的蒙席大主教活得够久，就让他登上法国的王位，正如豪华者朱利亚诺先生四天前的晚上所说

---

[1] 故事来源于普鲁塔克的《地米斯托克利传》（*Temistocle*）。
[2] 后来的弗朗索瓦一世（Francesco I）。

的，这位大主教表现得信心满满。希望英格兰也是这样，威尔士的君主亨利爵士①将登上王位，他现在正在其伟大父亲的全面美德教育下成长，像挂满果实的大树荫护下的嫩枝，假以时日必长成更美、更硕果累累的大树。因为正如我们的卡斯蒂廖内从那里来信所说的——他许诺回来后再细说，似乎这位先生生性喜欢考验自己，将诸多品质集于一身，这么多优秀品质，足以使无限多的事物变得更美好。"这时贝尔纳多·比别纳老爷说："西班牙君主唐卡洛斯②也满怀信心，他现在还不到十岁，却已显得聪明伶俐，并显出善良、慎重、谦逊、宽厚等种种美德的一些苗头。正如人们所认为的，如果由他统治一个基督教帝国，相信他会使许多古代皇帝的名字黯然失色，他会与世界上最著名的帝王齐名。"

39

奥塔维亚诺先生补充说："因此，我相信这些圣君是上帝派到地上来的，上帝让他们年轻英俊，体格健美，有军事才能，这样可能符合他的良好愿望。这些人之所以不互相嫉妒或竞胜，仅仅是因为所有人都想在使异教徒皈依这一光荣事业中争当第一，都想表现得最热忱、最积极。不过，我们还是放下这一议题，言归正传吧。切萨雷老爷，我要说，您想要君主做的都是大事，值得称赞，但是您也要明白，如果君主不懂我说的他必须了解的事，

---

① 加勒（威尔士）的君王，后来的亨利八世（Enrico VIII）。
② 后来的查理五世（Carlo V）。

他的心灵没有以那种形式来塑造，没有走上美德之途，他很难成为宽厚、慷慨、公正、英勇和明智的人，或者不可能拥有人们期待于他的另外一些品格，也不会成为我所希望的、能够发挥这些特质的人。就像搞建筑的人未必都是优秀建筑师一样，馈赠的人也未必都慷慨，因为美德从不允许伤害任何人，但很多人偷来别人的东西再馈赠，这样的慷慨是拿别人的东西冒充慷慨。另外，有些人把东西给予不该受赠的人，却听任那些需要捐赠的人处在灾难和贫困中。有些人馈赠时勉强、有怨气，让人觉得他们的馈赠是不情愿的。有些人不仅不悄悄地进行，还请人来见证，几乎是公开炫耀他的慷慨。还有一些人发疯似的一下子便将他的慷慨之源挥霍殆尽，以后就再也不能慷慨了。

40

"因此，在这方面和在其他方面一样，也必须懂得明智，必须自我克制，又需要伴以种种美德，而美德本应是中庸的，如果走向两个极端就会变成恶习。不懂明智的人很容易走极端，因为正像一个圆很难找到圆心一样，美德也很难在两个极端之间找到中间点，过与不足都是缺陷。我们时而倾向于这个极端，时而又倾向于另一个极端，这从我们的感觉可知，我们有时喜欢某个极端，有时又厌恶它。我们凭感觉会做不该做的事，而该做的又不做。因此，凭喜好做事非常危险，我们的判断力容易因喜好而败坏。但是，由于人们很难认清自己距离美德的中间点有多远，我们必须一步步从我们习惯的极端后退，就像将曲木取直时那样。只有这样我们才能靠近美德,正如我所说的,美德就位于那个恰到好处的中间点。我们有很多方式是错的,只有一种方式能履行我们的职责和义务,[①]就像弓箭手一样,他们的箭只有一条线能击中靶心,很多条线都偏离目标。有的君主为了显得更富人性和亲切,常常做出有损尊严的事情,卑微得遭人鄙薄,另一些君主则携权力来维护自己的威严而严厉到了令人无法忍受的地步。还有的君主为了让人觉得他能言善辩,说话装腔作势,故弄玄虚,自说自话,别人都厌烦得听不下去了。

41

"因此,切萨雷老爷,不要说可改善君主形象的事都是小事,尽管可能真的是小事;也不要以为我认为您在批评我的说法,按我的说法只能教出优秀的执政者而不是伟大君主,因为称君主为优秀的执政者也许是最好的赞美了。但是,如果由我来教导君主的话,我不仅要他处理好我说过的那些事情,还要处理好许多小事,尽可能了解臣民的特性,不要过于信任任何一位大臣,授以全权,任由他处置,因为没有任何一个人是全能的,很多重大损失都是由于君主的轻信而不是疑心造成的,疑心不仅有时候无害,且往往有益。为此,君主需要有良好的判断力,知道谁值得信任,谁不值得信任。我还要君主关注和洞察大臣的活动;消除和缓和下属间的争斗,使他们和平相处,联姻;让整个城市像一个普通

---

① 引自亚里士多德的《尼各马可伦理学》,整个论据都受到该书的启发。

家庭,团结一致,友好相处,人丁兴旺,生活无虞,平静安详,能工巧匠辈出;鼓励经商,资助商人;慷慨而友好地款待外国人和宗教信徒,尊重他们;要节制一切多余的东西;因为在这些事情上犯错,看起来虽小,却能导致城市毁灭。君主要限制私宅过于豪华、饮宴过于奢靡、妇女嫁妆过于铺张、服饰珠宝过于绚丽,奢侈只会证明他们的愚蠢,因为这除了常常导致女人相互攀比的贪欲和嫉妒之外,还会让丈夫权威受损,耗费钱财,有时这样的女人为了一件饰物或虚荣心而向愿意出钱的人出卖贞节。"

42

贝尔纳多·比别纳老爷笑着说:"奥塔维亚诺先生,您站到加斯帕罗先生和弗里焦先生一边去了。"奥塔维亚诺先生也笑着答道:"争论已结束,我不想再争论了。因此,我不再谈女人,而是回到关于君主的话题。"弗里焦答道:"您可以不再谈女人,您也可以满足于您所塑造的君主。因为找到豪华者朱利亚诺先生所说的仕女并非难事,而找到您所提到的素质的君主要困难得多。但我怀疑,那只不过是柏拉图的《理想国》,我们永远也看不到,除非在天国。"①奥塔维亚诺先生答道:"这是有可能的,尽管难得一见,但可以希望确有其人,也许在我们这个时代的大地上就能看到。尽管上天吝于产生优秀君主,多少世纪才能够看到一个,或

---

① 一些评论家指出,像前面塑造的廷臣和后来塑造的宫廷仕女一样,君主也同样是一种乌托邦的抽象形象。

许我们会遇到这样的好运。"这时卢多维科伯爵说："我对此抱有很大希望，因为我们提到的三位伟大君主，可以期待他们成为我们所说的完美君主的典范。除此之外，当今意大利的某些王子也很出色，虽然他们还不具有君主的能力，但美德或可弥补。我认为，在所有这些人中，气度不凡、出类拔萃的是费德里科·贡扎加先生。①他是曼托瓦侯爵的长子，是在场的公爵夫人的侄子。他年纪轻轻除了表现得举止文雅和审慎周全外，侍奉他的人讲他聪明、看重荣誉、宽宏大量、谦恭有礼、慷慨、追求正义，有这么好的开端，我们当然期待他终将大有作为了。"这时弗里焦说："现在不必多说了，让我们祈祷上帝保佑，能看到您的这一愿望实现。"

43

奥塔维亚诺先生转向公爵夫人，示意他的话说完了。他说："夫人，关于廷臣的目标我就说这些，如果在这个问题上我不能令人完全满意，至少我已表明，我对诸位先生的高见所做的这些补充，我就心满意足了。我觉得，有些话诸位先生没有说，由我来说，并非因为他们知道的不如我多，而是他们想节劳。所以我想让他们继续谈谈，如果他们想要补充的话。"此时公爵夫人说："现在时间已晚，今晚的谈话应当结束了，我还觉得，我们不要把其他话题同这个话题搅在一起。在这个话题上，您搜集了很多精彩的事例，从廷臣的目的来看，可以说您不仅是我们所寻找的完

---

① 迈尔（p.501）指出，想象这些探讨的内容会实现的那一年，贡扎加才七岁。

美廷臣，而且足可教化您的君主。如果好运垂顾，您还有可能成为最好的君主，这对您的国家大有好处。"奥塔维亚诺先生笑着说："也许吧，夫人，如果我忝居其位，我会像其他许多人一样，说得好而不是做得好了。"

44

大家又议论纷纷了一阵，有些人意见不一，也有些人称赞所讲的东西，说还不到睡觉的时候。于是豪华者朱利亚诺笑着说："夫人，我最讨厌骗人，我不得不反驳奥塔维亚诺先生，我怀疑他在暗地里同加斯帕罗先生合谋反对女性，他犯了两个错误，我认为还是严重错误。一个是，他把廷臣置于宫廷仕女之上，让他超越了妇女所能达到的极限，并且还将廷臣置于君主之上，这就极不合适了。另一个是，他给廷臣设定了一个目标，这个目标往往很难实现，有时不可能实现，如果实现了，他就不应该是廷臣了。"埃米莉娅夫人说："我不明白，廷臣为什么很难实现或不可能实现您所说的目标，也不懂奥塔维亚诺先生怎么把廷臣置于君主之上了。"奥塔维亚诺先生答道："您不同意廷臣做这些事，我并没有把廷臣置于君主之上。我也不认为在廷臣的目标上我犯了什么错误。"豪华者朱利亚诺答道："奥塔维亚诺先生，您不能说产生一种结果的原因所具有的性质，不总是比其结果具有更多这种性质。①据此可知，为了教化出优秀的君主，廷臣就要比君主

---

① 这种思维逻辑是经院式的。

还要优秀,这样廷臣会比君主本人更有威望,这极不合适。至于廷臣效力的目的,您所说的只有在君臣年龄相仿的情况下才能实现,但并非没有困难,由于年龄相差不大,自然他们在知识方面的差异也不是很大。与此相反,如果君主已年老而廷臣还很年轻,自然年老的君主比年轻的廷臣懂得的更多。如果说这种情况不会经常出现,但也偶尔会遇到。那么,您所说的廷臣的目标就不可能实现了。再假如君主很年轻而廷臣已年迈,那么廷臣就很难用您所说的素质来改善君主的心灵了。因为说真的,习武和其他方面的锻炼都是年轻人的事,已不适合老年人,音乐、舞蹈、庆典、游戏、谈情说爱,到了衰老的时候再做这些事就很可笑了。我觉得,对君主的生活和习惯进行教化训导的人,必须是德高望重之士,有丰富的履历和经验,可能的话,应该是优秀的哲人和杰出的军事将领,几乎无事不通。这是很难得的。此外,我觉得,教化君主的人不应该称他为廷臣,而应当有一个更崇高、更荣耀的称谓。奥塔维亚诺先生,如果说我揭示了您的谬见,那就请原谅了,为了我塑造的宫廷侍女的荣誉我实属迫不得已,您还认为她的尊贵低于您所塑造的廷臣,对此我不能苟同。"

45

奥塔维亚诺先生笑了,他答道:"豪华者朱利亚诺先生,过高地称赞宫廷仕女是在拔高她,说仕女与廷臣旗鼓相当,也是在贬低廷臣。谁也没有禁止宫廷仕女去教化她的女主人,谁也没有禁止她追求为臣之道,即我说过的廷臣应为他的君主效力。可是,您极力批评廷臣多于赞扬仕女，但请允许我为廷臣说几句话。为了回答您的异议，我要说，我从未说过廷臣的教化是使君主成为那样的君主的唯一原因，因为如果君主天性无意于做君主，也不适合做君主，廷臣的任何悉心提醒都是枉费心机，就像任何优秀的农夫在贫瘠的海滩上播种和耕作，肯定也是劳而无功，因为那个地方天然贫瘠。但如果在肥沃的土壤中播种良种，加上气候温和，季节性的雨水还有人的辛勤耕耘，庄稼一定会长势喜人。因此，农夫并非是丰收的唯一原因，但如果没有他，其他所有条件就很少或根本不起作用。因此，很多君主如果心智得到很好的培养，会成为优秀的君主。我所说的不是贫瘠国土上的君主，更不是天性与良好习俗格格不入的君主，任何教化也不可能引导他们的心灵走上正途。

46

"因为正如我说过的，我们的习惯形成于我们的日常活动，美德体现在行为中。[①]因此，廷臣把君主引向美德，如公正、慷慨、高尚，不是不可能，也无需惊讶；但君主如果本来就伟大，这些美德就运用自如，习以为常。这种情况下廷臣便无能为力了，因为他没有机会践行这些美德。廷臣劝导君主要尚德，但君主会比廷臣更富美德。此外，您应该知道，磨刀石虽然坚硬，可以把铁刃磨得非常锋利，但它不能像利刃一样切割。[②]在我看来，尽管廷

---

① 习惯性的行为取决于日常活动，日常活动是我们的品性和缺陷的结果。
② 这个比喻来自贺拉斯的《诗艺》，304—305。

臣在教化君主，但并不能说他就比君主更高贵。廷臣的目标很难达到，有时甚至不可能达到，一旦达到就不该称他为廷臣，而应赋予更高贵的称谓。我必须承认，我并不否认存在这一困难，因为要找到能实现这一目标的优秀廷臣并非易事。不过在我看来，这种不可能并不是由于您所列举的情况，因为如果廷臣年轻，不懂他应该懂的那些事，就不必谈他了，因为他不是我们所希望的廷臣。另外，年轻的廷臣懂得那么多的事也不可能。如果君主本人聪明而优秀，无需别人的提醒和建议（虽然人人都知道这很难），那么，廷臣只需这样做就可以了，即如果君主需要，他可以让君主成为硕德之人，[①] 他可以运用自己的才干从另一方面满足君主，让君主不受蒙骗，始终了解所有事情的真相，反对谄媚者、进谗言者以及所有图谋以不义之事败坏君主心灵的人。尽管用这种方式可以实现为臣的大部分目标，但廷臣并不能完全发挥作用。我们不能说这是廷臣的缺点，因为他有理由有所不为。如果一位优秀的医生处在一个人人都健康的地方，不能因为他没有治好过病人就说他没有实现治病救人的目标。但是，正如医生关注人的健康，廷臣关注君主的美德。无论医生还是廷臣，只要其内心抱有这一目标就够了，即使这一目标未外在地付诸行动，也取决于他效力的对象，引导他去达到这一目的。相反，如果廷臣的年龄很大，不再适合参与音乐、庆典、游戏、习武和其他展示个人勇气的活动，但不能说他就不可能再得到君主的赏识，如果说年岁剥夺了他参与这些活动的能力，但并不能妨碍他对这些活动的了

---

① 通过建言来实现这一目的。

解，他年轻时参加过这类活动，对这些活动有更全面的判断，更全面地了解如何教化君主，年岁越高，经历越丰富，对各种事物了解更透。因此，高龄廷臣虽然不能展现其具有的素质，却仍能达到教化君主的目的。

47

"如果您不想称他为廷臣，这并不会让我感到困扰，因为自然并没有确定人的尊贵的边界，规定不能越界换位。普通士兵成了将领、普通人成了国王、教士成了教皇、学生成了老师却是常有的事。于是，称谓变了尊贵也就跟着变了。似乎可以说，做君主师是廷臣追求的目标。[①]虽然我不知道有谁拒绝完美廷臣这一称谓，但我认为，这一头衔代表了极高的赞誉。我觉得，荷马创造了两个光辉的人物作为人类生活的典范，一个是行动的典范阿喀琉斯；另一个是激情和宽容的典范奥德修斯。他还创造了完美的廷臣福尼克斯，[②]在叙述了他的爱情和年少往事后，荷马说，阿喀琉斯的父亲佩琉斯派他陪伴阿喀琉斯，教他如何说话和做事，这也正是我们为廷臣设定的目标。我不认为亚里士多德和柏拉图会鄙视'完美廷臣'这一称谓，因为可以清楚地看到，他们所做的正是为人臣子所做的事，他们努力追求的也正是这一目标，这两

---

① 这样，教化者就成了高于廷臣的一个等级。
② 《伊利亚特》(*Iliade*), IX, 211—844, 蒙蒂 (Monti) 译本，特别是 i vv. 561—569 (参阅 Maier, p. 508)。

人一位效力于亚历山大大帝，另一位效力于西西里国王。[1]既然优秀廷臣的职责是要了解君主的天性和偏好，根据需要在恰当的时机巧妙地得到君主的宠信，正如我们所说的，借此提供一条有把握的通道，引导君主心向美德。亚里士多德就是这样做的，他清楚地了解亚历山大大帝的天性，巧妙地引导他的天性，亚历山大大帝对他的爱和尊敬超过对自己的父亲。亚历山大大帝敬爱亚里士多德的许多证据之一就是下令重建遭到破坏的亚里士多德的家乡斯塔吉拉。亚里士多德引导这位大帝去实现一个荣耀的目的，即把世界建成一个统一的国家，万民同属一国之民，在同一个政府和法律下和谐相处，就像阳光普照众生。除此之外，亚里士多德还向亚历山大大帝传授自然哲学知识，在这位大帝的心灵中培育美德，使他成为知识渊博、意志坚强、隐忍克制的人，不仅在言论上、而且在行动上成为一位真正的道德哲学家。因为很难想象还有更崇高的哲学，使许多野蛮民族——比如居住大夏国人[2]、高加索人、印度人和西徐亚人——过上文明生活，带给他们婚姻、耕作、孝敬父母等，教他们不再抢劫和杀戮，抛弃其他不良习惯，在遥远的地方建了许多有名的城市。于是，无数人因这样的法律而告别了野蛮生活，过上了合乎人性的生活。亚历山大大帝的这些业绩就是源自亚里士多德的构想，采用了优秀廷臣的方法。卡利斯提尼[3]则无所作为，尽管亚里士多德曾向他传授，因为他想成

---

[1] 大狄奥尼西奥斯（Dionisio il Vecchio）和小狄奥尼西奥斯（Dionisio il Giovane），都是锡拉库萨的僭主。

[2] 大夏（Battra）在波斯地区。

[3] 卡利斯提尼（Calistene）是公元前4世纪的古希腊哲学家，随亚历山大大帝远征亚洲。

为纯粹的哲学家和追求真相的直臣,但未能把自己的愿望同廷臣的实践①结合起来,最后丢了性命,不仅没有给亚历山大大帝带来好处,反而有损他的名声。柏拉图以同样的方式辅佐锡拉库萨的狄翁,②后来又辅佐僭主狄奥尼西奥斯③,这位僭主像一本满纸谎言、错误百出的书,需要全面清除,而不是部分修改或勘误,因为清除其僭主色彩是不可能的,那些色彩已经存在很长时间。柏拉图没有按为臣之道去做,他认为必然是白费力气。如果我们的廷臣碰巧不得不为一个本性邪恶且长期被恶习浸染的病入膏肓的君主效力,也应该效仿柏拉图,不再为君主效力,不再为他的君主的恶行带来骂名,以便摆脱所有好人为坏人效力时必然感受到的烦恼。"

48

奥塔维亚诺先生说到这里停了下来,加斯帕罗先生说:"我并不期待我们的廷臣有如此高的荣耀,但是,因为亚里士多德和柏拉图是廷臣的同行,我想,任何一位廷臣都不应该对这一称谓感到不快。但我不确信亚里士多德和柏拉图一生从未跳过舞,演奏过乐器,或开展过别的骑士活动。"④奥塔维亚诺先生答道:"无法

---

① 在这种情况下,正需要廷臣在效力时讲真话,要在优雅的外交辞令的掩饰下讲出真话。
② 锡拉库萨的狄翁(Dione Siracusano)是锡拉库萨的狄奥尼西奥斯一世的妻弟,他篡夺了王位。公元前355年被谋杀。
③ 即小狄奥尼西奥斯二世(Dionisio II il Giovane)。
④ 这是似是而非的论点,想用来反驳奥塔维亚诺等人支持的看法。

想象这两位精神先哲不是无所不知,①但可以认为,他们履行了为臣之职,把为臣之道都写了下来,研究其著述的人都知道,两位先哲对此主题有深刻的理解,了解其实质和根源。因此,并不能说廷臣或您所称的君主的教化者,他若追求我们所说的良好目的,就要具备诸位先生所列举的所有品质,既是严肃的哲人又是行动上的圣贤,虽然他们在任何年龄、任何时间和地点,并不背离善良、审慎、智慧和才华。"

49

加斯帕罗先生说:"我记得昨天晚上,诸位先生在议论廷臣的素质时提出,廷臣也能谈情说爱。那么,概括一下迄今的谈话可以得出一个结论,廷臣要以自己的才能和威望引导君主走向美德,应该说,他必须是个长者,年纪轻轻就知识渊博的情况极为罕见,在那些需要经验才能学到的知识方面尤其如此。我不知道,廷臣年迈力衰,怎么还宜于谈情说爱。既然今晚已经说过,在谈情说爱方面老人已经力不从心,年轻人却又细致入微,彬彬有礼,衣着打扮让女人心悦,而换在老人身上,却显得疯癫和可笑,会引起女人的嫌弃和男人的嘲笑。因此,如果您说老臣亚里士多德也去谈情说爱,如年轻恋人之所为,我想他就不适合教化他的君主了,也许孩子会追在他身后取笑他,女人唯有讥笑他从他那里取乐。"这时奥塔维亚诺先生说:"因为我们赋予廷臣的所有其他素

---

① 回答只能是似是而非的。

质都适合于老年人，所以我并不认为我们应该剥夺老年人享受爱的幸福。"加斯帕罗先生说："可是，剥夺了他的爱会使他更加完美，使他远离痛苦和磨难而更幸福地生活。"

50

彼得罗·本博老爷说："加斯帕罗先生，您忘了奥塔维亚诺先生在爱情方面不怎么在行，前天晚上他还说，他认识一些恋人，这些人用甜蜜一词形容他们从女人那里受到的蔑视、愤怒、争吵和折磨，因此他问道，能从这种甜蜜中得到什么教益呢？因此，如果我们的廷臣已经老迈，却又燃起了只甜不苦的爱情的火焰，他就不会从中感受到磨难或痛苦。同时，如果他像我们设想的那么聪明，认为适合于年轻人的事也适合于他，这并非他的错觉。而且，如果他爱，不仅不会给他带来任何指责，而且会给他带来赞扬和没有烦恼的最高幸福，这种情况即使在年轻人身上也很少发生，甚至几乎不可能发生。这样，他就不会不去教化他的君主，也不会做那些让孩子们嘲笑的事了。"这时公爵夫人说："彼得罗老爷，很高兴听您这样说，今晚我们议论时您没怎么发言，现在请您谈谈教廷臣如何幸福地去爱，这爱既不会受到指责也不会带来任何不快，①这也许是廷臣应有的最重要和最有益的素质之一。因此，就请您说说您知道的一切吧。"彼得罗·本博老爷笑了笑说："夫人，老年人也可以爱，我不希望我这么说让女士们

---

① 柏拉图式的爱既不会引起指责也不会引起不快。

误把我当成老年人,还是另请别人来讲吧。"公爵夫人答道:"您不得不承认您是一位智慧的老人,即便你再年轻几岁。您还是讲吧,不要再找借口了!"彼得罗老爷说:"夫人,这个话题我确实有话可讲,但我真的需要征询一下我的拉维内洛①的隐士埃雷米塔的意见。"埃米莉娅夫人几乎不耐烦地说:"彼得罗老爷,在座的没有一个人像您这样违拗,还是让公爵夫人来惩罚您吧。"彼得罗老爷也笑着说:"夫人,看在上帝的面上,请您息怒,我就来说说您想听的。"埃米莉娅夫人答道:"那您现在就讲吧。"

51

于是,彼得罗·本博老爷先沉默了一会儿,又调整了情绪,好像要谈一件大事,然后说道:"女士们,先生们,为了说明老人不仅可以不受指责地去爱,而且有时甚至会比年轻人感到更幸福。我要先讲一下什么是爱,恋人的幸福何在。因此,请你们细听我道来,我要让你们明白,这里没有一个人不可以去爱,即使他比莫雷洛先生年长十五岁或二十岁。"这时,大家都笑起来,彼得罗·本博老爷补充说:"我想说,按照古代智者②的定义,爱不是别的,只是享受美的愿望(desiderio),③如果没有可感知的事物就不会产生欲望,那么,感知必然始终先于欲望。欲望的天性是趋向

---

① 在本博的作品《阿索罗人》中,隐士埃雷米塔(Eremita)向拉维内洛(Lavinello)谈到柏拉图式的爱。

② 专指柏拉图。

③ 这是柏拉图下的定义,后来费奇诺(Ficino)援引了这一定义。

美好事物，但它自身是盲目的，[①]它感知不到美好事物。因此，自然注定了每种感知能力都配备一种欲望。我们的心灵有三种感知方式，这就是感觉（senso）、理性（ragione）和悟性（intelletto）。感觉产生欲望（appetito），我们的欲望与猛兽的欲望没什么不同；理性产生选择（elezione），选择为人类所专有；而悟性使人与天使沟通，由悟性而产生愿望（voluntà）。这样，正如感觉只感知可感知的事物一样，欲望也只欲念可欲念的事物；而悟性则只领悟可感悟的事物，所以愿望只能由善良的精神来滋养。人因具有理性而介于这两极之间，由于可以进行选择，人既可以偏向感觉，也可以提升而具有悟性，既可以偏向感觉这一端的欲望，也可以偏向悟性这一端的愿望。通过这些方式都可以追求美，美是一个普遍概念，它适用于所有事物，不管是天然的还是人为的事物，这些事物按恰当的比例构成，其本性是恰到好处的和谐。[②]

52

"但是，谈到我们所理解的美，那仅仅存在于身体、特别是存在于人脸上，并由此产生强烈的欲望，我们称这种欲望为爱，我们会说，美是神圣的善的反映，它像阳光普照万事万物。看到一张五官匀称、色调和谐、明暗对比鲜明、线条比例合适的面孔时，就会觉得很美，也显得很美，这样的面庞散发出光辉，呈现优美

---

① 因为欲望属于激情的范畴。
② 这是古典美的概念，其特点是各部分的和谐及其融合（即后文所说的协调）。

而动人的光彩,犹如阳光照在镶着宝石的金瓶上。它愉悦地吸引着人们的目光,渗入人的内心,给人们留下深刻印象,并以新的甜蜜打动人心,使人心情愉悦,从而点燃对它的欲望。这样,欲望便控制了心灵,想把美当作美好事物来享受。但如果听任感觉判断的指引,便会产生严重错误,认为身体——从身体可以看出美——是美的主要根源。为了享受美,必须同身体尽可能紧地结合,但这种判断是错的。企图通过占有身体来享受美的人会希望落空,因为他不是来自理性选择所得到的真实知识,而是来自感觉愿望所得到的错误判断,由此获得的愉悦也必然是不真实的、不完美的。[①]因此,所有恋爱的人都会犯两种错误,一是他们对心爱的女人怀有不正当的欲望,一旦如愿以偿,很快便感到餍足,再继续就索然无味,乃至心生憎恨,感到后悔,认识到虚妄的感觉判断造成的错觉;一是他们就像没有达到目的的人,依然抱着同样的欲望和贪求。尽管判断是盲目的,他们依然陶醉其中,似乎此刻很愉快,就像病人梦见喝到了清泉一般,实际上他们并不高兴,也并不满意。因为占有所期盼的东西在占有者心中总会产生平静和满足感,如果他们追求的是真善的目的,他们会感到平静和满足,然而结果并非如此。相反,他们被外表欺骗,很快又回到无节制的欲望中,回到原先的烦恼状态,热切地渴望得到他们徒劳地渴望完全占有的东西。因此,这样的恋人虽在热恋,却不愉快,因为要么他们的欲望没有真正得到满足,这已属不幸,要么他们达到了目的,但不得不面对随之而来的麻烦,最终用更

---

① 这一部分主张摈弃感性的爱。

大的痛苦来结束他们的痛苦。因为恋人在恋爱①之初及之后感受到的只是焦虑、折磨、痛苦、周折、辛苦，他因而面色苍白，伤心苦恼，眼含泪珠，不断叹息，悲伤抑郁，终日沉默不语或者嗔怪埋怨，甚至想一死了之。总之，是极不快乐，这就是人们所说的恋人常有的精神状态。②

53

"因此，人类心灵中的这种灾难主要源自感性，感性在青年时代特别强大，因为这一时期血气方刚，感性可以削弱理性，理性越被削弱，越容易引诱心灵跟随欲望。心灵被困于身体构成的牢笼中，无法进行精神的沉思，就不可能依靠自身之力清楚地认识真相。因此，为了认识事物，一开始必须借助于感觉，③而年轻人相信感觉，屈从感觉，听任感觉的指引，特别是他们精力充沛的时候，几乎不得不这样做。但感觉是不真实的，充斥着很多错误和不正确的判断。因此，年轻人几乎总是沉浸于与理性相悖的感性之爱，他们不配享受爱给予其真正追求者的恩典和好处。他们感受不到爱的快乐，他们感受到的与非理性动物所感受到的无异，而痛苦比动物更甚。基于这一前提——这一前提是千真万确的——我想说，在成熟的人身上情况则相反，年长者的心灵已不再为身体所累，热情开始变得温吞，美开始在心中闪光，理性选

---

① 指感性的爱。
② 这是自奥维德以降对恋人的心理特征诸要素的集中描述。
③ 认识事物的第一阶段是感知事物。

择指引下的欲望追求的是这种美,他们不会再受骗,而是完全认识了美。因此,拥有了美总是在他们身上产生善,因为美就是善。① 对美的真爱,美好而圣洁,在那些受理性制约的人心中总是产生良好的效果,纠正感性带来的错误,这在年长者身上比在年轻人身上更容易实现。

54

"因此,说老年人比年轻人更能享受不受谴责的爱及其愉快不是没有道理。但是,这里所说的老年人并非指年老体衰、心灵随身体器官的衰弱而不能运作的人,而是心智成熟、仍充满活力的人。我要实话实说,我认为,虽然感性之爱对每个年龄段的人来说都不好,不过对年轻人可以原谅,在某种情况下还是允许的。因为如果这给他们带来了前面所说的焦虑、危险、辛苦和不快,不少人为了讨女人的欢心还是做了很多有德性的事,虽然并非为了达到良好的目的,但本身仍是好事。这样,他们从巨大的苦涩中尝到了一些甜蜜,在经受了磨难后最终认识到自己的错误。因此,我认为,那些能控制自己的欲望、用理性去爱的年轻人还是圣洁的,我宽恕那些被感性之爱所征服的人,因为他们更多地倾向于人类的愚笨,只要他们在爱的过程中表现出了诸位先生所说的优雅、礼貌、勇敢等高贵品质,我就宽恕他们。青年期过后,应该远离乃至抛弃这种感性的欲望,就像从阶梯的最低一级向上

---

① 这是美、善、真同一的论点。

攀登一样，终会达到真爱的高度。但是，如果已届暮年，在冷静的心中依然燃着欲望之火，让强有力的理性屈从于柔弱的感性，他们就难辞骂名，因为他们像没头脑的人，竟与非理性的动物为伍，因此，感性之爱的想法和方式极不适合于成熟年龄的人。"

55

本博讲到这里略作停顿，像是要歇息，其他人也没有说话，这时莫雷洛·达奥托纳说："如果有位老人比年轻人素质更高，身体强壮，外表出众，他像年轻人那样去爱，您不认为他这样做合情合理？"公爵夫人笑着说："如果年轻人的爱尚且如此不幸福，莫雷洛先生，您还想让老者也不幸福吗？如果您老了，像他们所说的，您就不必回避老年人的这些不快了。"莫雷洛先生答道："我觉得，彼得罗·本博老爷应该避免不幸福，他想用某种方式去爱，我不想那样做。我觉得，享受那种美——他对此大加称赞——却不拥有对方的身体，那只不过是白日梦。"这时卢多维科伯爵说："莫雷洛先生，您认为美总像彼得罗·本博老爷说的那样好吗？"莫雷洛先生答道："我并不那样认为，相反，我记得我见过的许多漂亮女人，却是坏女人，冷酷、令人讨厌，好像总是这样，因为美丽使她们变得骄傲，骄傲又使她们变得冷酷。"卢多维科伯爵笑着说："您觉得她们冷酷，或许是因为她们没有满足您的要求，看来应该让彼得罗·本博老爷来教您，老年人如何欣赏美，从女人那里寻求什么，以及怎样才能使自己知足。只要您不越出这些范畴，可以看到，她们既不骄傲，也不冷酷，她们会满足您的要求。"莫雷洛先生似乎有些激动，他说："我不想了解与我无关的东西，您还是请他教那些素质不及老年人、身体也没有老年人壮实的年轻人如何追求这种美吧。"

56

费德里科老爷为了安慰莫雷洛先生，把话题岔开，没有让卢多维科伯爵回答，而是打断对方的话说："也许莫雷洛先生说美并不总是善并不全错，因为女人的美丽常常是导致世上无数灾难、敌对、战争、死亡和破坏的根源，特洛伊城的毁灭就是一个很好的实例。此外，漂亮的女人要么真的骄傲、冷酷，要么像人们所说的不正派，但莫雷洛先生或许并不认为这是什么缺点。卑鄙的男人也很多，他们相貌堂堂，好像自然让他们生成这样就是为了便于骗人，他们多情的眼神就像钓钩上的鱼饵。"这时彼得罗·本博老爷说："不要相信美并不总是善。"卢多维科伯爵还想回到先前的话题，他打断彼得罗·本博的话说："既然莫雷洛先生不想了解对他来说重要的东西，您就教教我，您就向我解释一番，老年人如何获得爱的幸福，这样，我就不必介意别人把我看作老人了，尽管年老对我来说很有益。"

57

彼得罗·本博老爷笑了，他说："我想先清除诸位心中的错误，然后再回答您。"于是，他开始说道："先生们，我不希望我们中有谁像不信教和渎神的人那样,说美不好而让上帝愤怒,美是神圣的。①但莫雷洛先生和费德里科老爷受到过警告,他们并没有像斯特西克鲁斯②那样失明,失明是对那些蔑视美的人最合适的惩罚。我认为,美来自上帝,它如同一个圆,以善为圆心。③没有中心就没有圆,没有善就没有美。因此,很少见到邪恶的灵魂栖于美丽的身体,外在的美是内在的善的真实标志。身体上的优美的或多或少展现出心灵的特征,这一特征可以从外在表现中认识清楚,就像树木一样,花的美丽表示果实的丰硕,身体的情况也是如此。就像相面者从面相看出人的习惯乃至人的想法。更为明显的是,从动物的外貌就可以知道其灵性,这种特性最能从它们的体貌表现出来。试想,从狮子、马、鹰的脸部特征可以清楚地看出它们的愤怒、凶猛和高傲,从羔羊和鸽子的面部可以看出其单纯和无邪,从狐狸和狼的嘴脸可以看出其狡诈,几乎从所有其他动物身上都能看出其特性。

58

"因此,丑大多是恶的,美大多是善的。可以说美是善的、令人愉悦的、受欢迎的、令人渴望的面孔,丑是恶的、阴暗的、讨厌的、令人不快的、忧伤的面孔。如果把所有事物审视一番,总

---

① 他此前说过,美是神圣的善的反映。
② 斯特西克鲁斯(Stesicoro),公元前6世纪的希腊诗人。传说他因冒犯海伦而成为盲人,后来他赞扬海伦时视力恢复。
③ 这是费奇诺(Ficino)描写的形象(见《关于爱》[*Sopra lo amore*], Ⅱ, Ⅲ)。

可以发现，那些好的、有益的事物是美而优雅的。这是世界这台巨大机器的状态，为了所有造物的健康和繁衍，上帝创造了这种状态。天是圆的，①有无数星星点缀，地球是宇宙的中心，周围环绕着各种元素，并由自身的重量支撑。太阳沿着轨道运转，照亮了整个世界，到了冬天接近它的最低点，然后一点点升到最高点。月亮则根据距离太阳的远近获取太阳的光芒。还有其他五个星球②也按各自的轨道运行。这些星球之间有巨大的引力，组成一个必然如此构建的整体，如果在某个点上发生变化，它们就不再成为一个整体，世界就会毁灭。它们如此美丽，人类的智慧难以想象比这更美的东西。想一想人的形象，可以说是一个小世界，它的各部分必然而巧妙地组成，不是随意组合的，它的整体形象如此优美，人们很难判断赋予人类特征的是实用性还是优雅，比如，人的面孔、身体的其余各个器官，眼、耳、口、鼻、臂、胸等等。可以说，所有动植物也是如此，比如鸟的羽毛、树木的枝和叶，自然赋予它们这些是为了它们的存在，同时也让它们显得优美。暂且撇开自然来看看人工：船上哪一样东西最重要？是船头还是船舷、斜桁、桅杆、帆、舵、桨、锚、桅索？所有这些东西都是美的，仔细观察它们不禁让人觉得它们既实用，又美观。还有支撑着高大的敞廊和宫殿的柱子和横梁，对建筑来说有实用目的，在观者眼中也还赏心悦目。人们建造之初，会在神庙和房屋正中建屋脊，这并非为了让建筑好看，而是为了让雨水从两侧顺利流走，既实用又美观，即使在从不下雨或冰雹的地方建庙，如果没

---

① 指古代天文学家托勒密对宇宙的描述。
② 指已知的五个星球：水星、金星、火星、木星和土星。

有屋脊，不可能显得庄严华美。

59

"因此，更多地赞美世界，而不是赞美别的事物，说这个世界是美的，赞美道：美丽的天空、美丽的大地、美丽的海洋、美丽的河流、美丽的乡村、美丽的森林、树木、花园、美丽的城市、美丽的神庙、房屋、军队。总之，这种优雅和圣洁之美最能美化一切事物。可以说善和美在某种程度上是同一个东西，这在人体上得到充分体现。我认为，人体美的主要原因在于心灵美，作为真正的圣洁美的构成要素，心灵美照亮和美化了它所触及的种种事物，尤其是如果心灵所栖居的身体不是劣质材料，心灵不会在上面留下其本质的印记。所以，当心灵用圣德主宰物性，并用她的光驱除身体的黑暗时，美是心灵获得胜利的战利品。因此我们不能说，美使女人骄傲或冷酷，虽然莫雷洛先生觉得是这样；也不能指责美丽的女人带来敌对、死亡和破坏，造成这些的原因是男人无节制的贪欲。我不否认在世界上也可能找到不正派的美女，但不是美丽使她们不正派，反而是美丽推动、引导她们走德性之路，把美与善集于一身。虽然有时，不良教育、情人的诱惑、礼物、贫困、欲望、欺骗、恐惧以及各种各样的其他原因会使美丽和善良的女人失去坚贞，但诸如此类的原因也会让英俊的男人变得邪恶。"

60

切萨雷老爷说:"如果加斯帕罗先生昨天的提法不错,漂亮的女人肯定比丑陋的女人更贞洁。"加斯帕罗先生说:"我说了什么?"切萨雷老爷说:"如果我没有记错,您说过,被人追求的女人总是拒绝求爱者,而无人追求的女人则总是追求别人。漂亮的女人肯定总是比丑陋的女人有更多人追求,感到更多爱的诱惑。因此,漂亮的女人总是拒绝别人,总是比丑陋的女人更贞洁,因为丑陋的女人没有人追求她们,她们就去追求别人。"彼得罗·本博笑道:"这个问题无法回答。"接着又说:"常常发生这样的情况,我们的视觉像其他感觉一样也会骗我们,把一张实际上并不美的脸看作是美的。因为有时从某些女人的眼睛和外貌看到的是搔首弄姿,花言巧语,许多男人喜欢这样,因为这能使他们轻易实现愿望,他们把这称作美,但实际上这是自欺欺人,与美丽这一光荣而神圣的名词根本不相称。"彼得罗·本博老爷沉默了,其他先生催促他谈谈爱和如何享受真正的美这个话题,最后他说:"我想我已经讲清楚了,老年人可以比年轻人更愉快地去爱,这是我的推论,因此我不便于再进一步论述了。"卢多维科伯爵答道:"您最好讲一讲年轻人的不快,而不是老年人的快乐,您还没有告诉年轻人,他们在爱的道路上如何前进,只是说让理性来指引,但很多人认为,爱是不可能凭借理性的。"

61

虽然彼得罗·本博极力想结束谈话,但公爵夫人要求他继续讲下去。于是他又接着说:"我们心中很容易产生强烈的爱欲,如果我们的心灵不得不从兽欲一样的东西获取营养,而不能把欲望引向人类所特有的高贵,那么人类何其不幸。因此,如你们所愿,我也不回避谈论有关高贵的话题。我知道自己不配谈论爱的神秘,我请求爱神启发我的思想和语言,使我能向优秀廷臣说明如何超越俗人的习惯去爱。从孩提时代起,我就把整个生命献给了爱神,直到今天,我的话还是遵循这一意愿并用来赞美他。我要说,人在青年时代倾向于感性,廷臣年轻时可以允许以感性的方式去爱,但在成熟的年纪激发爱的欲望,就必须谨慎行事,不要受骗上当,落入年轻人所处的更值得同情而不是责备的窘境,而对于老年人来说,这更应该受责备而不是同情。

62

"但是,当一个漂亮女人的美貌映入眼帘时,她的优雅风度和热情姿态,对谙于情事的成熟男人来说,他们心心相印,便生出强烈的爱欲,他很快就发现,他的眼睛已被她的形象所俘获,那形象已经深入他心里,内心开始愉悦地审视她,感受到她那一点点涌起的暖流,眼中闪烁的活泼的神气又为心中的爱火增添了柴薪。在这初始时刻，必须尽快采取预防措施，唤醒理性，为心灵筑起一道防护墙。关闭通向感官和欲望的通道，使其无论用强力还是计谋都无法进入。如果欲火熄灭，危险也随之消除。如果欲火继续燃烧或者更加炽烈，感觉到身陷其中的廷臣要下决心摆脱庸俗之爱的种种丑陋，在理性的指引下走上圣爱的正途。① 他首先要认识到，身体闪耀着美，但身体并非美的来源，相反，美是无形的，正如我们所说，是神圣之光，如果它与卑下的、易腐蚀的身体合为一体，就会丧失它的崇高，因为身体越少参与、甚至与之完全分离，美就越是完美。正如不能用上颚去听，不能用耳朵去嗅一样，通过触觉既不能享受美，也不能满足它在我们心中激起的欲望，美是视觉力量的感知对象。因此，盲人就没有视觉的判断能力，无法用眼睛来享受那种光辉、优雅、多情的火花、欢笑、风姿以及其他所有令人愉悦的美。同样，用听觉可以感受声音的美妙、语言的委婉、音乐的和谐（如果把音乐比作所爱的女人）。这样，心灵通过视觉和听觉得到美味佳肴的滋养。这两种感觉不太关注有形的东西，它们是理性的仆人，对身体的欲望不会转变为某种不正当的渴望。通过观察有所了解之后，他要以敬重的心态取悦和赞美心仪的女人，珍视她胜过珍视自己，看重她的舒适和愉悦先于自己的舒适和愉悦，爱她的心灵之美而不是肉体之美。但要注意不要让她犯任何错误，通过劝告、善意的提醒引导她谦虚谨慎、委婉温和、真诚正直，使她除纯洁的思想外别无杂念，远离各种不良习惯。这样不仅在她的心灵花园中播种美德，

---

① 即把感性的爱转变为精神的爱。

还可以收获良好风习的果实,并怀着惊喜去品尝。这是美在美之中真正的衍生和展现,有人说,这就是爱的目的。这样,我们的廷臣最易被他的女人接受,她会尊重他,对他温柔体贴,和蔼亲切,希望像他爱她那样取悦他。他们双方的愿望正派而一致,终将幸福美满。"

63

这时莫雷洛先生说:"在美中生美就等于一个美丽的女人生出一个漂亮的孩子。在我看来,这是一个明显的标志,表明她爱她的恋人,并以此来取悦他,而不是以您所说的和蔼亲切。"彼得罗·本博笑了,接着说:"莫雷洛先生,不要岔开话题。当女人让她所爱的人感觉到美时,不能说这只是一点点爱意,对她来说美是宝贵的,美通过视觉和听觉可以直达心灵,向对方送去含情的目光,喜悦的表情、声音、话语,这些都可以打动对方的心,证明她对他的爱。"莫雷洛先生说:"目光和话语可能是、而且常常是假证,我认为,没有得到确凿证据就不能确定真爱,我真诚地希望您塑造的女士对廷臣要恭而有礼,宽宏厚道,而豪华者朱利亚诺先生塑造的女士没能做到。但我觉得,你们两位的处事方式就像法官,为了显示智慧而做出有悖于自己判断的判决。"

64

彼得罗·本博说:"我很希望这位女士对我的并不年轻的廷

臣恭而有礼，而不要像豪华者朱利亚诺先生塑造的女士对待年轻廷臣那样，因为我塑造的廷臣很理智，不奢望不正当的东西，女士把一切给他也不会受到谴责。朱利亚诺先生塑造的女士，对年轻廷臣是否作风正派并不清楚，她应该只给他正当的东西，而拒绝给他不正当的东西。因此，我的廷臣遂了愿，他比别人更愉快，而别人则部分遂愿，部分未能遂愿。由此，您应当认识到，理性之爱比感性之爱更幸福。我要说的是，同样的东西在感性之爱中有时必须否定，而在理性之爱中则可以接受，因为这些东西在感性之爱中是不正当的，而在理性之爱中是正当的。因此，女士在取悦她所爱的人时，除了投以笑容、谈家常、讲私房话、开玩笑、嬉戏和拉手之外，还可以顺其自然地接吻而不必受谴责，但按照朱利亚诺先生的规则，接吻在感性之爱中是不正当的，因为接吻是灵与肉的结合，危险在于感性之爱易让人倾心于身体而不是心灵，而理性的爱人知道，虽然嘴是身体的一部分，但它用来说话，解读心灵；嘴又用来呼吸，本身也可以叫心灵。因此，他喜欢和心爱的女人口对口接吻，这不是为了激发某种不正当的欲望，而是因为他感到，接吻意味着心灵的沟通已经开启，心灵在欲望的吸引下融入另一个身体，使每个身体拥有两个心灵，两个心灵融合为一体，这合一的心灵又支配两个身体。因此可以说，接吻是心灵的结合而不只是身体的结合，这样的结合具有巨大的力量，能把对方的心灵从其身体分离出来诱进自己的身体。因此，所有纯洁的恋人都愿意接吻，把它当作心灵的结合。主张神圣之爱的柏拉图说，接吻时心灵离开身体来到口唇。心灵同感性的事物分离而同理性的事物结合，可以通过接吻表现出来，所罗门王在

《雅歌》中说：'愿他用口与我亲吻'，这样说表达了他的愿望，希望他的灵魂能被神圣的爱带到对天国之美的冥想中，他的心灵离开身体同这种美紧密相连。"

65

所有人都聚精会神地听彼得罗·本博讲话，他稍微停了一下，看到大家都不做声，便接着说："你们让我从我们并不年轻的廷臣的幸福的爱讲起，我想把这个话题再推进一步，因为囿于此会很危险。因为正如多次讲到的，心灵极倾向于感性，即使理性通过这样的讨论做出了正确的选择，认识到美并非来自于身体，从而抑制了不正当的欲望，但总是想着身体之美常常会干扰正确的判断。缺乏爱即使没有造成其他不幸，也肯定会带来巨大的痛苦，因为美的光辉呈现在眼前时会给人带来美妙的愉悦，温暖他的心，唤醒并激活他心中冰封、沉睡的美德。这些美德在爱的温暖滋润下围绕着心灵滋生、生长，从双目中释放出一种心绪，那是极细微的气息，由血液中最纯净、最清澈的部分构成，这些气息捕捉到她的美丽形象，并用各种各样的元素来增饰。于是，心灵感到愉悦，同时也感到敬畏，既欢喜又惊奇，那是通常面对神圣事物时才有的高兴、肃然和虔敬，仿佛自己置身于美的光辉构成的天国中。①

---

① 卡斯蒂廖内谈论爱时所用的词汇，除了来自于柏拉图和费奇诺的传统以外，还吸取了宫廷的词汇和温柔的新体派的词汇。

66

"因此，认为美只存在于身体的有情人，一旦心爱的女人背弃了他，他的眼睛便失去了光彩，心灵也失去了善，他就失去了一切美好和幸福，因为美已遥不可及，爱的光辉不再像美存在时那样温暖心灵。从眼睛到心灵的通道已经荒芜，尽管对美的记忆还能激发心灵中的那些美德，试图传播这种精神，但道路已被堵塞，心灵已没有出口，尽管依然在极力寻找出路。这样，被堵塞的刺激在刺痛心灵，使之产生苦涩的感觉，像幼童娇嫩的牙龈上开始长出牙齿一样。①有情人的眼泪、叹息、焦虑和痛苦由此而生。由于心灵一直在忍受折磨和刺痛，几乎怒不可遏，直到那亲切的美再次出现。心灵很快平静下来，呼吸，从面前的美味食物中汲取力量，永远不离开这样甜蜜的场景。因此，为了逃避缺乏美所造成的折磨，享受没有苦涩感的美，我们的廷臣必须借助于理性将渴望肉体完全转为只渴求美，尽可能默想美本身的简单和纯粹，让他形成一个想法，从所有质料的要素中抽象出美。让心灵感受到它的亲切友好，从心灵深处欣赏它，与它日夜不分离，随时随地与它同处，永不担心会失去美。廷臣要时刻牢记，肉体与美完全不同，它不仅不能增加美，而且还会减损美。②这样，我们的

---

① 这一比喻也见于柏拉图的《斐洞篇》（*Fedro*，XXXII）。
② 这些篇章以及作者直接引用的《阿索罗人》的篇章，典型地表达了文艺复兴时期关于抽象美和精神之爱的观点。

并不年轻的廷臣就能摆脱所有年轻人几乎总会感受的苦涩和折磨，例如嫉妒、猜疑、蔑视、愤怒、失望，以及常常导致很多错误的疯狂：某些人不仅会殴打自己所爱的女人，甚至结束自己的生命。廷臣不要伤害心爱女人的丈夫、父亲、兄弟或亲属，不要毁她的名声，不要为了掩饰自己的欲望而艰难地强行克制自己的眼睛和口舌，从而忍受离别和孤独的痛苦，而将珍爱永远藏在心里，通过想象在心中把她塑造得比事实上更美。

67

"有情人在诸多好处中可以找到另一个更大的好处，如果他愿意利用这种爱作为攀升至另一种更崇高的爱的阶梯；如果他认识到只喜爱身体之美是一种狭隘的束缚，就会有一个提升。为了摆脱这一束缚，必须在他的想法中加上许多美化，让所有的美积聚起来形成一个普遍概念，使多样的美化约为一种统一的美，这种美遍布在人性中。这样，美就不再是某个女人特定的美，而是美化万物的普遍的美。[1]它被更明亮的光遮蔽了，他不会再珍视以往欣赏的稍逊的美，他会以更纯净的火焰发光。这一程度的爱虽然已很高贵，鲜有人能达到，但还不能说完美，因为想象是机体的一种能力，[2]只有通过感官提供的材料才能获得认知，未能摆脱质料的阴影得以完全净化。因此，尽管普遍的美是抽象的，内在的，但要清楚认识它并非易事，还有一些含糊不清之处，所以达到这

---

[1] 这是柏拉图关于美的理念。
[2] 想象在于感知形象（理念）的可能性，但要实现想象还要求助于身体感官。

一高度的爱的人很像开始长羽毛的雏鸟,用稚嫩的翅膀飞一小段,但不敢离巢太远,更不敢迎风展翅冲向云霄。

68

"因此,当我们的廷臣达到这一程度时,同那些沉溺于感性之爱的低等欢愉的人相比,尽管可以说是很幸福的恋人,但我不希望他就此满足,而要勇敢地继续前进,在爱的指引下沿着光辉的道路迈向真正幸福的终点。这样,他不是通过思考摆脱自我,就像那些思考身体之美的人所做的那样,而是反诸自我,通过心灵的眼睛沉思所看到的美;当身体的眼睛失去了欣赏美的优势,心灵的眼睛就变得更敏锐,更有灵性。心灵远离了恶习,通过研习真正的哲学而得到净化,投入精神生活,投身对自身本质的思考,仿佛从沉睡中醒来,人人都拥有、但鲜有人运用的心灵的眼睛就睁开了,就会看到心灵放射的那束光,那是天使之美的真正形象,同时心灵又把这一形象投影到身体上。此时心灵对尘世的事物已视而不见,而对天上的事物却十分专注。当身体的原始运作功能[①]被不断的沉思所吸引,或被静默所束缚,不再受到它们的影响时,心灵就会闻到真正的天使之美的隐约芳香。心灵因那光而陶醉,变得难以自持,开始点燃那光,热切地追逐那光,渴望同那光结为一体,仿佛是发现了上帝的踪迹,[②]在沉思中她寻求恬静,当作自己幸福的归宿。因此,心灵在这快乐的火焰中燃烧,攀升到了

---

① 即"身体运动之前就存在的功能"(参阅迈尔,p. 536)。
② 追求完美的爱变成了理性地信仰上帝。

最高贵的部分，这就是悟性，心灵便不再处于尘世事物构成的沉沉黑夜，她看到了神圣之美，但还不能完全享受这种美，因为心灵仅仅是以其自身的悟性冥想，①理解不了广大而普遍的美。如此尚不满足于这样的恩惠，爱还能给予心灵更大的愉悦，因为爱把心灵从单个身体的具体的美引向了所有身体的普遍的美，因而是从特殊悟性到了普遍悟性的最高完美阶段。心灵被真正神圣之爱的圣火点燃后，飞向天使，同神性结合，它不只完全抛开了感性，而且也不需要理性，因为心灵已经转变为天使，所以能够理解所有可以理解的事物，不再有任何纱幕和云雾的遮蔽，可以看到纯净神圣之美的辽阔海洋，并把它融入自己的内心，享受感官所无法享受的至上幸福。

69

"因此，如果说美，我们的迷蒙双眼整天在易腐的肉体上看到的东西，不过是梦或似有若无的影子，我们还感觉那是美，雅致，常常在我们心中燃起炽热的火焰和欢乐，认为没有任何愉悦可以比拟一个女人向我们投来多情的一瞥，那么不妨想一想，看到神圣之美带来的愉悦占据我们的心田，那是何等幸福！何等幸运！来自至美、真美之泉的烈焰该是多么甜蜜，多么美妙！真正的美是其他所有美的来源，②它既不增加，也不减少，永远美，永远是它自己，无论哪一部分都是单纯的；真正的美只同它自己相像，

---

① 前面曾谈到需要反诸"自我"。
② 正如接下来反复说的，美的事物从美的理念中获得它们的特质。

再无其他任何东西掺和;它如此之美,以至于其他所有美的事物都分享了它的美。这样的美与至善不可分,①它用自己的光辉召唤并吸引万物。它不仅给有悟性的事物以悟性,给有理性的事物以理性,给有感性的事物以感性和生的欲望,还赋予植物、石头以活力和天性,像是给自己留下印迹。因此,这样的爱比其他的爱更强烈,更幸福,因为产生这种爱的原因更伟大。因此,正如物质的火可以炼金,神圣的火可以毁灭我们心灵中终将消亡的东西,美化了以前被感觉所压抑和埋葬的神圣的东西。②这是燃烧的柴堆,③在诗人们的描述中,大力神赫拉克勒斯在奥塔山顶被烈火烧死,他因而成为神并得到永生。这是摩西的荆棘之火,是分落的火舌,④是以利亚所乘的火车火马,⑤从地面升向天空时,有幸目睹的人们其心灵加倍优雅和愉悦。因此,我们心灵中的全部思想和力量都应由这神圣的光引领,它为我们照亮了通向上天之路,⑥使我们抛掉降生时附着在我们身上的感情,我们跟随它,沿着阶梯,从笼罩着感性之美的阴影的最低一级台阶攀升到美妙可爱的真美在天上的最崇高的居所,这美妙可爱的真美隐藏于上帝的密室深处,世人的眼睛无缘得见。我们将在那里为我们的希望找到最快

---

① 美与善是同一的。
② 使人从质料的可能性中升华走向完美,正是爱对最高的美-善所承担的职责。
③ 这里不仅是神话的主题,也涉及火具有净化作用的思想,从《圣经》也谈到荆棘之火这一景象就可以证明这一点。
④ 这是圣灵降临节圣灵降临到使徒们中间的景象。
⑤ 他乘火车火马升上天空。
⑥ 这里恰到好处地插入彼特拉克的诗句 che mi mostra la via ch'al ciel conduce〔为我照亮通向上天之路〕(参见《歌集》[*Canzoniere*], LXXII, 3),表明本博具有深厚的文学功底。

乐的目标，劳累时找到真正的休憩之所，艰难困苦时找到救赎之法，患病时找到康复良药，人生的大海上遇到暴风雨时找到安全的避风港。

70

"因此，无上圣洁的爱啊，用世间什么样的语言才能恰当地赞美你呢？你最美、最善、最智，你来自至美、至善、至智的神圣结合体，存在于这一结合体，你为了它，追求它，周而复始。你是世界甜蜜的纽带，是天上地上事物的中介。你的仁慈的秉性将上天崇高的美德传播到地上，让世上的人心向道德的准则，并与之结为一体。你将不同的因素和谐结合，①激发自然的创造力，由此而使生命繁衍传承。你将不同的事物结合起来，给不完善的以完善，使不同的趋同，让敌对的友好，让大地结出硕果，让大海风平浪静，让天空充满生命之光。你是真正的愉悦、优美、平和、温良和仁慈之父，是粗野、伤害、怠惰之敌。总之，你是一切善的来源和归宿。因为你喜好驻留于花一般美丽的身体和心灵中，一点点展示在配得上看你的人眼前和心上，我想，我们这里就是你的居所。②哦，主啊，求你听听我们的祷告吧，用你自己浇灌我们的心，用你神圣之光启迪我们的愚昧，在难以找到出口的迷宫③

---

① 在最后这段揭示泛神论的爱的概念的文字中，占主导的是伊壁鸠鲁的因素和卢克莱修的形象。
② 这里所谈的神圣之爱的理想居所，就是乌尔比诺宫廷。
③ 世界和历史的迷宫。

做我们可信赖的向导,指出前进的正途。你纠正感觉造成的谬误,给长期迷茫的我们指出真实可靠的善,让我们嗅到悟性激发的芳香,听到天国和谐美妙的声音,在我们心中情感的纠葛再无存身之地。你用取之不尽、用之不竭的欢乐之泉滋润我们的心灵,喝了这充满生命力的清澈泉水都会体味到真正的至福。你用你的光辉清除我们眼睛中无知的迷雾,使我们不再欣赏肉身的美,真正认识到,从前看到的事物并非真实的事物,而没有看到的事物才是真实的事物。请你接受我们的灵魂,这些灵魂愿奉献给你,在烈火中烧尽一切粗俗的丑陋,以便心身完全分离,用永恒的、愉悦的纽带同神圣之美结为一体。我们也同我们自身分离,像真正的恋人一样变为可爱的人,从地上飞升到天上参加天使的盛宴,以安伯罗西亚和奈克塔耳*为食,成为不朽的人。最后我们幸福地死去,成为活着的死者,①像已经死去的古代教父②的灵魂,你以冥想的强大力量脱离身体,同上帝合一。"

71

直到此时,彼得罗·本博讲得颇为激动,全神贯注,犹如神灵附体。他停了下来,一动不动,两眼望着天空,好像很惊异。埃米莉娅夫人和众人一直在全神贯注地的听他讲,这时她拉了一下他的衣襟,推了推他说:"本博老爷,瞧,这些想法依然没有使

---

* 在希腊神话中,安伯罗西亚和奈克塔耳是神的食物和饮料。

① 这是一种冤亲词,在风格突出的一段行文中,把含义对立的词语放在一起,使人感觉到爱使人产生的变化。

② 《旧约》中的教父。

您将灵魂同身体分离开来。"[1]彼得罗·本博老爷答道:"夫人,这还不是爱在我身上创造的第一个奇迹。"公爵夫人等请彼得罗·本博继续讲下去,大家都感觉到了神圣之爱在他心灵中激起的火花,大家都希望他展开来讲,但彼得罗·本博说:"女士们,先生们,刚才我讲的是神圣之爱突然间给我的启示,现在好像它不再启示我了,我不知道该讲些什么。我想,爱不愿再揭示它的秘密,也不想让廷臣跨越我向他揭示的那个台阶,因此,再深谈这一话题就不合适了。"

72

公爵夫人说:"确实,如果并不年轻的廷臣能够沿着您指引的道路前行,自然会感到很幸福,不会嫉妒年轻人。"这时切萨雷·贡扎加老爷说:"我觉得,通向幸福的这条路太陡峭了,只有经历千辛万苦才能走通。"加斯帕罗先生补充说:"我认为,男人很难走通这条路,女人简直就不可能。"埃米莉娅夫人笑了,说:"加斯帕罗先生,如果您反复侮蔑我们,那我告诉您,我不会宽恕您。"加斯帕罗先生答道:"我不是侮蔑你们,女人不像男人把心灵中的激情清除得干干净净,也不像彼得罗·本博老爷说的那样去沉思),他说,要品味神圣之爱,就必须沉思。至少书上没有谈到过哪位女人有这样的兴致,而很多男士则有,比如柏拉图、苏格拉底、普罗提诺[2]等,另外还有很多教士,比如圣方济各,他的

---

[1] 这句插话是为了缓和本博关于"崇高"的言论所造成的严肃气氛。
[2] 普罗提诺(Plotino),公元3世纪的新柏拉图主义哲学家。

热烈的爱使他身印耶稣受难五伤的圣痕。只有爱的力量才让使徒圣保罗因看到不可言说的异象而陶醉,也只有爱的力量才让圣司提反看到天开了。"这时豪华者朱利亚诺答道:"在这方面并非真的是男人超过女性,因为苏格拉底自己就承认,他所知道的爱的所有奥秘都是一位叫迪奥蒂玛的女人给他揭示的。正是天使用爱的力量让圣方济各有了五伤圣痕,这种印痕也应该印到我们时代的一些女士身上。你们该记得,抹大拉的玛利亚的许多罪得到赦免是因为她的爱多,①也许她的爱并不亚于圣保罗,因天使之爱而多次被提到第三重天上去。还有许多女性,比如我昨天所说的,②为了基督的爱,她们不恤生命,不惧磨难,甚至不怕任何形式的死亡,不管那是多么可怕、多么残忍。像本博老爷对廷臣的希望那样,她们不会衰老,而且永葆少女的娇嫩,在那样的年纪还向男人显示感性之爱。"

73

加斯帕罗先生正准备回答,公爵夫人却抢先说:"至于女人能否像男人那样迈向神圣之爱,判官是彼得罗·本博老爷,还是让他主持判决吧。由于你们之间的争论没完没了,或许最好明天再说。"切萨雷·贡扎加老爷说:"不,还是今天晚上谈吧。"公爵夫人说:"为什么是今天晚上?"切萨雷老爷答道:"因为天已

---

① 参阅《路加福音》(Luca, VII, 37—50)。
② 参阅本书第三卷,第19节。

经亮了。"说着指给她看那从窗缝透进来的光。大家都吃惊地站了起来,因为他们没有感觉到这次探讨用时比平时长,而且讨论开始的时间要晚得多,诸位先生兴致勃勃,不觉时间之流逝。大家的眼里都毫无倦意,而这种情况通常发生在正常休息后刚起床的人身上。于是,有人打开了宫廷朝向卡特里山峰的窗户,东方已现出美丽的玫瑰色晨曦,众星都已散去,只有那颗执掌昼夜之分的亲切的金星除外。金星好像散发出一股清新气息,弥漫于空中,沁人心脾。美丽的鸟儿已经醒来,在附近的山林中鸣唱。于是,大家都恭敬地向公爵夫人告别,各回自己房间,这时无需再点蜡烛照明,曙光已经足够。大家就要离开大厅时,总督转身对公爵夫人说:"夫人,为了结束加斯帕罗先生同豪华者朱利亚诺先生的争论,今晚我们同判官早点来,时间会比昨晚宽裕得多。"埃米莉娅夫人答道:"如果加斯帕罗先生还想指责女人,像他平时那样无端污蔑女人,而且自以为是,我将拒不出庭。"①

---

① 这是以一种法律语言所开的玩笑。总督说"同判官一起来",指的是同本博一起来。

索 引

本索引包含卡斯蒂廖内这部著作中的所有人名和物名。物名的外文用斜体字；方括弧中为卡斯蒂廖内所用的异体字，在必要的情况下，注明是人还是物；在方括弧中，在有把握的情况下，注明该词的现代写法。为了简便起见，不再注明所属章节，而只标明原书页码，参见中译本边码。页码后面的n代表该页的注释。

Abdera Democrito, 德谟克利特, 48n

Acaia, 亚该亚, 259

Accolti, Bernardo, 贝尔纳多·阿科尔蒂, 见 Unico Aretino

Achille, 阿喀琉斯（希腊神话中远征特洛伊的英雄）, 96, 97, 98, 101, 421

Acqua Pendente, 阿夸彭登特（在拉齐奥大区北部）, 239

Adriatico, 亚得里亚海, 17

Affricano, Scipione, 西庇阿·阿弗里卡诺, 82, 91, 221

Africa, 非洲, 294 n

Agesilao, 阿格西劳斯（斯巴达国王）, 373 e, 373n

Agilulfo, 阿吉卢尔夫, 302n

Agnello, Antonio, 安东尼奥·阿涅洛（曼托瓦贵族）, 191, 191n

Agone (Navona), 阿戈内（纳沃纳, 罗马广场）, 371, 371n

Alamanni, 阿拉曼尼（家族）, 226

Alcibiade, 阿尔喀比亚德, 53, 91, 137, 318

Aldana, 阿尔达纳（西班牙雇佣兵队长）, 230, 230n

Alessandra, 亚历山德拉（Alessandro Gianneo的妻子）, 287

Alessandria, 亚历山大城, 214n, 407

Alessandro Gianneo, 亚历山大·詹尼亚斯（犹太国王）, 287

Alessandro Magno, 亚历山大大帝,

48, 58, 91, 92, 96, 97, 98n, 99, 107, 108n, 110, 110n, 158, 167, 215, 216, 222, 307, 310, 314, 316, 317, 407, 421, 422, 422n

Alessandro VI, 亚历山大六世（教皇, 罗德里戈·迪波吉亚）, 20, 20n, 191, 192, 223, 223n, 237, 324, 408

Alicarnasso, 阿利卡尔纳索, 307n

Alidosi, Francesco, 弗朗切斯科·阿利多西（帕维亚的主教）, 221, 221n, 228

Alighieri, Dante, 见 Dante Arighieri

Aloson, 见 Carillo, Aloson

Altoviti, 阿尔托维蒂（家族）, 226

Amalasunta, 阿玛拉松塔, 302, 302n

Ambrogini, Angelo, 安杰洛·安布罗季尼, 见 Poliziano, Angelo

Anconitani［Anconetani］, 安科尼塔尼（家族）, 52

Andrea Cappellano, 安德烈亚神甫, 326n

Angelo, Michel, 米歇尔·安杰洛, 81

Angoleme, 昂古莱梅（地名）, 见 Francesco I

Anichino, 阿尼基诺（薄伽丘著作中的人物）, 247

Anna di Bretagna, 安娜·迪布列塔尼, 302, 302n

Annibale, 汉尼拔, 92, 301, 301n, 407

Anteo, 安泰俄斯（巨人）, 408, 408n

Antico Testamento,《旧约》, 452

Antonello da Forlì, 安托内洛·达尔福利（雇佣兵队长）, 222

Antonio da Montefeltro, 安东尼奥·达蒙泰费尔特罗, 23n

Antonio, Marco, 马尔科·安东尼奥（古罗马三执政官之一）, 72, 72n, 82, 286

Anzio, 安齐奥（地名）, 见 Porto

Apelle Efesio, 阿佩莱斯·埃菲西奥斯, 63, 107, 108n, 109, 110, 110n

Apostoli, 使徒们, 450n

Appennino, 亚平宁山, 17, 71

Aquino, 阿奎诺, 218n

Arabi, 阿拉伯人, 304n

Aragona, 阿拉贡, 59

Aragona, Alfonso d', 阿拉贡的阿方索（卡拉布里亚公爵）, 197, 197n

Aragona, Alfonso I d' il Magnanimo, 阿拉贡"宽容"的阿方索一世, 221, 221n, 232, 236

Aragona, Alfonso II d', 阿拉贡的阿方索二世, 20, 20n, 306n

Aragona, Beatrice d', 贝阿特里切·迪阿拉贡, 305n

Aragona, Eleonora d', 埃莱奥诺拉·迪阿拉贡, 306, 306n

Aragona, Federico I d', 阿拉贡的费德里科（腓特烈, 那不勒斯国王）一世, 306, 306n

Aragona, Ferdinando I d', 阿拉贡的斐迪南多（卡拉布里亚公爵）, 306, 306n

Aragona, Ferrando I d' [Aragona, Ferdinando I d'], 阿拉贡的斐迪南多一世, 303, 303n, 305n, 306n, 328

Aragona, Ferrando II d' [Aragona, Ferdinando II d'], 阿拉贡的斐迪南多二世, 20, 22n, 59, 180, 180n, 214, 306

Aragona, Isabella d', 伊莎贝尔·迪阿拉贡（吉安·加莱亚佐·斯福尔扎的妻子）, 306, 306n

Aragona, Luigi d', 路易吉·迪阿拉贡（蒙席主教）, 240, 240n

Aretino, Pietro, 彼得罗·阿雷蒂诺, 48n, 143n

Argentina, 阿尔真蒂娜（托马索老爷的妻子）, 294

Arione, 阿里昂, 101n

Ariosto, Alfonso, 阿方索·阿廖斯托, 5, 5n, 15, 117, 259, 363

Aristippo, 阿里斯蒂波（古希腊哲学家）, 94, 94n

Aristodemo Argivo, 亚里斯托代莫·阿尔吉沃, 392

Aristogitone, 阿里斯托季托内, 289n

Aristotele（或Aristotile）, 亚里士多德, 58, 91, 100, 131n, 274n, 278n, 377n, 396n, 397n, 421, 422, 423, 424

Armodio, 阿尔莫迪奥, 289n

Armonia, 阿尔莫尼娅（Gelone siracusano的女儿）, 288

Artemisia, 阿尔特米西娅（Mausolo的妻子）, 307, 307n

Asdrubale, 阿斯德鲁巴莱, 288, 288n

Asia, 亚洲, 156, 300n, 408, 422n

Asinio Pollione, Gaio, 阿希尼奥·波利奥内, 77n

Asdrubale 哈斯德鲁巴, 288

Aspasia（etera di Mileto, 米莱托的宫中女官）, 阿斯帕西娅, 296, 296n

Assiria, 亚述, 307n, 308n

Atene, 雅典, 156, 296

Ateneisi, 雅典人, 108, 156, 187, 288

Athos, 圣山, 407

Attica, 阿提卡, 408n

Avalos, Ferdinando Frandesco d', （佩斯卡拉的侯爵）, 4n

Augusto, 奥古斯都, 286

Autari, 阿乌塔里, 302n

Baie [Baia], 巴亚, 407, 407n

Baious, 巴约, 365

Banchi, 邦基大街（罗马）, 240, 240n, 241, 241n

Bandello, Matteo, 班戴洛, 322n

Barbaria (Barberia), 柏柏里（北非一地区）, 294, 294

索引

Barletta, 巴尔莱塔（音乐家和舞蹈家），113, 134
Barozzi, Pietro, 彼得罗·巴罗兹, 206n
Bartolomeo, 巴托罗梅（弗利人），229
Bassa, 巴萨（舞），113
Battra, 大夏（波斯一地区），422, 422n
Beatrice, 贝阿特里切（薄伽丘著作中的人物），247, 249
Beatrice d'Este, 贝阿特里切·德斯特，306n
Beccadello, Cesare, 切萨雷·贝卡德洛（博洛尼亚的绅士），242, 243
Belcolore, 贝尔科洛雷（薄伽丘著作中的人物），193
Belvedere, 观景殿，406
Bembo, Pietro, 彼得罗·本博（或彼得罗老爷），3n, 7n, 24, 24n, 34, 34n, 68n, 74n, 95, 96, 98, 160, 162, 184, 197, 198, 213n, 215n, 219n, 365, 380, 381, 386, 387, 387n, 425, 426, 427, 432, 433, 434, 438, 439, 441, 442, 443, 451n, 452, 453, 453n, 454, 455, 456n
Bergamo, 贝加莫, 162, 208n
Bernardo,（cardinale）贝尔纳多（红衣主教），见 Dovizi, Bernardo
Bernardo, messer, 贝尔纳多老爷，见 Bibbiena, Bernardo
Berni, Francesco, 167n
Beroaldo, Filippo il Giovane, 年轻的贝罗阿尔多·菲利波, 210, 210n, 211
Berto, 贝尔托（教皇的宫廷小丑），46, 194
Bevazzano, Augustino, 奥古斯蒂诺·贝瓦扎诺（本博的秘书），219, 219n
Biante, 毕亚斯, 391
Bibiena, Bernardo (Bernardo, messer), 贝尔纳多·比别纳（或贝尔纳多老爷），24, 49, 55, 56, 61, 70, 168, 185, 186, 186n, 193, 197, 198, 199, 201, 202, 215, 216, 217, 218, 231n, 235, 236, 242, 245, 246, 247, 248, 249, 251, 252, 253, 256, 344, 348, 353, 354, 365, 409, 414
Biblioteca Vaticana, 梵蒂冈图书馆, 192n, 210n
Bidon, 比东（教皇利奥十世小教堂唱诗班的歌唱家），81, 81n
Biga, Madalena, 马达莱纳·比加（班戴洛笔下的人物），322n
Boadilla (Boadiglia, Bobadilla), Beatrice de, 博瓦迪利亚（或博阿迪利亚，Moya 的侯爵夫人），225, 225n, 247, 248
Boccaccio, Giovanni, 乔瓦尼·薄伽丘, 6, 7, 8, 9, 9n, 68, 70, 71n, 79, 80, 80n, 82, 83, 84, 193, 243, 248, 249, 251, 251n
Bologna, 博洛尼亚, 25, 203n, 209n, 210, 211, 221, 242n

Borgia, Cesare (Valentino), 切萨雷·波吉亚（公爵）, 18n, 223

Borgia, Francesco, 弗朗切斯科·波吉亚（红衣主教）, 237, 237n

Borgogna, 勃艮第, 261, 261n

Boristene [Dnieper], 波里斯特内 [第聂伯河], 200, 200n

Bottone da Cesena, 博托内·达切塞纳, 230

Bramante, Donato, 布拉曼特, 241n

Bretagna, 布列塔尼, 302n

Bruno, 布鲁诺（薄伽丘著作中的人物）, 243

Bruto, Marco Giunio, 布鲁托, 92, 92n, 286

Bucefalia, 布西法拉斯（印度古代城市）, 407

Bucentoro [*Bucintoro*], 大型画舫（古代威尼斯执政官乘坐的船）, 199, 199

Buffalmacco, 布法尔马科（薄伽丘著作中的人物）, 243

Cacco [Caco], 卡库斯（巨人）, 408, 408n

Caglio [*Cagli*], 卡里奥, 208, 208n

Caio Calogero（或 Caloria da Messina）, 卡伊奥·卡洛吉罗, 见 Ponzio

Calabria, 卡拉布里亚, 197, 197n

Calandrino, 卡兰德里诺（薄伽丘著作中的人物）, 193, 243

Calfurnio [Giovanni da Bergamo], 卡尔福尼奥（帕多瓦大学的修辞学教授）, 208, 208n

Calandrino,《卡兰德里诺》, 193, 243

Calistene, 卡利斯蒂尼（哲学家）, 422, 422n

Calmeta, Vincenzio [Colli, Vincezo 的别名], 温琴佐·卡尔梅塔, 5n, 111, 111n, 113, 150, 151, 152, 178

Calva, Venere, 无冠维纳斯, 299

Camma, 卡玛（Sinatto 的妻子）, 291, 292, 293

Cammelli, Antonio, 安东尼奥·卡梅利, 见 Pistoia

Campani, Nicolò, 尼科洛·坎帕尼, 见 Strascino

Campania, 坎帕尼亚（地区）, 79n

Campaspe [Pancaspes], 康帕斯佩（亚历山大大帝爱上的女人）, 110, 110n

Campidoglio (Capitolio), 坎皮多利奥, 299

Canossa, 卡诺萨, 302n

Canossa, Ludovico di（或 Ludovico）, 卢多维科·迪卡诺萨（或卢多维科, 伯爵）, 24, 24n, 36, 37, 37n, 42n, 43, 47, 48, 49, 52, 56, 57, 61, 63, 65, 67, 67n, 69, 70, 75, 79, 80, 80n, 84, 85, 86, 87, 91, 95, 96, 96n, 97, 98, 99, 102, 104, 105, 109, 110, 111,

112, 113, 124, 125, 126, 129, 131, 185, 209, 228, 254, 255, 265, 302, 347, 352, 353, 365, 367, 373, 414, 432, 433, 438

Canossa, Matilda di, 马蒂尔达·迪卡诺萨（伯爵夫人）, 302

Canzoniere,《歌集》, 72n, 97n

Capitolio 见 Campidoglio

Capua, 卡普阿, 321

Cara, Marchetto, 马尔凯托·卡拉（维罗纳的音乐家和歌唱家）, 81, 81n

Carbone, Gaio Publio, 卡尔博内（古罗马的演说家）, 82

Cardinale di Santa Maria in Portico 见 Dovizi, Bernardo

Cardona, Ugo di, 乌戈·迪卡尔多萨（西班牙军官）, 222

Carillo, Alonso（或 Cariglio, Alonso）, 阿隆索·卡里略, 224, 224n, 225, 227, 247, 248

Carlo V, 查理五世（西班牙国王）, 3n, 409, 409n

Carlo VIII, 查理八世（法国国王）, 178, 178n, 302n, 303

Carme,《颂歌》, 191n

Cartagena, 卡塔赫纳（地名，在西班牙）, 310n

Cartagine, 迦太基, 288n

Cartagneto, 卡斯塔涅托, 248

Cartellina, 小城堡（佛罗伦萨和锡耶纳之间的一个城堡）, 197, 197n

Castelnuovo Scrivia, 斯克利维亚新城堡, 111n

Castiglia, 卡斯蒂利亚, 303, 304

Castiglio, 卡斯蒂利奥（弗兰切斯科·波吉亚的侍从）, 236, 237

Castiglione, Baldassar, 巴尔达萨雷·卡斯蒂廖内, 3n, 4n, 5n, 7n, 11n, 12, 17n, 23n, 24n, 40n, 65n, 74n, 104n, 140n, 187n, 272n, 322n, 326n, 336n, 350n, 369n, 373n, 391n, 400n, 406n, 409n, 444n

Catilina, Lucio Sergio, 卡蒂利娜, 299

Catone, Marco Porcio il Censore, 加图（监察官）, 72, 72n, 221, 226, 226n, 273, 286, 312n

Catri, 卡特里（山）, 455

Cattanei, Tommaso（或 Cervia 的主教）, 托马索·卡塔内伊, 232n

Cattani, Francesco di Diacceto, 见 Diaceto, Francesco

Catullo, Gaio Valerio, 卡图洛, 88n, 191, 191n, 334n

Caucasso, 高加索, 422

Cauno, 卡乌洛（希腊城市）, 108n

Cavaillon, 卡瓦永, 218n

Cecilia, Gaia, 加亚·切奇利娅, 286

Cellini, Benvenuto, 本韦努托·切利尼, 90n

Cerere, 赛莱斯（丰收女神），296
Cerignola, 切里尼约拉, 222
Cervia, 切尔维亚, 232, 232n
Cesare, Caio Giulio, 恺撒, 85, 85n, 91, 92, 92n, 180, 307
Ceva, Febus, 费布斯·切瓦（或费布斯侯爵）, 111, 175
Ceva, Ghirardino, 季拉尔迪诺·切瓦, 111
Chianti, 康蒂, 197n
Chieti, 基耶蒂, 178n
Chignones, Diego de, 迭戈·德基约内斯（西班牙的代理长官）, 210, 210n
Chii, 希俄斯人（希腊）, 300
Chio, 希俄斯, 300
Chirone, 喀戎（马人）, 100
Chisciotte, Don, 堂吉诃德, 130n
Cian, Vittorio, 维托里奥·奇安, 38n, 45n, 106n, 113n, 134n, 143n, 149n, 152n, 155n, 159n, 162n, 163, 167, 184n, 186n, 191n, 199n, 206n, 208n, 221n, 228n, 231n, 236n, 244n, 317n, 338n
Cicerone, Marco Tullio (Marco Tullio, Tullio), 西塞罗, 10, 10n, 17n, 72, 72n, 73, 80, 82, 82n, 83, 94, 85, 86, 86n, 89n, 91n, 99n, 100n, 118n, 163n, 164n, 183n, 189n, 195, 195n, 204, 299, 311n, 400n

Cimone, 契莫内（雅典将军）, 372
Cipro, 塞浦路斯, 264n
Circe, 喀耳刻, 404
Cerignola 见 Cirignola
Cirene, 昔兰尼, 94n
Cirene, 塞壬（神话人物）, 408
Cirignola (Cerignola), 切里尼约拉, 222, 222n
Ciro, 居鲁士, 92, 300
Civitò Vecchia [*Civitavecchia*], 奇维塔韦基亚, 407
Clearco, 克利阿科斯（蓬托的暴君）, 392
Clemente VII, 克莱门特七世（教皇）, 210n
Cleopatra, 克莱奥帕特拉, 307, 307n, 308
Colli, Vincenzo, 温琴佐·科利, 111n
Colonna, Francesco, 弗朗切斯科·科隆纳, 351n
Colonna, Marc'Antonio, 马克·安东尼奥·科隆纳, 213, 213n
Colonna, Vittoria（或 Dalla Colonna, 或 Pescara 的维托里亚侯爵）, 维托里娅·德拉科隆纳, 4, 4n
Come si possa distinguere l'amico dall'adularore《如何辨别朋友和谄媚者》, 94n
Concilio di Trento, 特伦托公会议, 335n

Colli, Vincenzo 见 Calmeta, Vincenzo
Consalvo Fernandez di Cordova（或 Gonzalo Ferrando 或 Gran Capirano），孔萨尔沃·费尔兰德斯·迪科尔多瓦, 210, 210n, 213, 222, 305
Corinna, 科丽娜（希腊女诗人）, 296
Cornelia, 科尔内利娅（西庇阿的女儿）, 286
Cornelio Nepote, 科尔内利奥·内波特, 53n, 92n
Cortegiano, il libro del,《廷臣论》, 8, 10, 14, 40n, 115, 280n, 258, 406n
Cortemaggiore, 科尔特马焦雷, 24n
Corvino, Mattia, 马蒂亚·科尔维诺, 305, 306n
Coscia, Andrea, 安德雷亚·科夏, 231
Costantinopoli, 君士坦丁堡, 262n
Cotta, Caio Aurelio, 科塔（古罗马演说家）, 82
Crasso, Luccio Licinio, 克拉苏, 72, 72n, 80, 82
Cretensi [*Cretesi*], 克雷滕西人, 100
Cristiani, 基督教徒, 408
Cristoforo, Ioan, 伊万·克里斯托福罗, 204
Crivello, Biagin, 比亚京·克里维洛（米兰的军队指挥官）, 231, 232
Crocis, 克罗奇斯（地名）, 206
Crotone, 克罗托内, 110
Cuña, Pietro de, 彼得罗·德库纳（墨西拿的修道院院长）, 228, 228n
Curzio Rufo, Quinto, 昆托·库尔奇奥, 158n

Dalla Colonna, Vittoria 见 Colonna, Vittoria
Dalla Porta, Dominico, 多梅尼科·达拉·波尔塔, 229
Dalla Torre, Marco Antonio, 马尔科·安东尼奥·达拉托雷（维罗纳贵族）, 206, 206n, 207
Dalmazia 见 Schiavonia
d'Agone, 达戈内, 371
Dante Alighieri, 但丁·阿里盖利, 71n, 307n
Dario, 达里奥, 158, 310, 316, 317
De bello civili,《内战记》, 91n
De bello Gallico,《高卢战记》, 91n
Decameron,《十日谈》, 193, 247n, 248, 251n, 293n
Del Balzo, Isabella, 伊莎贝拉·德尔·巴尔佐,（Federico I d'Aragona 的妻子）, 306, 306n
Del calvizio,《论秃顶》, 143n
Della musica,《论音乐》, 100n
Della Rovere, 德拉罗维雷（家族）, 18n, 365n
Della Rovere, Felice, 费利切·德拉罗维雷（儒略二世的女儿）, 324
Della Rovere, Francesco Maria 弗朗

切斯科·马里亚·德拉罗维雷(或 Ruvere Francesco Maria或罗马总督), 3, 3n, 110, 110n, 111, 111n, 112, 124, 182, 183, 184, 209, 231, 365, 365n, 456
Della Rovere, Galeotto, 加莱奥托·德拉罗维雷, 134n, 186, 186n, 240n
Della Rovere, Giuliano, 见Iulio II(教皇)
Del lodarsi da se stesso senz'invidia, 《论不引起嫉妒的自我称颂》, 48n
Del febre quartana, 《论四日热》, 143n
Demetrio (Demetrio I il Poliorcete), 德梅特里, 108, 108n
Demetrio II, 德梅特里二世, 300
Democrito, 德谟克利特, 48n, 188
Demostene, 狄摩西尼, 86, 86n, 319n
De Silva, Michele, 米歇尔·德席尔瓦(Viseo的主教), 3, 3n
Diaceto, Francesco [Cattani, Francesco di Diacceto], 弗朗切斯科·迪亚切托, 82, 82n
Diana, 狄安娜(神), 292
Diogene Laerzio, 第欧根尼·拉尔修, 94n
Diomede, 狄俄墨得斯(Marte和Cirene的儿子), 408, 408n
Dione Siracusano, 迪奥内·锡拉库萨诺, 422
Dionigi di Alicarnasso, 迪奥尼吉·迪阿里卡尔纳索, 297n
Dionisio il Giovane, 小迪奥尼西奥(锡拉库萨的暴君), 421, 421n, 422, 422n
Dionisio il Vecchio, 老迪奥尼西奥(锡拉库萨的暴君), 421n, 422n
Diotima, 迪奥蒂玛(希腊女人), 296, 296n, 454
Djem 见 Gein Ottomanni
Dnieper 见 Boristene
Donato, Ieronimo, 耶罗尼莫·多纳托(威尼斯贵族), 206, 206n
Dovizi, Bernardo(或Bernardo, 或Santa Maria in Portico的红衣主教), 贝尔纳多·多维兹, 5, 5n, 6
Duca 见 Montefeltro, Guidubaldo di
Duchessa 见 Gonzaga, Elisabetta

Edoardo III, 爱德华三世(英格兰国王), 261n
Egano, 埃加诺(薄伽丘著作中的人物), 247, 249
Egitto, 埃及, 307n, 397, 407
Egnazio, 埃尼亚齐奥(卡图卢斯著作中的人物), 88
Elena, 海伦, 434n
Elia, 以利亚(先知), 450
Elide, 埃利德(古希腊城市), 259
Emilia, 埃米莉娅(夫人), 见 Pio, Emilia

Enea, 埃涅阿斯, 72n
Eneide, l',《埃涅阿斯纪》, 72n
Ennio, 恩尼奥, 72, 72n, 73, 80, 224
Enrico VIII, 亨利八世, 409, 409n
Epaminonda, 伊巴密浓达, 100, 373, 373n
Epicari, 埃皮卡里, 288
Epicuro, 伊壁鸠鲁, 451n
Epimeteo, 厄庇墨透斯（神话人物）, 376
Equicola, Mario, 马里奥·埃奎科拉, 326n
Erasmo da Rotterdam, （鹿特丹的）伊拉斯谟, 396n
Ercole, d'Este, 埃尔科莱·德斯特, 306n
Ercule ［Ercole］, 赫拉克勒斯（或海格立斯）, 259, 407, 408, 408n, 450
Eremita, 埃雷米塔（本博著作中的人物）, 426, 426n
Eritrei, 厄立特里亚人（伊奥尼亚居民）, 300
Ermo, san, 圣埃尔莫, 222, 222n
Erodoto, 希罗多德, 101n, 307n
Eschine, 埃斯基内（古希腊演说家）, 81, 81n, 86
Esiodo, 赫西俄德（古希腊诗人）, 80
Esopo, 伊索, 121, 121n
Este d', 埃斯特（家族）, 302
Este, Alfonso d', 阿尔方索·德斯特, 306n

Este, Beatrice d', 贝阿特里切·德斯特,（Ludovico il Moro 的妻子）, 306, 306n
Este, Borso d', 博尔索·德斯特, 120, 120n
Este, Ercole d', 埃尔科莱·德斯特, 195, 306n
Este, Ippolito d'（或 Este, Ippolito da）, 伊波利托·德斯特（费拉拉的红衣主教）, 40, 40n, 306n
Este, Isabella d', 伊莎贝拉·德斯特（曼托瓦侯爵夫人）, 306, 306n, 365n, 406n
Etica Nicomachea,《尼各马可伦理学》, 412n
Ettor Romano ［Ettore Giovenale da Roma］, 埃托尔·罗马诺, 111, 111n
Europa, 欧洲, 408
Evandro, 埃万德罗, 72, 296

Fabii, 法比（家族）, 103
Fabio Pittore, Caio, 法比奥·皮托雷（画家）, 103, 103n
Fabio Pittore, Quinto, 昆托·法比奥·皮托雷, 103n
Fano, 法诺, 111n
Favorino, 法沃里诺（普罗旺斯的哲学家）, 143n

Febus, 费布斯, 见 Ceva, Febus

Federico, duca, 费德里科, 公爵, 见 Montefeltro, Federico II

Federico, messer, 费德里科, 老爷, 见 Fregoso, Federico

Federico I, (detto Barbarossa), 费德里科（或腓特烈）一世（红胡子）, 406n

Federico II da Montefeltro, 蒙泰费尔特罗的费德里科二世, 18n

Fedone（Fidro）,《裴洞篇》, 121n, 445n

Fedra [Inghirami, Tommaso 的别名], 费德拉, 208, 208n

Fedro, 费德罗（古罗马童话作家）, 28n

Felice dalla Rovere, 费利切·达拉罗维雷, 324

Fenice, 费尼切, 421

Ferdinando I, 斐迪南多一世, 305n, 306n

Ferma, 费尔玛（岛）, 332

Ferrando, Gonsalvo, 贡萨尔沃·斐迪南, 305

Ferrando minore d'Aragona, 小斐迪南多·迪·阿拉贡, 20, 59, 214

Ferrara, 费拉拉（地名）, 40, 40n, 120n, 195, 217, 306

Ficino, Marsilio, 马尔西利奥·费奇诺, 427n

Filippello, 菲利佩洛（薄伽丘著作中的人物）, 247, 249, 251

Filippo II, 菲利普二世（马其顿国王）, 58, 216

Filippo V, 菲利普五世（马其顿国王）, 300, 300n

Filippo il Buono, 善良的菲利普（勃艮第公爵）, 261n

Filippo di Demetrio, 菲利普·迪德梅特里奥, 300

Fiorentini, 佛罗伦萨人, 20, 160, 197, 198, 307

Firenze（或 Fiorenza）, 佛罗伦萨, 29n, 65, 70, 72, 197n, 198, 212, 214, 214n, 217, 222, 226, 228

Florido, Orazio, 奥拉齐奥·弗洛里多（Francesco Della Rovere 的秘书）, 111, 111n

Foglietta, Augustin, 奥古斯丁·福列塔（热那亚贵族）, 220, 220n

Foligno, 福利尼奥, 229n

Fornovo, 福尔诺沃, 178n

Forco, Roberto, 罗贝托·福尔科（佛罗伦萨大主教）, 214, 214n

Forlì, 弗利, 229

Francesco Cattani da Diacceto, 弗朗切斯科·卡塔尼·达迪亚切托, 28

Francesco I（或昂古莱姆 Angoulem, monsignore di）, 法朗索瓦一世, 24n, 58n, 90, 90n, 409, 409n

Francesco Maria della Rovere, 弗朗切

斯科·玛利亚·德拉罗维雷, 3, 3n, 111n, 365n
Francesco Maria Rovere, 弗朗切斯科·玛利亚·罗维雷, 365
Francesco, San, 圣弗朗切斯科, 454
Francesi (或 Franzesi), 法国人, 24n, 25, 53, 90, 91, 92, 93, 96, 97, 150, 158n, 175, 122n, 231n, 321
Francia (*Franza*), 法国, 58, 58n, 90n, 150, 175, 214, 261, 261n, 302, 405, 405n, 409
Fregosa, Costanza [Fregoso, Costanza], 科斯坦扎·弗雷戈莎, 27, 27n, 87, 113
Fregoso, Federico [Federico, messer vescovo di Salerno], 费德里科·弗雷戈索, 24, 24n, 27n, 35, 35n, 36, 65, 67, 68n, 70, 71, 79, 80, 82, 83, 84, 85, 86, 112, 113, 125, 126, 129, 133, 134, 137, 139, 140, 143, 143n, 144, 149, 150, 151, 152, 153, 154, 157, 159.160, 151, 163, 165, 166, 169, 172, 174, 175, 178, 180, 182, 183, 184, 185, 191, 234, 235, 254, 255, 256, 260, 261, 289n, 331, 332, 333, 334, 349, 364, 367, 373, 433, 434
Fregoso, Ottaviano (Ottaviano, signor), 奥塔维亚诺·弗雷戈索, 5, 5n, 24, 24n, 27n, 32, 33n, 34, 246, 247, 247n,

252, 253, 254, 263, 273, 280, 327, 358, 359, 360, 365, 366, 375, 376, 377, 379, 380, 381, 382, 384, 385, 386, 387, 389, 393, 393n, 394, 396, 397, 398, 399, 400, 404, 405, 407, 410, 414, 415, 415n, 416, 417, 423, 423n, 424, 425
Frigio, Nicolò, 见 Frisio, Nicolò
Frine, (希腊女人), 310n
Frisio, Nicolò (Frigio, Nicolò), 尼科洛·弗里西奥, 24, 24n, 254, 255, 261, 263, 282, 288, 289, 289n, 290, 291, 293, 295, 307, 308, 318, 325, 414, 415
Fulvia, 富尔维娅, 299n
Furie, 复仇女神, 206

Gaia, Cecilia, 切奇利娅·加亚 (Tarquinio Prisco 的妻子), 286
Galba, Sergio, 塞尔焦·加尔巴 (古罗马演说家), 73, 82
Galeotto da Narni [Mazzi, Galeotto da Narni], 加莱奥托·达纳尔尼, 205, 205n
Galeotto della Rovere, 加莱奥托·德拉罗维雷, 134n, 186n, 240n
Galeotto, Giovantomaso, 乔万托马索·加莱奥托, 209, 209n
Galles 见 Vuaglia
Gartier (*San Giorgio*), 嘉德 [嘉德

骑士团〕, 261, 261n
Garzia, Diego〔Garcia, Diego〕, 迭戈·加西亚（西班牙军人）, 214, 214n
Gasparo, signor, 加斯帕罗先生, 见 Pallavicino, Gaspare
Gazuolo, 加佐洛, 321, 322
Gein Ottomanni, 盖因·奥斯曼（Djem, Maometto II 的小儿子）, 214, 214n
Gellio, Aulo, 奥卢斯·盖利乌斯, 12n, 156n, 259n, 317n, 319n
Gelone, 吉洛内, 见 Ieron
Genoa〔*Genova*〕, 热那亚, 173, 365, 415n
Gerione, 革律翁（巨人）, 408, 408n
Geronamo, san 见 Ieronimo, san
Gerone, 吉罗内, 288, 288n
Ghirardino da Geva, 季拉尔迪诺·达·吉瓦, 111
Giacomo, d'Arti, 贾科莫·达尔蒂, 见 Pianella, conte di
Giannotto de'Pazzi, 贾诺托·德·帕齐, 228
Giarrettiera, 嘉德（骑士团）, 见 Gartier
Giorgio da Castel Franco〔Giorgione〕, 乔治·达卡斯特尔·弗朗科, 81, 81n
Giovan Luca da Pantremolo, 乔万·卢卡·达潘特雷莫洛, 229
Giovanna III, 焦瓦娜三世（那不勒斯的王后）, 305n
Giovanna IV, 焦瓦娜四世（那不勒斯的王后）, 305n
Giovanni Antonio di San Giorgio, 乔瓦尼·安东尼奥·迪圣乔治（Alessandria 的主教）, 214, 214n
Giovanni da Bergamo 见 Calfurnio
Giovanni di Cardona, 乔瓦尼·迪卡多纳（西班牙军官）, 220, 221
Giove, 朱庇特（或宙斯）, 见 Iove
Giove, 木星, 435n
Giovio, Paolo, 保罗·乔维奥, 23n
Giulia, 朱利娅（班戴洛著作中的人物）, 322n
Giulio, 儒略（大街）, 406n
Giulio II, 儒略二世（教皇）, 见 Iulio II
Giunone 见 Iunone
Giuseppe Flavio, 朱塞佩·弗拉维奥, 287n
Golpino, 戈尔皮诺（Giuliano de'Medici 的仆人）, 218
Gonella〔Gonnella, Pietro〕, 彼得罗·戈内拉, 245, 245n
Gonsalvo Ferrando 见 Consalvo Fernandez di Cordova
Gonzaga, 贡扎加（家族）, 24n, 302
Gonzaga, Alessandro, 亚历山大·贡扎加, 215, 215n, 216
Gonzaga, Cesare, 切萨雷·贡扎加, 4n, 5n, 24, 24n, 27, 37, 48, 52, 55,

56, 63, 70, 95, 109, 110, 134, 148, 159, 195, 195n, 198, 202, 263, 270, 311, 313, 318, 319, 320, 321, 322, 324, 325, 327, 344, 350, 352, 353, 359, 363, 364, 366, 383, 384, 399, 405, 410, 412, 437, 438, 453, 455

Gonzaga, Eleonora, 埃莱奥诺拉·贡扎加, 365, 365n

Gonzaga, Elisabetta, 伊丽莎白·贡扎加（公爵夫人）, 3n, 5, 5n, 6, 21, 21n, 22, 22n, 23, 25, 26, 27, 30, 30n, 31, 32, 35, 36, 55, 56, 70, 110, 111, 113, 113n, 114, 125, 160, 172, 185, 186, 191, 200, 204, 219, 236, 236n, 247, 252, 255, 256, 261, 263, 264, 264n, 301, 322, 322n, 324, 330, 340, 341n, 352, 358, 359, 360, 366, 366n, 393, 399, 405, 415, 435, 426, 432, 439, 453, 455, 456

Gonzaga, Federico, 费德里科·贡扎加（侯爵）, 219, 219n, 220, 223, 224, 406n, 414, 414n

Gonzaga, Francesco, 弗朗切斯科·贡扎加（曼托瓦的侯爵）, 306n, 356n, 406, 406n, 414

Gonzaga, Giovanni, 乔万尼·贡扎加, 215, 215n, 216

Gonzaga, Ludovico, 卢多维科·贡扎加（曼托瓦主教）, 322, 322n

Gonzaga, Margherita（或 Margherita, madonna）, 玛格丽塔·贡扎加, 113, 113n, 289, 290, 291

Goti, 哥特人, 302

Gracco, Caio, 格拉科（罗马演说家）, 82

Granata, 格拉纳达, 304, 304n, 328

Gran Capitano, 见 Consalvo Fernandez di Cordova

Gran Turco, 奥斯曼·苏丹（君士坦丁堡的苏丹）, 214, 262, 262n

Grasso, 格拉索（美第奇的廷臣）, 98

Greci, 希腊人, 76, 81, 92

Grecia, 希腊, 76n, 86, 103, 259, 328, 391n

Guasconi, 加斯科尼人, 321

Guid'Ubaldo, 圭多·巴尔多, 见 Montefeltro, Guidobaldo di

Ieron [Gelone], 吉洛内（锡拉库萨的暴君）, 288, 288n

Ieronimo, san [Gerolamo, san], 圣吉罗拉莫, 283, 283n

Iliade, l', 《伊利亚特》, 91

India, 印度, 201n, 407, 422

Inghilterra, 英格兰, 17n, 261, 261n, 409, 409n

Inferno, 《地狱篇》, 181, 307n

Inghirami, Tommasa, 英吉拉米, 见 Fedra

Ioan Cristoforo, 约昂·克里斯托福罗,

见 Romano, Giovanni Cristoforo

Iove（divinità）[Giove], 朱庇特, 259, 278, 376, 378, 385

Ippia, 伊比亚, 288n

Isabella di Castiglia, 伊莎贝尔·迪卡斯蒂利亚（西班牙女王）, 236, 303, 305, 328, 329

Isabella del Balzo, 伊莎贝拉·德尔·巴尔佐, 306n

Isabella d'Este, 伊莎贝拉·德斯特, 40, 40n, 306n

Isocrate, 伊索克拉底, 59n, 81, 81n

Ispagna 见 *Spagna*

Italia, 意大利, 3, 8, 9, 17, 18, 25, 35, 43, 67, 68, 70, 71, 72, 75, 158, 175, 176, 200, 214, 259, 296, 302, 305, 368n, 403, 406, 407, 414

Italiani, 意大利人, 53, 93, 158, 159, 175

Iulio II (Della Rovere, Giuliano) [Giulio II], 儒略二世, 20, 20n, 24n, 25, 110, 110n, 208n, 221n, 229n, 232n, 324n, 406, 406n

Iunone [Giunone, divinità], 朱诺, 299, 299n

Iuvenale, Latin, 拉丁·尤维纳尔（罗马贵族）, 229, 229n

Jonia, 伊奥尼亚（小亚细亚地区）, 300n, 391n

Josquin de Prez [Josquin des Prèz], 若斯坎·德普雷, 137, 137n

Lacedemonii, 拉切德莫尼人, 100

Laerzio, Diogene, 第欧根尼·拉尔修, 94n

Landi, Marcantonio, 马尔坎托尼奥·兰迪, 27n

Latini, 拉丁人, 72, 76, 82, 296, 297

Lattanzio da Bergamo, 拉坦齐奥·达贝加莫, 223n

Laura, 劳拉（彼特拉克的情人）, 330

Laurana, Luciano, 劳拉纳, 18n

Lavinello [Lavinella], 拉维内洛（本博著作中的人物）, 426, 426n

Lazio, 拉齐奥（地区）, 72n, 239n

Lelii, 莱利（家族）, 163

Lelio, Caio, 莱利奥（古罗马演说家）, 82

Leona, 莱奥娜（希腊的宫廷妇女）, 288

Leonardo da Vinci, 列奥纳多·达·芬奇, 81, 81n, 90n, 179n

Leone [*Lione*], 里昂, 242

Leone X, 利奥十世（教皇）, 24n, 81n, 210n, 211n, 229n, 365, 365n

Leonico, Nicolò [Leonico, Nicolò Tolomeo], 尼科洛·莱奥尼科（帕多瓦教授）, 220, 220n

Leuconia, 莱乌科尼亚, 300

Libia, 利比亚, 30, 408n

Licurgo, 利库尔戈（斯巴达的演说家和政治家）, 100, 100n

Ligorno [*Livorno*], 里窝那, 294

Lione 见 Leone

Lisia（或 Lisia Pitagorico）, 吕西阿斯·毕达哥里科, 81, 81n, 373

Livio, Tito, 提图斯·李维, 77, 296n, 297n

Lombardi, 伦巴第, 64, 78

Lombardia, 伦巴第, 8, 9n, 64, 78, 132, 160, 306, 363

Longobardi, 隆戈巴尔迪, 302, 302n

Loreto, 洛雷托, 239, 240

Luca [*Lucca*], 卢卡, 208, 208n

Luca (*Lucca*), *San*,《路加福音》, 140n, 207n, 454n

Luciano, 卢恰诺, 143n

Lucrezio, Tito Caro, 提图斯·卡鲁斯·卢克莱修, 59n, 375n

Lucullo, Lucio Licinio, 卢库洛, 92, 92n, 307, 372

Ludovico, 卢多维科（伯爵）, 见 Canossa, Ludovico di

Ludovico da San Bonifacio, 卢多维科·达·圣博尼法奇奥（伯爵）, 211, 211n

Ludovico il Moro [*Visconti, Ludovico*], 卢多维科·伊尔·莫罗, 58n, 231n, 306n

Ludovico Pio, 卢多维科·皮奥, 24, 98, 153, 174

Luigi XI, 路易十一（法国国王）, 261n

Luigi XII, 路易十二（法国国王）, 58n, 90n, 214, 214n, 302n, 303

Macedonia, 马其顿, 58, 108n, 158, 300n

Machiavelli, Niccolò, 尼科洛·马基雅维里, 369n

Maffei, Mario 见 Mario da Volterra

Magnifico Iuliano 见 Medici, Giuliano de'

Magno, Pompeo, 庞培·马格努斯, 92, 92n, 290n, 298

Maier, Bruno, 布鲁诺·迈尔, 121n, 130n, 134n, 151n, 158n, 147n, 156n, 208n, 244n, 230n, 252n, 270n, 290n, 291n, 296n, 307n, 339n, 368n, 374n, 397n, 407n, 414n, 421n, 448n, 456

Mantegna, Andrea, 安德烈·曼特尼亚, 81, 81n

Mantova (*Mantua*), 曼托瓦, 24n, 81n, 219, 219n, 223, 245, 306, 322, 322n, 406, 406n, 414

Manuzio, Alto, 马努齐奥, 351n

Maometto 见 Maumet

Maometto II, 穆罕默德二世, 214n

Marchese 见 Gonzaga, Federico
Marchese di Mantova 见 Gonzaga, Francesco
Marco Antonio, 马尔科·安东尼奥（乌尔比诺的医生）, 230
Marco Tullio 见 Cicerone, Marco Tullio
Margherita, 玛格丽塔（Massimiliano I 的女儿）, 303
Margherita, madonna 见 Gonzaga, Margherita
Maria di Borgogna, 勃艮第的玛利亚, 303n
Maria Magdalena, 圣玛利亚·抹大拉〔Maria Maddalena, santa〕, 454
Mariano, fra, 马里亚诺修士（弄臣）, 29, 186, 245
Mario, Caio, 马里奥, 301
Mario da Volterra〔Maffei, Mario da Volterra〕, 马里奥·达沃尔泰拉, 218, 218n
Marliani, Bernardino, 马尔利亚尼, 140n
Marsiglia, 马赛, 见 Marseille, 289
Marte, 马尔特（战神）, 408n
Marte, 火星, 435n
Massageti, 马萨吉蒂, 307n
Massilia〔Marsiglia〕, 289, 289n
Massimiliano I d'Asburgo, （哈布斯堡的）马克西米连一世, 303, 303n

Matia Corvino〔Mattia Corvino〕, 马加什一世（匈牙利国王）, 306, 306n
Matilda, 马蒂尔达, 302
Maumet〔Maometto〕, 穆罕默德, 409, 409n
Massimo, Valerio, 瓦莱里乌斯·马西姆斯, 48n, 100n
Matteo, San,《马太福音》, 207n, 284n
Mausolo, 摩索拉斯（Caria 的国王）, 307n
Mazzi, Galeotto 见 Galeotto da Narni
Medici de', 美第奇（家族）, 29n, 98, 98n, 228n
Medici, Cosimo de', 科西莫·德·美第奇, 212, 213, 228, 228n
Medici, Giovanni de', 乔瓦尼·德·美第奇（教皇）, 231n
Medici, Giuliano de'（或 Magnifico Iuliano 或 Magnifico）, 豪华者朱利亚诺·德·美第奇, 5, 5n, 6, 24, 62, 69, 69n, 70, 79, 90, 102, 102n, 112, 139, 157, 200, 215, 218, 253, 354, 255, 261, 263, 264, 269, 270, 273, 274, 275, 278n, 279, 280, 281, 283, 285, 286, 286n, 287, 288, 289, 300, 301, 302, 303, 308, 311, 327, 330, 330n, 331, 332, 333, 344, 345, 348, 349, 350, 351n, 353, 354, 355, 359, 365, 382, 409, 414, 416, 417,

417n, 442, 454, 456
Medici, Lorenzo de', 洛伦佐·德·美第奇, 5n, 59n, 82, 173n, 219, 293n, 365n
Meliolo, Ludovico, 卢多维科·梅利奥洛（曼托瓦的宫廷弄臣）245, 245n
Mercurio, 墨丘利（商神）, 376
Mercurio, 水星, 435n
Messina, 墨西拿（地名）, 228
Metrodoro, 梅特罗多洛（古希腊哲学家和画家）, 108, 108n
Michel Angelo [Buonarroti, Michelangelo], 博纳罗蒂·米开朗琪罗, 4n, 6, 81, 105
Michel De Silva, 米歇尔·德西尔瓦, 3, 3n
Milano, 米兰, 120n, 231, 506, 506n
Mileto, 米勒特, 296n
Minerva, 密涅瓦（智慧和文艺女神）, 137, 176
Minutoli, Riciardo, 里恰尔多·米努托利（薄伽丘著作中的人物）, 247, 249, 251
Mirti(Mirtide), 米尔蒂(或米尔蒂德, 女诗人), 296n
Mitridate, 米特里达特, 288
Molart, 莫拉尔（法国军官）, 230, 230n
Monte, Pietro, 彼得罗·蒙特, 24, 24n, 58, 142, 263
Montefeltro di, 蒙泰费尔特罗·迪（家族）, 3, 18n, 302
Montefeltro, Antonio di, 安东尼奥·迪·蒙泰费尔特罗, 21n
Montefeltro, Federico II di（或Federico, duca）, 费德里科·迪·蒙泰费尔特罗二世（或费德里科公爵）, 3n, 18, 18n, 19, 196, 222n, 236, 394, 406, 406n
Montefeltro, Guidubaldo di, 圭多·巴尔多·迪蒙泰费尔特罗（或Duca或Guid'Ubaldo）, 3, 3n, 17n, 18n, 19, 21, 21n, 196, 196n, 197, 209, 222n, 223, 227, 231
Montefiore, 蒙特菲奥雷（旅店）, 235
Monti, Vincenzo, 蒙蒂, 421n
Morello da Ortona, 莫雷洛·达奥托纳, 24, 24n, 75, 129, 131, 132n, 140, 143, 143n, 426, 432, 433, 434, 437, 441
Mori (moro), 摩尔人, 293, 294, 329, 409
Moscovia [Russia], 俄罗斯, 200
Moscoviti [Russi], 俄罗斯人, 200, 201
Mosè, 摩西, 450
Moya, 莫亚, 225n
Mulas, Luisa, 路易莎·穆拉斯, XXXII

Muziano, Publio Crasso, 普布利奥·格拉索·穆齐亚诺, 156, 156n

Napoletani, 那不勒斯人, 78
Napoli, 那不勒斯, 4, 20, 20n, 59n, 169, 221n, 305, 306, 306n, 407
Nanova, 纳沃纳（广场）, 见 Agone
Nasica, Scipioine, 西庇阿·纳西卡, 224, 224n
Nemours, 内穆尔（公国）, 365
Nepote, Cornelio, 科尔内利奥·内波特, 53n, 92n
Nerone, 尼禄（古罗马皇帝）, 288
Niccolò V (Nicolaus Papa Quintus), 尼古拉五世（教皇）, 192, 192n
Nicoletto [Vernia, Paolo Nicola 的别名], 尼科莱托（帕多瓦大学哲学教授）, 178, 178n
Nicoletto da Orvieto, 尼科莱托（教皇利奥十世的廷臣）, 215, 215n
Nicostrata, 尼科斯特拉塔（Evandro 的母亲）, 296

Oeta, 奥塔（山）, 450
Oglio, 奥利奥（河）, 321, 322
Omero, 荷马, 69, 73, 80, 80n, 85, 91, 97, 98, 421
Ongaria 见 Ungheria
Orazio, 贺拉斯, 28n, 59n, 72, 419n
Oresti, 奥雷斯蒂, 163

Orfeo, 俄耳甫斯, 101n, 252, 252n, 278
Orliens [Orlèans], 奥尔良, 214, 213n
Ortensio Ortalo, Quinto, 奥尔滕西奥, 72, 72n
Osci, 坎帕尼亚人, 79n
Ottavia Augusto, 奥塔维娅（Ottaviano Augusto 的姐妹）, 286
Ottaviano, signore, 奥塔维亚诺先生, 见 Fregoso Ottaviano
Ottomanni, Gein, 盖因·奥托曼, 214, 214n
Ovidio, 奥维德, 264n, 354, 429n

Padoa [*Padova*], 帕多瓦, 178, 178n, 206, 206n, 208, 208n, 211n, 212, 220n, 244
Paglia, 帕里亚（河流）, 238, 238n
Paleotto, Annibal, 阿尼巴莱·帕莱奥托（博洛尼亚的绅士）, 203, 203n
Pallade, 雅典娜（智慧女神）, 296
Palla de'Strozzi, 巴拉·德斯特罗兹, 212
Pallavicino, Gaspare (Pallavicino, Gasparo, Gasparo, signore), 加斯帕罗·帕拉维奇诺, 4n, 5n, 24, 24n, 26, 27, 41, 42n, 47, 52, 69, 69n, 99, 102, 132, 137, 153, 154, 161, 165, 166, 171, 172, 179, 195, 195n,

215, 217, 218, 245, 246, 247, 247n, 248, 249, 250, 251, 252, 253, 254, 255, 261, 262, 264, 265, 269, 270, 271, 272, 273, 274, 280, 280n, 290, 290n, 291, 295, 296, 298, 299, 300, 301, 303, 305, 308, 309, 311, 312, 313, 316, 319, 320, 321, 325, 327, 329, 330, 334, 337, 344, 345, 353, 355, 358, 359, 363, 366, 375, 377, 379, 380, 385, 389, 393, 394, 396, 399, 404, 414, 416, 425, 437, 438, 453, 455, 456

Palleotto, Camillo, 卡米洛·帕莱奥托（博洛尼亚的修辞学教师），209, 209n, 223

Palmira, 帕米拉, 307n

Pancaspes 见 Campaspe

Panezio, 帕内齐奥, 373, 373n

Paulo, Lucio Macedonico, 卢基乌斯·埃米利乌斯·保卢斯·马其顿尼库斯, 108, 108n

Paolo III, 保罗三世（教皇），3n

Paride 见 Paris

Parigi, 巴黎, 90

Paris [Paride], 帕里斯, 261, 261n

Parmegiana [Parmigiana], 帕尔马, 178

Paulo, 保罗（托马索老爷的儿子），294

Paulo, San [Paolo, San], 圣保罗, 195, 225, 454

Pavia, 帕维亚, 58n, 206n

Pazzi, Giannotto de', 贾诺托·德·帕齐, 228

Pazzi, Rafaelle de', 拉斐尔·德·帕齐, 228, 228n

Pedrada, Sollaza della [Pedrada, Salazar de la], 索拉萨·德拉·贝德拉达（西班牙军官），212, 212n

Pelleo [Peleo], 佩莱奥, 421

Pentecoste, 圣灵降临节, 450n

Pepoli de', 德·佩波利（伯爵），211, 211n

Peralta, 佩拉尔塔（西班牙雇佣兵队长），230, 230n

Pericle, 伯里克利, 311, 319

Persia, 波斯, 158, 409, 422n

Persiani, 波斯人, 118n, 300

Perugia, 佩鲁贾, 52

Pesara, 佩萨罗, XLVII

Pescara, 佩斯卡拉, 4, 4n

Petrarca, Francesco, 弗朗切斯科·彼特拉克, 68, 70, 71, 71n, 79, 80, 82, 83, 84, 96n, 329

Pianella di [Giacomo d'Arti, conte di Pianella], 皮亚内拉（伯爵），216, 216n

Piccinino, Niccolò, 尼科洛·皮奇尼诺（雇佣兵队长），120, 120n

Pidna, 彼得纳, 108n

Pierpaulo, 皮埃尔帕乌洛（乌尔比诺

宫廷里的人物），60
Pietro, messer 见 Bembo, Pietro
Pietro da Napoli, 彼得罗·达那不勒斯, 24, 24n, 98, 144
Pietro de Cuña, 彼得罗·德库纳, 228n
Pietro, San, 圣彼得, 225
Pigmalione, 皮格马利翁（塞浦路斯国王）, 264, 264n
Pii, 庇伊（家族）, 302
Piladi, 皮拉迪, 163
Pindaro, 平达, 296
Pio III, 庇护三世（教皇）, 191, 192n
Pio, Emilia（或 Emilia, signora）, 埃米莉娅·皮娅（夫人）, 21, 21n, 24n, 25, 26, 27, 30, 31, 32, 33, 33n, 34, 36, 37n, 56, 57, 85, 86, 104, 112, 113, 143, 182, 185, 186, 197, 198, 206, 218, 236n, 252, 254, 254n, 255, 280, 285, 287, 299, 319, 337, 341, 342, 344, 358, 359, 399, 405, 416, 426, 452, 453, 456
Pio, Ludovico, 卢多维科·皮奥, 5n, 24, 24n, 98, 153, 174
Piritoi, 皮里托伊, 163
Pisa, 比萨, 48, 293
Pisani, 比萨人, 197
Pistoia, 皮斯托亚, 198, 238
Pistoia [Cammelli, Antonio 的别名], 皮斯托亚（埃斯特家族的军队指挥官）, 215, 215n
Pitagora, 毕达哥拉斯, 139, 259
Pittore, Caio Fabio, 卡伊奥·法比奥·皮托雷, 103n
Pittore, Quinto Fabio, 昆托·法比奥·皮托雷, 103n
Platone, 柏拉图, 10, 10n, 99n, 100, 121, 121n, 250n, 270n, 373, 374n, 296n, 375n, 376n, 387n, 390n, 399, 399n, 414, 421, 422, 423, 427n, 443, 445n, 454
Plauto, 普劳图斯（古罗马喜剧作家）, 48n, 73
Plinio il Vecchio, 老普林尼, 63n, 107n
Plotino, 普罗提诺, 454, 454n
Plutarco, 普鲁塔克, 48n, 91n, 95n, 99n, 100n, 154n, 216n, 288n, 297n, 301n, 310n, 372n, 375n, 391n, 392n, 407n, 409n
Polifilo, 波利菲洛（小说中的人物）, 351, 351n
Politica,《政治学》, 103n, 395n
Poliziano, Angelo [Ambrogini, Angelo], 安杰洛·波利齐亚诺, 59n, 82, 82n
Pollione, Asinio, 阿希尼奥·波利奥内, 77n
Poloni, 波兰人, 201
Polonia, 波兰, 200
Pompeo, Gneo Magno, 庞培, 92, 92n,

289n, 290
Pompeo, Sesto, 塞斯托·庞培（Pompeo Magno 的儿子），289, 290
Pontano, Giovanni, 蓬塔诺, 189n
Ponto, 蓬托, 392
Ponzio [Caio Calogero, Caloria di Messina], 蓬齐奥, 244, 244n
Porcaro, Antonio, 安东尼奥·波尔卡罗（罗马贵族）, 209, 209n
Porcaro, Camillo, 卡米洛·波尔卡罗（泰拉莫的主教）, 213, 213n
Porcia, 波尔恰（加图的女儿）, 286
Porta a San Gallo, 圣伽洛门, 219
Portico, 波尔蒂科, 5, 365
Porto [Anzio], 波尔托（即现在的安齐奥）, 407, 407n
Portogallo, 葡萄牙, 201, 202
Portoghesi, 葡萄牙人, 202
Potenzia [Potenza], 波坦察, 204
Pozzolo [Pozzuoli], 波佐利, 407, 407n
Prato, 普拉托（地名）198, 238
Prefetto di Roma 罗马总督, 见 Della Rovere, Francesco Maria
Priene, 普里恩（伊奥尼亚城市）, 391n
Priori, 执政官, 226n
Prisco, Tarquinio, 塔克文·普里斯库斯, 286
Procuste, 普洛克路斯忒斯（古代雅典的强盗）, 408, 408n

Prometeo, 普罗米修斯, 376, 376n
Prose,《散文》, 68n
Proto, 普罗托（罗马宫廷的小丑）, 208, 208n
Protogene, 普罗托杰内（希腊画家）, 63, 108, 108n
Provenzale, 普罗旺斯的（法国一地区）, 143n
Puglia, 普利亚, 28, 222n

Quintiliano, Marco Fabio, 昆体良, 10n, 58n, 77n

Raffaello de' Pazzi, 拉斐尔·德·帕齐, 228, 228n
Raffaelo [Sanzio, Raffaello], 拉斐尔, 6, 30n, 81, 105, 225
Rangone, Ercole, 埃尔科莱·兰戈内（伯爵）, 211, 211n
Reogarze, 雷奥加尔扎（舞）, 113
Repubblica,《理想国》, 399, 399n, 414
Ricciardi (Rizzardi), 里恰尔迪（家族）, 24n
Rivera di Genoa, 热那亚的里维埃拉, 173
Rizzo, Antonio, 安东尼奥·里佐, 229
Roberto da Bari (Roberto, messer), 罗伯特·达巴里, 4n, 5n, 24, 24n, 61, 61n, 193, 194, 336, 337, 340, 364
Rodi, 罗德岛, 108, 373n

Roma, 罗马, 3n, 25, 29n, 77, 107, 110n, 134, 169, 186, 191, 206, 210, 214, 221, 232, 240, 240n, 287n, 296, 297, 297n, 298, 299, 301, 322, 324, 365, 371, 406n, 407

Romagna, 罗马涅, 18n

Romani, 罗马人, 78, 92, 103, 187, 297, 299, 406, 407

Romano, Giovanni Cristoforo (Romano, Ioanni, Ioan Cristoforo), 乔瓦尼·克里斯托福罗·罗马诺, 5n, 24, 24n, 104, 204

Romano, Ettor, 埃托尔·罗马诺, 111, 111n

Romulo [Romolo], 罗慕洛, 297, 298

Rufo, Curzio, 库尔齐奥·鲁福, 158n

Ruffolo, Landolfo, 朗多尔福·鲁福洛（薄伽丘著作中的人物）, 293n

Russi 见 Moscoviti

Russia 见 Moscovia

Ruvere, Francesco Maria 见 Della Rovere, Francesco Maria

Sabini, 萨比尼人, 297, 298

Sacra Scrittura,《圣经》, 395n, 450n

Sadoletto, Iacomo [Sadoleto, Giacomo], 雅科莫·萨多莱托, 210, 210n, 213n

Saffo, 萨福, 296

Sagunto, 萨贡托, 301n

Salamina, 萨拉米纳, 118n

Salerno, 萨莱诺, 24n, 365

Salii, 萨利人, 72

Sallustio, Caio Crispo, 萨卢斯特, 85, 85n, 299n

Salomone, 所罗门王, 330, 443

Salute, 萨鲁特（神庙）, 103

Sanazano, Jacopo [Sannazzano, Jacopo], 萨纳扎诺, 172, 172n

San Celso, 圣切尔索（罗马的街道）, 241, 241n

Sanesi [Senesi], 锡耶纳人, 197, 217

San Francesco, 圣方济各, 454

San Georgio 见 Gartier

San Gallo, 圣加洛, 219

San Gerolamo, 圣吉罗拉莫, 283, 283n

San Giorgio, 圣乔治, 214n, 261

San Leo, 圣莱奥（城堡）, 223

San Marino, 圣马力诺, 223n

San Michele, 圣米迦勒（骑士团）, 261

San Paolo, 圣保罗, 195, 225, 454

San Pietro, 圣彼得（罗马教堂）, 406, 406n

San Pietro ad Vincula, 圣彼得镣铐教堂, 186, 240, 242

Sansecondo, Iacomo [Sansecondo, Giacomo da], 贾科莫·桑塞孔多,

187, 187n
Sanseverino, Galleazzo, 加莱亚佐·桑塞韦里诺, 58, 58n
Sansoni, 桑索尼, XIIX
San Stefano, 圣斯特法诺, 454
Santa Croce, Alfonso, 阿方索·圣克罗切, 221
Santa Maria in Portico, 波尔蒂科的圣玛利亚教堂, 365
Santa Maria Magdalena, 圣玛利亚·抹大拉, 454
Saona [*Savona*], 萨沃纳, 324, 324n
Sanzio, Raffaello 见 Rafaelo
Sardanapali, 萨达那帕拉（亚述国王）, 308, 308n
Saturno, 农神, 385
Saturno, 土星, 435n
Savona 见 *Saona*
Sawafidi, 萨菲（王朝）, 262n
Scevola, Muzio, 穆齐奥·谢沃拉, 156n
Schiavonia [*Dalmazia*], 斯拉沃尼亚, 230, 230n
Scipione, Africano, 大西庇阿, 82, 91, 92, 221, 286, 307, 310, 314, 317, 318, 372, 373, 373n
Scipione Emiliano Minore, 小西庇阿·埃米利亚诺, 288n
Scipione Nasica, 西庇阿·纳西卡（罗马政治家）, 224

Scipioni, 西庇阿（家族）, 163
Scirone, 斯喀戎（匪徒）, 408, 408n
Sciti, 希蒂, 395
Scizia, 西徐亚, 307, 422
Sebastiano, San, 圣塞巴斯蒂亚诺（教堂）, 323
Semiramis [Semiramide], 塞米拉密斯, 307, 307n
Senesi 见 *Sanesi*
Seneca, 塞内卡, 208n
Senocrate, 塞诺克拉特, 310, 318, 319
Senofonte, 色诺芬, 10, 10n, 89n, 92, 373, 373n, 401
Serafino, fra', 塞拉菲诺修士, 29, 29n, 30n, 63, 63n, 166, 245
Serafino l'Aquilano, 塞拉菲诺·拉奎拉诺, 215, 215n
Serafino, maestro, 塞拉菲诺师傅（乌尔比诺的医生）, 226, 227
Sforza, Gian Galeazzo, 吉安·加莱亚佐·斯福尔扎, 306n,
Sibille, 西碧尔（女先知）, 296
Sicilia, 西西里, 293, 421
Siena, 锡耶纳, 295, 217
Silio Italico, 西利奥·伊塔利科, 84, 84n, 85
Silla, Lucio Cornelio, 西拉, 92, 92n
Simone, maestro 西莫内师傅（薄伽丘著作中的人物）, 243
Sinatto, 西纳托（王子）, 291, 291n

Sinesio di Cirene, 西内西奥·迪契雷内, 143n
Sinorige, 希诺里吉, 292, 293
Siracusa, 锡拉库萨, 288n, 421n, 422n
Siracusano, Dione, 迪奥内·锡拉库萨诺, 422, 422n
Socrate, 苏格拉底, 89, 91, 100, 121, 139, 178, 178n, 221, 273, 318, 379n, 454
Sofi, 苏菲（波斯国王）, 262, 262n
Sorbona, 索邦大学（巴黎大学）, 90n
Spagna (*Ispagna*), 西班牙, 3, 224, 225, 227, 236, 237, 303, 305, 310, 328, 329, 409
Spagnoli, 西班牙人, 53, 150, 151, 158n, 166, 175, 183, 222n
Sparta, 斯巴达, 373n
Stagira, 斯塔基拉, 421
Stalla, maestro, 斯塔拉（马厩）师傅, 229
Stefano, San, 圣斯特凡诺, 454
Stesicoro, 斯特西科罗斯（希腊诗人）, 434, 434n
Stoici, 斯多葛主义者, 128
Strascino [Campani, Nicolò 的别名], 斯特拉希诺（锡耶纳的滑稽演员）, 194, 194n
Strozzi, Palla de', 巴拉·德斯特罗兹, 212, 212n, 213
Sulpizio, Rufo [Sulpicio Rufo], 苏尔皮西乌斯（古罗马演说家）, 82
Svetonio, 苏埃托尼乌斯, 180n

Tacio, Tito, 塔奇奥·蒂托, 297, 299
Tacito, Cornelio, 塔西佗, 84, 84n, 85, 288n
Tarpea, 塔尔佩娅（Spurio Tarpeo 的女儿）, 299n
Tarpeo, Spurio, 斯普里奥·塔尔佩奥, 299n
Tarquinio Prisco, 见 Prisco, 286
Tasso, Bernardo, 贝尔纳多·塔索, 332n
Tasso, Torquato, 托尔夸多·塔索, 334n, 375n
Tedeschi, 日耳曼人, 301
Temistocle, 地米斯托克利, 100, 100n, 118, 118n, 409
Teodolinda, 特奥多琳达, 302, 302n
Teodora, 特奥多拉（Teofilo 的妻子）, 302, 302n
Teodorico, 特奥多里科, 302n
Teofilo, 狄奥菲洛（东罗马帝国皇帝）, 302n
Teofrasto, 特奥弗拉斯托, 10
Teramo, 特拉莫, 213n
Terpandro [Anton Maria], 特尔潘德罗, 24, 24n
Tesei, 特塞伊, 163, 407, 408n
Tevere, 台伯河, 238n, 296
Teseo, 忒修斯, 408, 408n

Tito Tazio, 见 Tacio（撒比尼的国王），297, 299
Toison d'oro, 金羊毛（骑士团），261
Toledo, 托莱多, 224n
Tolosa, Paolo, 保罗·托洛萨, 228
Tomaso, messer, 托马索老爷, 293, 294
Tomiris, 托米里丝（马萨革泰人的女王），307
Tommaso Inghirami di Volterra, 托马索·英季拉米·迪沃尔特拉, 208n
Torello, Antonio, 安东尼奥·托雷洛, 229, 229n
Torquato, Tito Manlio, 曼利奥·托尔夸托, 154
Toscana, 托斯卡纳, 8, 9, 9n, 65, 67, 71, 72, 288n
Toscani, 托斯卡纳人, 8, 9, 68, 70, 78, 183
Trento, 特伦托, 335n
Treviso, 特雷维索, 219n
Tricarico, 特里卡里科（镇），24n
Trioa, 特洛伊, 296, 328
Trioani, 特洛伊人, 296, 297
Tullio 见 Cicerone, Marco Tullio
Turchi, 土耳其人, 157, 409
Turno, 图尔诺, 72

Ubaldino, Ottaviano, 奥塔维亚诺·乌巴尔迪诺, 222, 222n, 223,

Uffizi, 乌菲齐（画廊），30n
Ugo di Cardona, 乌戈·迪卡尔多纳, 222, 222n
Ulisse, 奥德赛, 421
Ungheria（或 *Ongaria*），匈牙利, 305, 306n
Unico Aretino [Accolti, Bernardo], 乌尼科·阿雷蒂诺, 24, 24n, 30, 30n, 31, 31n, 125, 126, 270, 340, 341, 342, 343, 344
Urbino, 乌尔比诺, 3, 5n, 6, 17, 18, 24n, 25, 60n, 81n, 124, 195n, 208n, 215n, 229n, 230n, 259, 260, 363n, 364, 365, 365n, 451n

Valentino, duca, 瓦伦蒂诺公爵, 见 Borgia, Cesare
Valerio Anziate, 瓦莱里奥·安齐亚特, 317n
Valerio Massimo, 瓦莱里奥·马西莫, 48n, 100n, 290n, 310n, 318n
Varlungo, 瓦尔隆戈, 193
Varrone, Marco Terenzio, 瓦罗, 85, 85n
Vaticano, 梵蒂冈, 191, 191n, 232n
Venere, 维纳斯（爱和美的女神），318
Venere, 金星（太白星），435n, 455
Venere Armata, 戎装维纳斯, 299
Venere Calva, 秃头维纳斯, 299
Venezia, 威尼斯, 198, 198n, 206n, 223, 324n, 387n

Veneziani, 威尼斯人, 20, 160, 197

Vernia, Paolo Nicola, 保罗·尼科拉·维尔尼亚, 见 Nicoletto

Verona, 维罗纳, 24n, 81n, 206n

Vescovo di Cervia, 见 Cattanei, Tommaso

Virgilio, 维吉尔, 60, 72, 72n, 77, 80, 84, 84n, 85

Visconti, Filippo Maria, 菲利波·玛利亚·维斯孔蒂, 120, 120n

Visconti, Ludovico 见 Ludovico il Moro

Viseo, 维塞乌, 3

Volpi, Gaetano, 沃尔皮, 179n

Volterra, 沃尔特拉, 208n

Vuaglia [*Galles*], 威尔士, 409, 409n

Vulcano, 伏尔甘（火神）, 376

Zenobia, 泽诺比娅（帕米拉王国女王）, 307, 307n

Zeusi, 宙克西斯（画家）, 110

译 后 记

一、文艺复兴是从城市生活中产生的，这些城市的大部分为家族所统治，后来逐渐演变成带有宫廷的君主国。16世纪，在欧洲是君主国的世纪。《廷臣论》于1528年在意大利初版，它是意大利文艺复兴盛期的代表作之一，和1532年首次出版的马基雅维里的《君主论》，几乎是同一时期的作品。作者卡斯蒂廖内用十多年时间写成，去世前一年才发表。他是靠回忆写成的，他本人并未在书中出现。作品采用对话形式，人物姓名都是真实的。内容涉及道德、言行等，有大量笑话、妙语、典故和对不同观点的争论，读起来并不枯燥。

这本书也被视为一部理想主义的作品，作者主张人的尊严和举止文雅，崇拜军事才能和文学上的成就，鼓励人将才能用来为君主效力。出版后被译成多种语言，其他国家宫廷争相模仿。它不仅是意大利，也是欧洲的文学经典，欧洲一些国家宫廷曾把它当作行为规范和廷臣必备书。

二、乌尔比诺是意大利中部的一个小公国，坐落在亚平宁山麓，濒临亚得里亚海，风景优美，是当时的文化中心之一。在费德里科公爵统治的38年间，经济发达，名人荟萃。但他的儿子圭多·巴尔多是一个残疾人，晚饭后经常由他的夫人出面，安排一些娱乐活动。

作者巴尔达萨尔·卡斯蒂廖内（1478—1529）是一位宫廷文人和外交官，出生于意大利曼托瓦市附近的卡萨蒂科镇，父亲是一位军人。卡斯蒂廖内是画家拉斐尔的好友，拉斐尔曾给他画像。他先曾为米兰的莫罗公爵、曼托瓦的贡扎加侯爵服务，后为乌尔比诺公爵工作了大约十年，后来被教皇派到西班牙去担任大使，最后因鼠疫死在西班牙的托莱多。他因塑造了《廷臣论》中的"完人"而留名于世。本书是他回忆在乌尔比诺宫中的活动：在公爵夫人的主持下，开始一项连续四个晚上的"游戏"：讨论如何用语言塑造一个"完美廷臣"。

三、"完美廷臣"的素质：首先要出身于贵族，他为了家族荣誉，不会轻易做坏事。他身体强健，身材适中、文武双全、聪明、漂亮、优雅、灵活、令人喜爱。既能战斗，又能吟诗作画，演奏乐器。他勇敢、忠诚、克制、谨慎；不嫉妒、不诽谤、不炫耀、服饰庄重。行为举止，都要表现出"优雅"（grazia）和"漫不经心"（sprezzatura）。不仅满足于做好事，还要把事做得优雅，力戒装腔作势。但并非不做准备，而是要用从容自然来掩盖努力，表现出一切都是临时应对，如经准备还会做得更好。所以又被视为隐藏的艺术，具有伪装和表演的性质。为此，又必须有"明智的判断"和奉行"中庸"之道。

四、廷臣的目的是为了获得宠信，敢于进言，引导君主走上美德之路，成为能够教育君主的人，像亚里士多德辅佐亚历山大大帝那样，建立宏伟的事业。他首先要会说话，避免枯燥的说教，态度谦逊，心怀善意，语调温和，用一些妙语和格言，振奋听者的心灵，引导听者喜悦和欢笑。但只有君主本性向善的时候，廷臣的进言才能发挥作用，否则，就像"优秀的农夫在贫瘠的海滩上播种和耕作，肯定也是劳而无功"。对君主的教育主要是要他"爱人民，为人民谋幸福高于一切"。君主必须学习，获得知识，坚持理智的原则。廷臣有独立的人格，他可以离开坏主人。

五、老年的廷臣

老人是我们生命中最优秀的部分，一般都比年轻人谨慎、克制。年龄越大，经验也就越丰富，能达到引导君主的目的。但老人普遍存在"今不如昔"的看法，这是违背常理的，如果世界越来越坏，父亲都不如儿子，那么很早以前，我们就应该坏到底了。老人不要过于自得，要珍视取得的经验，有一定的温顺和幽默感。需要的时候，他们可以在重要的事情上显示他们的价值。

六、宫廷仕女也应当懂得文学、音乐、舞蹈、绘画和参与机智的交谈。适合于廷臣的规则，也同样适合于宫廷仕女。她们能够优雅地同各式各样的男性交往，聪明、谨慎、不骄傲、不嫉妒、不争强好胜，善于从事适合女人的工作。她们会使用玩笑话和妙语，化妆清淡，举止自然，丝毫看不出她曾费心思考过如何更美丽，因为人们总是害怕受艺术装饰的欺骗。

七、教育

每个人的心中都有美德的种子，如正义感和羞耻之心，可是需要教师唤醒它们，让美德开花结果。让人除了希望善良以外，别无他求，善良的人很容易获得所需知识。教育中要善于开发不同人的天赋，不要在只适宜于种葡萄的土地上种小麦。每个人都按照自己属于什么材料进行发展，就会创造出令人震惊的业绩，因为每人身上都有某些"疯狂的"种子,一旦萌发,潜力无限。

文学的迷人处在于,总是相信与人为善。激励人们前进的力量是荣誉,而荣誉保存在文学中,它记载人生的光彩。要用历史上的范例来激励人们,把优秀的人物的雕像安置在公共场所,鼓励人们模仿。如像体育使我们身体强壮一样,音乐是心灵的良药,它可以解除烦闷,安抚人的心灵,产生和谐。绘画是各门艺术之首,自古便获得极高评价,懂得绘画便能更全面地认识美,在心中产生极大的满足。

八、对道德的探索

人的心灵分为两部分:理性和感性。小孩出生以后,首先是感性,而不是理性。当理性尚不能发挥作用的时候,应当通过习惯进行教育。"良好的习惯可以引导人向善,然后通过智力让其保持稳定。"因此,良好的习惯是通向美德之路。作者认为,美德本身就是中庸和适度的。如果走向两个极端之一,就会变成恶习。要让对立的因素和谐起来,使它们相得益彰。

只有美德能使人幸福,它首先能平息内心的慌乱,平静才能沉思,一切听从理性的支配,当理性战胜感情时,心灵便处于和谐状态。通过理性,不但可以使人坚强,还可以避免冒失。人们的错误都来自于无知,如果人们能辨别善、恶,那么肯定会选择善,拒绝恶。作出错误的选择,是受似是而非的欺骗。学会选择,就需要谨慎,"美德就是明智"。美和善在某种程度上是同一概念。本博引用费奇诺的话说:"美来自上帝,它如同一个圆,以善为圆心。"造成美的主要因素,是心灵的善。外在表现出来的美,是内在善的迹象。果树开花的美丽,象征果实的优良。"美德可以称之为真正的科学，它比其他事物都更能给人类生活带来好处。"[1]

九、爱的哲学

本书还讨论了精神上的爱。认为爱有两种，一种是庸俗的爱，只从感性出发，把爱狭隘地集中在某人身上，把被爱者视为占有物，患得患失，痛苦不堪。另一种是高尚的爱，把爱视作奉献，尊重被爱者，把被爱者的舒适置于优先地位。更爱他（她）的品质，而不是身体。并且要从广义上理解爱，可爱的事物无所不在，即使心爱的人离去，也不会一蹶不振。同时认为爱的作用崇高伟大，例如瓦尔奇说："只有爱，而不是任何别的东西，才产生善。"本博说："我们看到爱是对人类进步的激励，是社会文明的动力。无论教师的敲打，父亲的责备，还是他人的阿谀逢迎，以及金钱报酬，艺术享受，辛勤工作，聪明才智，从师学艺等等，都不能代替爱的作用。……爱像阳光一样，它给万物注入生命并教化人们如何生活，教会我们说话，教会我们沉默，教会我们彬彬有礼。"[2]有时用别的办法不能做到的事情，通过爱却可以瞬间做到。让别人认识你不如让别人爱你，在心灵的花园里，播种下美德的种子，收获良好风尚的果实，这是爱的目的。

我在意大利工作了十多年，退休前是使馆参赞，工作之余和退休后翻译了几本介绍文艺复兴的书[3]，其中多次提到《廷臣论》，

---

[1] 本书第318页。

[2] 请参阅《意大利人文主义》，三联书店，1998年，第111、122页。

[3] 如《意大利文艺复兴的历史背景》（三联书店，1988年）、《意大利人文主义》（三联书店，1998年）、《一个意大利人的自述》（花城出版社，2001年）、《文艺复兴时期的人》（三联书店，2003年）、《中国-意大利》（五洲出版社，2004年）、《意大利》（测绘出版社，2014年）、《中世纪与文艺复兴》（商务印书馆，2016年）、《文艺复兴时期的文化》（人民出版社，2019年）等。

并了解到尚无中译本，从而动了翻译念头。但该书用500年前的意大利语写成，译好并非易事，从签约稿合同至今延续整整十年，其间多次修改，并经老同学、新华社罗马分社原首席记者刘儒庭先生两次仔细校订；意大利朋友马达罗（Andriano Madaro）先生不仅为我寻找原著，还把他女儿用的拉丁文-意大利文辞典送给我，对以上诸位的支持和辛苦我在此一并表示深切感谢！由于本人水平有限，错误仍难避免，敬请读者见谅和指正。

李玉成

2021年3月23日于北京

图书在版编目(CIP)数据

廷臣论/(意)巴尔达萨尔·卡斯蒂廖内著;李玉成译;刘儒庭校.--北京:商务印书馆,2024.
(汉译世界学术名著丛书).--ISBN 978-7-100-24518-0

Ⅰ.B503.9

中国国家版本馆 CIP 数据核字第 2024U3L370 号

权利保留,侵权必究。

汉译世界学术名著丛书
廷臣论
〔意〕巴尔达萨尔·卡斯蒂廖内 著
李玉成 译
刘儒庭 校

商 务 印 书 馆 出 版
(北京王府井大街36号 邮政编码100710)
商 务 印 书 馆 发 行
北京盛通印刷股份有限公司印刷
ISBN 978-7-100-24518-0

2024年12月第1版　开本 850×1168 1/32
2024年12月北京第1次印刷　印张 13⅛
定价:65.00元